韓國史研究叢書 14

한국 아나키즘운동사 연구

오장환 지음

國學資料院

한국 아나키즘운동사 연구

오 장 환 지음

국학자료원

책을 발간하며

아나키즘(無政府主義)이란 무엇인가? 필자가 처음으로 이 문제에 관심을 둔때는 일제시대 민족주의적 테러활동으로 민족정기를 드높인 義烈團에 관하여 대학원에서 석사학위논문을 준비할 때였다. 의열단에 아나키즘적 성향의 단원들이 다수 포함되어 있다는 사실을 발견하고 아나키즘에 관심을 갖게 되었다. 하지만 아나키즘에 관한 전문적인 연구서가 희소한 실정이었고 공산주의이론과 혼동되는 점도 많아 쉽게 이해되지 않는 부분이 많았다. 필자는 한국사, 특히 한국현대사에 관심을 갖고 있었지만 일제시대에 수용되어 한때 활발한 운동을 전개하였던 아나키즘운동을 본격적으로 연구하고 싶은 욕심이 생겼다. 식민지상황하에서 지식인들에게 무엇이 그들로 하여금 이 주의에 매료되게 하였으며, 그들의 독립운동에 대한 전략과 전술은 어떠하였는가, 또 독립후의 해방된 조국에서 실현하고자 한 사회는 어떤 사회인가 등에 관심을 갖지 않을 수 없었다. 필자는 아나키즘이론을 이해하지 않고서는 식민지 당시의 운동자들의 전략과 전술을 충분히 이해할 수 없다는 사실을 깨닫고 필자의 본래의 관심분야였던 일제하 민족주의운동에서 아나키즘운동으로 관심을 돌리게 되었다. 이 연구서는 기본적으로는 필자의 박사학위논문인 『한국아나키즘운동사: 그 기원부터 1931년까지』(『L'Histoire du Mouvement Anarchiste Coréen dès Origines à 1931』, Thèse de Doctorat de 3ème Cycle, Université Paris VII, 1987)를 토대로 이후 발표한 논문을 보완한 것이다. 학위를 받은 지가 여러 해가 지났지만 차일피일 발간을 주저하다 이제야 원고를 끝내게 되었다. 그 이유는 물론 필자의 게으름때문이었지만 다른 이유는 필자의 학위논문에서 다룬 1920년대를 포함한 1930년대와 광복후의 운동도 다루었기 때문에 내용을 보완해야 했으며, 더불어 한국아나키즘운동에 관한 자료를 계속 발굴한 후 보다 충실한 한국아나키즘운동사를 집필하고 싶은 욕심 때문이었다.

수년전의 소련의 붕괴와 더불어 이데올로기의 종언이 일부 학자들 간에 운위되는 상황에서 공산주의이론을 대체할 수 있는 사상으로서, 자본주의의 경제적 불평등과 공산주의의 정치적 부자유를 극복할 수 있는 이론으로 아나키즘사상에 대한 일반의 관심이 고조되었으며, 더불어 학계에서도 이 주제에 대한 연구가 점차 진전되고 있다. 1991년에는 한국아나키즘운동의 원로인 하기락선생님의 노력으로 세계아나키즘대회를 서울에서 개최하였다. 뿐만 아니라 1995년 8월 광복 50주년을 기념하기 위하여 그동안 소규모로 활동하던 '자유사회주의운동연구회'가 韓中日 삼국 아나키즘학술대회를 개최하였으며, 어려운 여건속에서도 아나키즘에 관련된 전문 학술지인 『아나키즘연구』가 간행되고 있다. 또한 서울뿐만 아니라 부산과 대구에서도 소규모의 아나키즘연구회가 활동중에 있다. 이밖에도 학술분야는 아니지만 실천적인 면에서 아나키즘적 이념을 실현하려는 환경운동이나 자주공동체운동이 전국 여러 곳에서 진행되고 있다. 이와 같이 최근 아나키즘에 대한 학술적, 실천적 관심이 고조되고 있는 상황에서 필자는 부족한 능력에도 불구하고 한국아나키즘운동전반에 대한 개관이 필요한 시기라고 판단하고, 이 조그만 연구서가 아직까지 미개척분야라 할 수 있는 한국아나키즘운동연구에 조금이라도 기여할 수 있었으면 하는 희망으로 감히 출판하게 되었다.

이 보잘것 없는 책이 간행되기 까지에는 학계를 비롯한 관련 제 단체의 많은 선생님들과 동학들의 도움을 받았다. 건국대학교의 박영석, 최무장, 이주영, 임희완 선생님께서는 저자가 학문의 길로 갈 수 있게 지도하여 주셨으며 파리 제7대학교의 이옥선생님은 아나키즘사상을 올바로 이해할 수 있도록 도와 주셨다. 國民文化硏究所의 이문창회장님을 비롯한 여러 선생님들은 저자에게 아나키즘의 진정한 의의에 대하여 깨우쳐 주셨으며, 이미 고인이 되신 최갑룡선생님과 하기락선생님께서는 일제시대와 광복후의 아나키즘운동에 대하여 생생한 증언을 해주셨다. 國史編纂委員會의 이원순위원장님을 비롯한 동료들은 저자에게 용기를 북돋아 주었으며, 방영준선생님을 비롯한 여러 선생님들과 동학들은 아나키즘연구회의 발표와 토론을 통하여 저자의 무지를 깨우쳐 주었다. 이 분들 모두에게 진정으로 감사를 드린다. 특히 이 책을 완성하는 데에는 능력이 부족한 필자를 끝까지 믿고 격려해 주신 부모님이 계셨으며, 그리고 처와 사랑하는 아들 세훈이의 이해가 없었으면 불가능하였을 것이다. 마지막으로 여러 가지로 부족한 글을 출판해 주신 정찬용 사장님과 미흡한 글을 끝까지 교정해 주신 편집부 여러분들에게도 감사드린다.

아식 공부해야 할 과제들과 해결해야 할 문제들이 산적한 상황에서 우선 이 조그만 연구서의 발간이 민족독립과 이상사회를 추구한 한국 아나키즘운동의 이해에 도움이 되길 바랄 뿐이다. 부족한 점은 앞으로 계속 정진하여 보다 완벽한 저서로 보답하고자 한다. 아울러 진실로 이 세계가 착취자와 피착취자가 없고 전쟁이 없는 평화로운 세계가 되길 빌면서, 이러한 숭고한 이념을 위해 투쟁하고 희생된 선진지식인들과 특히 이 아나키즘이론을 체계화하는데 기여한 본 저서 속의 인물들, 그리고 일제시대 개인의 영달을 버리고 진정한 한국의 이상사회를 실현하기 위하여 헌신한 선배 열사들에 대하여 존경하는 마음을 가지고 머리말에 대신한다.

1998년 12월

오 장 환 識

목 차

책을 발간하며

제1장 서 론 1

제2장 사회주의수용기의 아나키즘 13
  1. 근대아나키즘의 어원 및 그 이념 14
  2. 1920년대 초의 국내 사회주의인식 23
  3. 조선노동공제회의 아나키즘적 경향 29
  4. 『신생활』의 아나키즘 40

제3장 1920년대 국내 아나키즘운동 57
  1. 아나키즘조직의 맹아 58
  2. 관서흑우회와 조선공산무정부주의자연맹의 결성 67
  3. 문학계의 아나키즘운동 80

제4장 1920년대 재일 한인 아나키즘운동 89
  1. 재일 한인 아나키즘운동의 조직과 활동 90
  2. 재일 한인 아나키즘의 대공산주의비판 109
  3. 박열의 급진적 아나키즘혁명론 117

제5장 1920년대 재중한인아나키즘운동 127
  1. 재중국 한인 아나키즘운동 128
  2. 재중 한인 아나키스트의 탈환론 157

3. 신채호의 급진적 민중직접투쟁론 ………………………………… 168
  4. 이정규의 아나키즘사상 ………………………………………………… 182

제6장 1930~45 기간의 한인 아나키즘운동 ………………… 195
  1. 국내 및 일본내 운동 …………………………………………………… 196
  2. 중국내 운동 ……………………………………………………………… 205
  3. 『남화통신』의 아나키즘적 투쟁이론 ………………………………… 217

제7장 광복 후의 아나키즘운동: 신사회 건설운동 ………… 227
  1. 자유사회건설자연맹과 광복직후의 운동 …………………………… 228
  2. 독립노농당의 아나키즘 ………………………………………………… 245

제8장 결 론 ………………………………………………………………… 259

□ 참 고 문 헌 ……………………………………………………………… 267
□ 찾 아 보 기 ……………………………………………………………… 277

제1장 서 론

　1919년의 3.1운동은 계급, 지역, 종교, 신분, 나이 등을 초월하여 전국민이 참여한 한국 최초의 민족주의적 성격의 민족독립운동이었으며 이는 한국민족운동의 큰 전환점이 되었다. 1920년대로 접이 들면서 독립운동은 새로운 양상으로 전개되었는데 그것은 이데올로기적으로 대치되는 다양한 급진적 사조가 수용되어 기존의 외교론, 실력양성론, 무장투쟁론 등 다양한 민족주의적 독립투쟁이론과 함께 계급투쟁을 주장하는 사회주의 등이 병존하게 되었기 때문이다. 이러한 급진적 사조중에서 마르크스 레니니즘이 지식인들에게 큰 영향을 끼쳤으며 이는 한국독립운동에도 일정한 기여를 하였다. 이들 급진적 사조들도 식민지하의 당면 과제였던 일제를 구축하는 데에는 이의가 없었지만 광복 후의 사회건설에는 민족주의이념과 현격한 차이가 있었다. 이러한 급진적 사조중에서는 아나키즘도 포함되어 있었으며 아나키즘은 일제시대의 한국독립운동사상 중요한 역할을 수행하였음에도 정당하게 평가를 받지 못하고 있다.
　아나키즘은 1920년대 초에 수용된 이래 지식인과 청년층을 중심으로 광범위하게 영향을 끼쳤으며 독립투쟁에서도 국내와 일본, 중국에서 광복때까지 그 역할이 과소평가될 수 없는 족적을 남겼다. 일제시대의 아나키즘운동은 민족독립이 주요 목표였음은 물론이다. 이후 광복직후에는 외세를 몰아낸 상태에서 아나키즘적 신사회를 건설하기 위한 다양한 노력을 경주하였으나 정치적인 여건으로 인하여 그 활동은 활발하지 못하였다. 그러나 최근에 들어와 아나키즘운동은 정치외적인 분야에서 도약의 징후를 보이고 있으나 아나키즘사상과 그 운동에 대한 전반적인 이해는 미흡하다. 이것은 물론 아나키즘사상이나 운동에 대한 연구가 미흡하였기 때문이다.

현재 아나키즘운동은 우리나라뿐만 아니라 세계적으로도 활발히 진행되고 있다. 작금의 소련의 붕괴와 동구권의 몰락, 그리고 냉전체제의 붕괴와 동서화해의 기운들은 20세기에 가장 위대한 사상이라 여겼던 마르크시즘에 대해 다시 고찰하는 계기가 되었으며 이는 같은 사회주의사상인 아나키즘운동이 재점화되는 한 계기로 작용하였다. 현재의 역사적 상황은 지식인들에게 새로운 각도에서 역사를 다시 바라보게 만들었다. 특히 소련과 동구권 등의 공산주의체제의 붕괴에 대한 원인을 연구하면서 붕괴가 아닌 새 체제로의 도전으로 이해한다든가, 아니면 자본주의체제의 절대적 우위의 결과라고 논하기도 한다. 또한 새 체제의 대안으로서 아나키즘을 주장하는 학자도 있다. 물론 이러한 논의들에 대한 결론을 내리기에는 아직 이르다. 그렇지만 분명한 것은 아나키즘이 정치체로서는 역사속에서 한번도 성공한 적은 없지만 아나키즘이론이 현재의 각종 사회운동, 즉 여성운동, 반핵운동, 녹색운동, 환경운동, 반전운동, 여성해방운동, 흑인해방운동 등에 수용되어 진행되고 있는 현재진행형의 실체라는 점이다. 이것은 아나키즘운동이 중단되지 않았다는 것을 보여 주는 동시에 그 생명력이 강인하다는 것을 말해 주는 것이다. 이것은 또한 아나키즘이 아직까지도 실현이 가능한 사상이라는 것을 보여 주는 것이다.

우리나라에서도 1920년대초 아나키즘이 수용되었다. 이 아나키즘은 외세에 의한 식민지 상태에서 국내와 중국, 일본에서 활동하던 지식인과 청년층을 중심으로 광범위한 영향을 끼쳤고 특히 한때 열렬한 민족주의자였던 신채호, 이회영같은 대표적인 독립운동자들도 아나키즘적 투쟁이론으로 민족독립을 위해 헌신하였다. 이 아나키즘은 광복 이후 현재까지도 많은 심정적 지지자들을 확보하고 있으며, 아나키즘에서 주장하는 중요한 이론중의 하나인 '완벽한 지방자치'나 '산업의 자율'은 점차 실현되어 가고 있다. 이와 같이 우리의 현실과 밀접하게 관련되어 있는 아나키즘을 이해하기 위해서는 우리나라의 아나키즘운동의 역사를 살펴 보지 않을 수 없다. 본 연구의 목적은 일제시대에 수용되어 현재까지 진행되고 있는 한국아나키즘운동의 실체를 정리, 분석하고 그들의 이론을 해석하며 또 통일에 대비하여 현 한국사회에 응용할 수 있는 이론과 방법을 모색하고자 하는 데 있다.

지금까지의 한국아나키즘운동에 대한 연구는 그리 활발하지 못하였다. 그 이유는 물론 여러가지가 있겠지만 무엇보다도 절대적인 자료의 빈곤을 들 수 있다. 일제하 식민지상황하에서 이루어진 운동의 특성상 기록이 많이 남아 있지 않고 일부 기록도 주로 일본측의 기록이 대부분이다. 또 다른 이유는 학문 외적인 분위기 때문이다. 이데올로기적으로 남과 북이 분단된 상황에서 좌파이론으로 분류된 아나키즘운동에 대한 연구는 연구자들에게 큰 흥미를 끌지 못하였다. 그러나 1980년대 이후 한국현대사연구가 각광을 받으면서 자연스럽게 아나키즘운동도 관심을 끌게 되었고, 특히 구 소련의 붕괴와 그에 이은 동구권의 몰락으로 아나키즘에 대한 관심이 고조되었다. 그러나 지금까지의 한국아나키즘운동에 대한 연구는 아직 전체적으로 조감되지 못한 상태이고 지역별, 인물별, 사건별 연구에 그치고 있다.

아나키즘운동에 대한 無政府主義運動史編纂委員會가 1978년 발간한 『韓國아나키즘運動史』는 일제시대의 한국아나키즘운동 전반에 걸친 자료집으로서의 성격과 함께 체계적으로 정리한 최초의 책으로서, 일제시대에 투쟁하였던 운동자들의 원고를 토대로 정리하였기 때문에 주로 일제의 관헌자료에 의존할 수 밖에 없는 현실에서 중요한 가치가 있다.1) 이후 하기락이 『자기를 해방하려는 백성들의 의지』를 간행하여 광복후의 운동까지를 서술하였다.2) 본격적인 아나키즘운동에 대한 연구는 필자와 박환을 필두로 1980년대 후반에 시작되었다. 일제하 한국아나키즘운동은 식민지시대라는 특수한 환경으로 인하여 국내는 물론 중국과 일본에서도 거의 동시에 진행되었기 때문에 지역별로 연구가 진척되었다. 그 중에서도 중국은 일본세력권 밖이어서 한인들이 일정한 활동공간을 확보할 수 있었기 때문에 유력한 아나키스트들의 활동과 그들이 조직한 단체를 중심으로 연구가 어느 정도 진척되었다.3) 그러나 국내와4) 일본내5) 운동에 대한 연구는 미흡한 형

---

1) 이 책은 1963년 발의하여 1978년 하기락이 정리, 발간하였다. 체제나 인용근거에 대한 미흡함이 지적됨에도 불구하고 운동자들의 증언을 토대로 정리되었다는 점에서 중요하다. 필자도 본 연구에 『한국아나키즘운동사』에서 시사받은 점이 적지 않았음을 밝혀 둔다.
2) 하기락, 『자기를 해방하려는 백성들의 의지』, 신명, 1993. 이 책은 1984년 이태리 베네치아에서 개최된 세계아나키스트대회에 한국운동을 소개하기 위한 영문본을 번역한 것이다. 일제시대의 내용은 전술한 『한국아나키즘운동사』와 거의 대동소이하다.
3) 중국내 운동에 대한 논문은 다음과 같다. 공기택, 「남화한인청년연맹의 무정부주의운동」, 국민대학교석사학위논문, 1990; 박환, 「조선공산무정부주의자연맹의 결성」, 『국사관논총』41집, 국사편찬위원회; 박환, 「1920년대 재중한국인의 무정부주의운동과 '탈환'의 간행」, 『한국학보』52집, 1988; 오장환, 「1920년대 재중국한인무정부주의운동-무정부주의이념의 수용과 독립투쟁이론을 중심으로-」, 『국사관논총』25집, 국사편찬위원회, 1991; 유영구, 「1930년 전후 만주 아나키즘운동」, 한양대학교석사학위논문, 1986.
4) 국내운동에 대한 논문은 오장환, 「1920년대 초기 국내사회주의수용기의 아나키즘적 경향에 관한 일 고찰」, 『아나키즘연구』창간호, 자유사회운동연구회, 1995에서 1920년대 초기의 국내 간행물에 나타난 아나키즘적 논설을 분석하였으며 堀內稔, 「일제하 조선 북부지방에서의 아나키즘운동」, 『朝鮮民族運動史研究』5집, 조선민족운동사연구회, 동경, 1988에서 1920년대 중반의 평안도와 함경도를 중심으로 한 운동을 고찰하였다. 또한 함용주, 「민족해방운동과정에서 아나키즘의 역할에 대한 비판적 고찰-정치사상적 측면을 중심으로-」, 서강대학교석사학위논문, 1994에서 국내운동에 대한 이론적 접근을 시도하였다.

편이다. 이들 연구들은 전체적으로 아나키즘운동의 사실적 서술에 치중되어 있는 한계를 보이고 있다. 또한 한국아나키즘운동에서 중요한 부분을 차지하는 인물에 대한 연구는 신채호에 대한 연구가 어느 정도 진척되었으며 이외에도 이회영, 이정규, 박열 등에 대한 연구가 있으나 그들의 아나키즘사상을 완벽하게 정리하지는 못하였다.6) 전체적으로 이들 연구는 아나키즘운동의 역사적 중요성에 비추어 아직 심도있게 접근하지 못하고 있는 형편이며 광복후의 아나키즘운동에 대한 연구는 거의 전무한 실정이다.7) 이외에도 전체적인 운동을 조

---

5) 일본내 운동에 대한 연구는 굴내넘, 「在日朝鮮人아나키즘勞動運動(解放前)-朝鮮勞動東興同盟會」, 『在日朝鮮人史硏究』16호, 동경, 1986이 있다.
6) 인물에 대한 연구는 오장환, 「이정규(1897~1984)의 무정부주의운동」, 『사학연구』49호, 한국사학회, 1995; 김성국, 「아나키스트 신채호의 시론적 재인식」, 『아나키즘연구』창간호, 1995; 박환, 「이회영과 그의 민족운동」, 『국사관논총』7집; 장을병, 「단재신채호의 민족주의와 무정부주의」, 『단재신채호와 민족사관』, 단재신채호선생기념사업회, 1980; 김희곤, 「단주 유림의 독립운동과 사상」, 『안동문화연구』6, 안동문화연구회, 1992 등이 있다. 특히 대표적인 민족주의자이자 아나키스트였던 신채호에 대해서는 여러 권의 단행본에서 그의 아나키즘사상을 다루고 있다. 전술한 단재신채호선생기념사업회의 『단재신채호와 민족사관』과 『신채호의 사상과 민족독립운동』, 동기념사업회, 1986에 신채호의 아나키즘사상에 대한 논문이 있으며 신일철, 『신채호의 역사사상연구』, 고려대학교출판부, 1981; 최홍규, 『신채호의 민족주의사상』, 단재신채호선생기념사업회, 1983에서도 다루고 있다. 박열에 대해서는 김삼웅, 『박열평전』, 가람, 1996이 있다.
7) 역사이외 분야에서의 아나키즘에 대한 연구는 문학분야의 연구가 활발하다. 김윤식, 「1920년대 한국아나키즘문학론비판-김화산의 경우-」, 『한국학보』28호; 박인기, 「1920년대 한국문학의 아나키즘수용양상」, 『국어국문학』90호, 1983; 홍의, 「아나키즘문예론연구-한국현대문학사에 나타난 그 이론과 배경-」, 경희대교석사학위논문, 1975 등과 2~3편의 박사학위논문이 있으며 아나키즘이론에 대한 정치학분야의 연구는 김은석, 「아나키즘에 대한 이론적 접근」, 『제주대논문집』21집; 방영준, 『아나키즘의 정의론에 관한 연구』, 서울대박사학위논문, 1990; 방영준, 「아나키즘의 이데올로기적 특징에 관한 연구」, 『아나키즘연구』창간호; 이종훈, 『바쿠닌의 아나키즘연구』, 서강대학교박사학위논문, 1993 등이 있다.

감한 개설적 논문이 있으나 내용이 소략하다.8) 오히려 최근에는 외국연구자가 한국아나키즘운동에 관심을 기울이고 있다.9)

이상과 같은 연구업적을 토대로 필자는 본고에서 1920년대에 수용되어 현재까지 진행되고 있는 한국아나키즘운동의 전체상을 조감하고 그 수용원인과 운동의 특성 그리고 한국아나키즘운동의 이론적 특징을 규명하고자 한다. 본고는 시간적 범위를 근대 아나키즘이 수용되는 1920년대부터 현재까지의 운동을 서술하였으며 그 지역적 범위는 일제하의 특성상 한국을 포함하여 일본과 중국에서의 활동을 포함하였다. 또한 본고는 아나키즘운동의 운동의 특성에 따른 시기를 크게 세 시기로 구분하여 서술하였다. 그 첫번째 시기는 아나키즘이 수용된 1920년대 초부터 1920년대 말까지이다. 두번째 시기는 일제의 대륙침략이 본격화되는 1930년부터 광복때까지이고 마지막 시기는 광복후 부터 현재까지이다. 첫번째 시기의 특징은 아나키즘이 수용된 지 얼마되지 않은 상황에서 다른 급진적 사조와 상호경쟁 관계속에 아나키즘이 정착되는 시기로서 특히 좌우합작단체인 신간회의 설립과 맞물려 아나키즘이 볼쉐비즘과 분명한 선을 긋는 기간이다. 이는 또한 지역적으로 서로 다른 특징을 나타낸다. 그것은 국내와 중국, 일본의 운동자들의 성격, 운동자들이 속한 국가의 정치적 상황 등과 상관관계를 맺고 있기 때문이다. 두번째의 시기는 정치적으로 일제의 대륙침략정책과 조응하는 시기이다. 1920년대 초 아나키즘이 수용된

---

8) 오장환, 「무정부계열의 독립운동」, 『독립운동사대사전』, 한국독립운동사연구소, 1996; 신일철, 「무정부주의운동」, 『한민족독립운동사』4권, 국사편찬위원회, 1988.
9) 존 크럼, 「동아시아에 있어서의 아나키즘과 민족주의」, 『아나키즘연구』창간호에서 한국의 아나키즘운동의 특성을 고찰하였고 호프만이 하버드대에서 한국아나키즘운동에 대한 박사학위논문을 준비하고 있다. 그의 논문은 1995년 개최된 제17차 유럽한국학회(A.K.S.E.: Association for Korean Studies in Europe) 학술회의에서 그 요지를 발표하였다.(Frank Hoffmann, 「Korean anarchists, esperantists, and reading in history: the China group」

후 1920년대 말까지는 아나키즘의 순수성에 충실한 시기였으나 1930년대에는 일제의 침략적인 정책의 영향으로 국내운동은 지하화하고 일본운동은 세력이 약화되었으며 중국운동은 항일투쟁을 본격화하는 기간이다. 마지막으로 세번째 시기인 광복후의 운동은 식민지하의 최대 목표였던 외세가 제거된 상황이었기 때문에 근본적으로 그 양상이 다르게 전개되었다. 일본과 중국에서 활동하였던 대부분의 아나키스트들이 귀국하여 그들의 신사회를 건설하려고 노력한 시기이다.

이상과 같은 시기구분을 토대로 제2장에서 1920년대 국내에서 수용한 사회주의의 인식을 주요 간행물을 통하여 고찰하므로서 당시의 사상적 경향과 일반적으로 인식되어진 1920년대의 공산주의사상의 주도적 역할에 대한 문제와 아나키즘적 경향을 분석하고자 한다. 이는 1920년대 부터 불거져 온 진보적, 급진적 사상의 뿌리와 한국아나키즘운동의 기원을 이해하는데 필요한 작업이다. 특히 이를 한국 최초의 노동조합이라 일컬어지는 조선노동공제회의 기관지인『공제』와 한국 최초의 사회주의적 성향의 잡지라 일컬어지는『신생활』에 나타난 사상을 토대로 분석하고자 한다.

제3장에서는 1920년대의 국내아나키즘운동을 시기별로 살펴 보겠다. 1920년대 전반기의 아나키즘적 조직과 중반이후 조직되는 아나키즘단체의 조직과 성격 등을 검토하고 국내 최대의 조직인 관서흑우회와 조선흑색사회운동자대회를 고찰하겠다. 또한 1927년 신간회결성을 전후하여 문학계를 포함한 아나키스트들의 대볼쉐비키투쟁을 통하여 국내 아나키즘운동의 성격을 살펴 보겠다.

제4장과 제5장에서는 1920년대 일본과 중국의 국외 아나키즘운동을 고찰하겠다. 일본운동은 최초의 사상단체인 흑도회의 성격을 규명하고, 흑우회에서 흑색청년연맹에 이르는 다양한 일본내 한인아나키즘조직과 그들의 운동, 특히 노동운동을 중심으로 고찰하겠다. 또한

일본내 한인아나키스트들이 발행한 기관지의 글들을 통하여 일본내 한인아나키즘운동의 성격을 규명하겠다.

제5장에서의 중국운동은 중국 최초의 한인아나키즘조직인 재중국 조선무정부주의자연맹을 검토하고 이후 전개된 혁명운동과 동방무정부주의자연맹에서의 활동을 고찰하겠다. 또한 1920년대 대표적인 한인아나키즘이론가들의 사상을 통하여 아나키즘적 독립투쟁이론을 분석하겠다. 중국 한인들의 기관지인 『탈환』과 신채호의 「조선혁명선언」, 그리고 일본의 박열의 사상을 검토하므로서 한국아나키즘운동의 성격을 규명하겠다. 이들의 이론은 일제하 한국아나키즘운동의 성격을 단적으로 보여주는 대표적인 글들이다.

제6장에서는 1930년대에서 부터 광복때 까지의 운동을 검토하겠다. 일제의 만주에 대한 야욕, 그에 뒤이은 중국과 미국에 대한 침략은 국내는 물론 일본과 중국에 의존해 투쟁하던 아나키스트들에게 새로운 전략과 전술을 요구하였으며 이는 1920년대와는 구별되는 양상을 보여 주고 있다. 국내에서의 소규모의 구룹활동에 대해 살펴 보고 일본의 노동운동을 중심으로 한 활동에 대해 서술하겠다. 중국운동은 남화한인청년연맹의 활동을 중심으로 그들의 혁명활동과 전시공작대에 대하여 고찰하겠다.

제7장에서는 광복후 현재까지 진행되고 있는 한국아나키즘운동을 고찰하겠다. 아나키즘의 이상은 구체제의 붕괴보다 신체제의 건설에 그 주안점을 두고 있다. 비록 외세에 의한 독립, 그리고 민족간의 동족상잔, 이데올로기의 편견 등으로 인하여 위축되긴 하였으나 간단없이 계속된 운동의 현주소는 특히 통일을 앞둔 우리 민족에게 다른 이데올로기에서 발견하지 못한 독특한 이론을 보여준다. 이를 광복 직후의 자유사회건설자연맹을 비롯한 아나키즘조직과 독립노농당의 이념을 중심으로 고찰하고자 한다. 이는 특히 통일한국에 대비한 중요한 이론적 기반이 되리라 사료된다.

마지막으로 결론에서 1920년대부터 현재까지 진행되고 있는 아나키즘운동의 전체적인 성격과 특징을 도출하겠다.

본고의 서술에 인용한 자료는 크게 네가지 종류로 분류할 수 있다. 첫째 일본의 각종 관헌정보문서이다. 한인아나키스트들의 글들에서 추출할 수 있는 내용이 소략한 경우가 많기 때문에 일제사료는 그 사료적 한계가 있음에도 불구하고 이를 보충할 수 있는 자료로서 일정하게 그 가치가 있다.10) 두번째는 일제시대에 활동하였던 한인아나키스트들이 남긴 다양한 글과 증언이다.11) 현재까지 간행되거나 남아 있는 글들은 아직 체계적으로 정리되진 않았지만 당사자들의 글이란 점과, 그들이 남긴 자료가 제한되어 있는 상황에서 본 저서에 가장 중요한 사료라 판단된다. 세번째는 한국아나키스트들이 간행한 각

---

10) 중요한 일제측 사료는 다음과 같다.
慶尙北道警察部,『高等警察要史』, 京城, 1934; 高等法院檢事局思想部,『思想月報』,『思想彙報』; 金正明편,『朝鮮獨立運動』I~IV, 原書房, 東京, 1967; 姜德相 梶村秀樹편,『現代史資料』25~30, みすず書房, 東京, 1967; 朴慶植편,『朝鮮問題資料叢書』, 亞世亞問題硏究所, 東京, 1982; 社會問題資料硏究會편,『思想政勢視察報告集』, 東洋文化社, 京都, 1976; 上海日本總領事館警察部第二課편,『朝鮮民族運動年鑒』, 東文社書店, 서울, 1946; 朝鮮總督府警務局保安課,『高等警察報』, 京城, 1933~1936; 韓國歷史硏究會편,『日帝下社會運動史資料叢書』, 高麗書林, 서울, 1992. 일제자료의 표기는 편의상 한글로 번역하여 표기하였다.
11) 이들 자서전류와 증언자들은 다음과 같다. 이을규,『시야 김종진선생전』, 한흥인쇄소, 1963; 이은숙,『민족운동가 아내의 수기』, 정음문고, 1975; 정화암,『이 조국 어디로 갈것인가』, 자유문고, 1982; 유자명,『나의 회억』, 료녕인민출판사, 1984; 이정규·이관직,『우당 이회영약전』, 을유문고, 1985; 이정규,『우관문존』, 국민문화연구소, 1974; 이정식면담, 김학준편집해설,『혁명가들의 항일회상』, 민음사, 1988; 이규창,『운명의 여진』, 보련각, 1992; 박열,『신조선혁명론』, 범우문고, 1989; 최갑룡,『어느 혁명가의 일생』, 이문출판사, 1995; 양희석,『역사를 무서워하라』, 자유문고, 1994; 박기성,『나와 조국』, 시온, 1984; 박태원,『약산과 의열단』, 백양당, 1947; Kim San and Nym Wales,『Song of Arirang-The Life story of a Korean rebel』, The John Day Company, New York, 1941; 최갑룡, 하기락, 양희석, 이규창, 이문창 등의 한인아나키스트의 증언과 오극강, 장강 등의 중국인 아나키스트의 증언.

종 기관지 및 『동아일보』와 『조선일보』를 비롯한 일제시대의 신문과 잡지 등의 출판물이다.12) 이들은 당시의 시대상을 이해하고 한인 아나키스트들의 운동과 사상을 이해하는데 긴요한 자료들이다. 마지막으로 필자가 접할 수 있었던 아나키즘사상과 운동에 관련된 프랑스와 영국의 외무성사료들과13) 유럽아나키스트 이론가들의 저서들이다.14) 이 자료는 비록 양은 미흡하지만 한국아나키즘운동의 이해에 긴요한 자료들이다. 이밖에도 독립운동관련 각종 자료집과15) 기존의 선학들이 연구한 업적들이 본 연구에 크게 도움을 주었음은 물론 중국이나 러시아에서 발간된 각종 연구물들도 많은 도움이 되었다.

아나키즘에 대한 번역으로 無政府主義란 단어를 한자문화권에서 현재까지 사용하고 있지만 무정부주의란 단어가 아나키즘의 진정한 목표인 인간이 인간답게 사는 이상사회를 추구하는 긍정적 측면보다 정부를 없애자는 부정적 측면이 강조되는 인상을 주기 때문에 번역어에 대한 문제점이 제기되고 있다. 따라서 근래에는 아나키즘을 신자유주의, 공산주의적 자유주의, 자유주의적 사회주의 등으로, 또한 아나키스트를 自主人으로 표현하고 있다. 필자는 본서에서 아나키즘이란 원어를 사용하고 필요시 무정부주의를 겸용하겠다. 본고에서 인용한 식민지시대의 인용문은 현대어로 표기함을 원칙으로 하였으며 본 저서

---

12) 아나키즘 기관지는 약 30여종 이상이 발간되었으나 현재 입수할 수 있는 것은 10여종에 불과하다. 그럼에도 불구하고 이것은 그들의 사상을 이해하는데 가장 중요한 자료의 하나이다. 일제하 주요 일간지 이외의 각종 간행물은 『日帝下雜誌拔萃 植民地時代資料叢書』, 계명문화사, 1992의 자료가 도움이 되었다(정기간행물의 인용에서는 발행해수나 호수중 하나만을 표기하였다)
13) 프랑스는 주로 외무성(Ministère des Affaires Etrangers)과 육해군성(Ministère de l'Armée de Terre et l'Armée de Navre)문서보관소자료들이고 영국은 주로 Public Record Office소장 자료들이다.
14) 본고에서 인용한 유럽아나키스트들의 원전은 주로 불어판을 참고하였다.
15) 단주유림선생기념사업회, 『단주 유림자료집(1)』, 1991; 독립운동사편찬위원회, 『독립운동사자료집』(11집: 의열투쟁사자료집), 1984 등.

의 이해에 중요한 인명, 지명, 단체명 외에는 가능한 한글을 사용하였음을 밝혀 둔다. 또한 오자나 탈자 그리고 인쇄상의 문제로 판독할 수 없는 부분은 00으로 표시하였으며 일본어의 고유명사는 한자어로 표기하였음도 밝혀 둔다.

　마지막으로 본고의 서술에 미흡한 부분이 있음을 인정하지 않을 수 없다. 그것은 한국아나키즘운동이 공간적으로 광범위하고 시간적으로 긴 세월 동안의 운동이었음에도 불구하고 한권의 책에 소화하느라 자세하게 언급하지 못한 부분이 있으며, 사상적으로 민족주의, 공산주의와의 연합과 갈등을 겪은 운동이었음에도 각 이데올로기를 충분히 소화하지 못한 채 서술한 부분도 있기 때문이다. 이러한 부족한 점은 차후 보완할 예정이다.

제2장 사회주의수용기의 아나키즘

　모든 사회운동은 그 사회운동을 과학적으로 뒷받침하는 사상적 기반위에서 이루어 진다. 1920년대 이후 활발히 전개된 노동, 농민, 청년, 사상 등의 각 분야의 사회운동도 사회주의사상이 수용된 후 그 사상적 기반위에서 이루어졌다. 따라서 일제시대 전개된 사회운동의 정확한 이해를 위해서는 1920년대 초반에 수용된 사회주의사상에 대한 사상사적 고찰이 전제되어야 한다고 믿어 진다. 그러나 1920년대 사회주의 수용기의 국내의 사상사적인 제 조류에 대해서는 아직 자세하게 연구되어 있지 않다.1) 단지 전체적으로 마르크스 레니니즘에 기초한 볼쉐비즘 내지 공산주의사상이 주류를 이루고 있었다고만 인식되고 있다. 그렇지만 1920년대 초반 국내 사회주의수용기의 사상적 조류에서 아나키즘적 경향이 간과할 수 없는 중요한 조류였음은 당시의 신문과 잡지의 글을 통하여 확인할 수 있다. 본 장에서는 1920년대 초기의 국내 사상사적 조류를 당시의 신문과 잡지를 통하
---
1) 일제하 사회주의에 대한 분석은 유재천, 「일제하 한국신문의 공산주의수용에 관한 연구」1.2.3., 『동아연구』7.9.18집, 서강대학교동아연구소; 유시현, 「1920년대 전반기 조선의 사회주의 사상수용과 발전」, 『민족사의 전개와 그 문화』하권, 이우성교수정년퇴직기념논총, 창작과 비평사, 1990 등에서 다루고 있지만 사회주의내의 제 조류에 대한 분석은 미흡하다.

여 고찰하겠다.

1. 근대아나키즘의 어원 및 그 이념

아나키즘사상은 서양사상이다. 물론 동양고대에도 근대아나키즘과 부합되는 사상이 있었지만2) 근대적인 의미의 아나키즘사상은 서양에서도 산업혁명이후 생성되었다. 이러한 근대아나키즘은 동양에서는 일본과 중국에서 20세기 초두에 수용되었고 우리나라는 이보다 조금 늦은 1920년대 초에 이들 나라들을 통하여 수용되었다.3) 동양 삼국에 수용된 아나키즘은 각국이 처한 실정에 따라 그 수용양상과 운동의 전개방식에서 차이가 있었지만 근본적으로는 유럽에서 생성, 발전한 아나키즘의 기본 사상과 차이가 없었다. 본 절에서는 본 저서의 주제인 한국아나키즘운동을 이해하기 위하여 근대 아나키즘사상의 어원과 기본적 이념에 대하여 살펴 보겠다.

아나키즘의 사전적 정의는 '조직화된 정치적 계급투쟁뿐 아니라 모든 정치적 조직, 규율, 권위를 거부하고 국가권력기관의 강제수단의 철폐를 통하여 자유와 평등, 정의, 형제애를 실현하고자 하는 유토피아적 이데올로기 및 운동으로서, 국가나 정부는 본래가 해롭고 사악한 것이며 인간은 국가나 정부없이도 올바르고 조화로운 삶을 영위할 수 있다는 신념'이라고4) 정의하고 있다. 오히려 이러한 사전적 정의

---

2) 대표적인 아나키스트 이론가인 크로포트킨도 동양의 노자사상에서 아나키즘적 맹아를 찾고 있다.(Pierre Kropotkine, 『La Science moderne et l'anarchie』, P.V.Stock, Paris, 1913, p.59)
3) 우리나라 역사에서도 농민항쟁과 상호부조적 전통, 정약용의 閭田制, 동학농민혁명운동 등에서 아나키즘적 맹아를 찾을 수 있다.(無政府主義運動史編纂委員會, 『韓國아나키즘運動史』, 1978, 91~119면. 이후『운동사』로 약함)
4) 동아일보사, 『브리태니커 백과사전』9권, 1993, 79면.

보다 아나키즘은 자연의 리듬에 따라 자유롭게 살아가려는 인간을, 그러한 인간의 본성과는 전혀 외재적인 일정한 권위에 의해서 속박하려는 일체의 경향에 대한 심정적인 반역에서 출발하였다는 표현이[5] 이해하기 쉽다. 이런 관점에서 아나키즘은 누구에게서나 어느 정도의 아나키즘적 심정을 찾아볼 수 있는 인간의 보편적인 감정이다. 이러한 심정을 체계적으로 이론화 시킨 것이 근대아나키즘사상이다. 세바스티엥 포르(Sébastien Faure)가 '권위를 부정하고 그것에 대항하여 싸우는 사람은 누구나 아나키스트'라고 정의한 것은[6] 이런 의미에서 적절한 표현이라고 판단된다. 특히 이러한 억압의 대표적 상징인 국가권력에 대한 적대적 태도는 아나키즘을 다른 사회사상과 구별되는 독특한 이데올로기로 자리매김하였다. 일반적으로 근대의 기점으로 인식하는 프랑스혁명은 제 혁명사상의 분출구의 역할을 하였으며 아나키즘이란 단어도 프랑스혁명을 기점으로 점차 일반화되기 시작하였다.

아나키즘(Anarchism)의 어원은 그리이스어의 anarchos에 기인하는 것으로 이는 단지 '지배자가 없다'(Without a ruler)[7] 또는 '권력(Autorité)이나 정부(Gouvernement)가 없다'란 의미이다.[8] 그리이스의 호머와 헤로도트의 경우에 있어서도 마찬가지로 '지도자가 없는' 또는 '壯師가 없는'의 의미로 사용하였으며 유리피데스는 '키잡이가 없는 선원'으로 표현하고 있다.[9] 이와 같이 고대의 아나키즘의 개념은 단지 '무권력'이라는 의미가 강하였지만 근대에 들어

---

5) 水田洋(한대희역), 『사회사상사』, 한울림, 1986, 127면.
6) George Woodcock, 『Anarchisme: A history of libertarian ideas and movements』, Pelican Books, London, 1963, p.7.
7) Woodcock, op., cit, p.8.
8) Daniel Guérin, 『l'Anarchisme: de la doctrine à l'action』, Gallimard, Paris, 1965, p.13.
9) 방영준, 『아나키즘의 정의론에 관한 연구』, 서울대학교박사학위논문, 1990, 1면.

오면서 '권력을 부정'하는 적극적 의미가 내포되게 되었다. 19세기와 20세기 초 유럽에서 등장한 아나키즘은 무엇보다도 자유주의나 사회주의와 같이 산업혁명의 결과인 정치적, 경제적 집중화의 급속한 진전에 대한 반발로 생성되었다. 아나키스트는 자유주의자들과 같이 중앙집권적 정부에 대한 적대감에 공통의 연대를 갖고 자본주의체제에 대한 깊은 증오심을 갖는다.10) 아나키스트들은 착취와 억압의 제도인 국가와 자본주의에 대하여 공격하고 사회혁명을 주장하였다. 그것은 모든 정치적, 경제적 권위를 폐지시키고 자유로운 개인간의 자발적인 협동에 기초한 분권사회를(Une société décentralisée) 건설하자는 것이다.11) 대표적인 아나키스트 이론가인 크로포트킨은 아나키즘의 근원을 18세기 자연과학자들의 철학속에서 찾고 있다. 이후 아나키즘이 완전한 이론을 갖추는 것은 19세기 후반 과학의 부흥기 이후 자연과학자에 기초한 인류사회의 제 제도의 연구에 새 기원을 이룩한 이후이다.12) 크로포트킨의 표현대로 아나키즘은 자연과학자들의 귀납적, 연역적 방법에 의해서 얻어진 일반적인 원칙을 인간의 제제도에 적용하려고 한 기도이다.13)

아나키와 아나키즘 또는 아나키스트라는 용어가 일반에게 쓰여진 것은 프랑스혁명기간이며 아나키즘운동이 가장 활발했던 곳도 프랑스이다. 프랑스의 사전에 수록된 아나키즘에 대한 정의를 시대별로 살펴 보면 프랑스혁명 전후로 아나키즘에 대한 부정적 인식이 20세기로 접어 들면서 점차 긍정적 사회사상으로 자리잡고 있음을 알 수 있다.14) 프랑스혁명기간에 사용된 아나키와 아나키스트라는 용어는 반

---

10) Paul Avrich, 『Les Anarchistes russes』, François Maspero, Paris, 1979, p.7.
11) Avrich, op., cit, p.7.
12) Kropotkine, op., cit, p.133.
13) Kropotkine, op., cit, p.132.
14) 예를 들면 1694년 발간된 『Dictionnaire de l'Académie française』에는 '지도자가 없고 어떤 종류의 정부도 없는 뒤틀린 상태'라고 정의하고 있으며, 1751

대당파를 규탄하는데 사용한 부정적인 용어로서 일종의 욕설의 의미였으며 주로 좌익에 대해 사용한 용어였다.15) 결국 아나키즘 또는 아나키는 우드코크도 지적하고 있듯이 프랑스혁명시기에는 비난을 의미하는 단어였다. 그 이유는 오랜 동안의 편견으로 사람들이 사회에는 권력이나 정부가 없으면 안되는 것으로 인식하게 되었기 때문에 아나키란 단어가 무질서, 혼돈, 무조직 등의 부정적인 의미로 알려지게 되었다.16)

아나키즘의 기본적인 개념은 개인의 완벽한 자유를 추구하는 데서 출발하여 정치적으로는 지배하는 어떤 조직도 없는 사회의 완전한 자율성을 추구하고, 경제적으로는 만인이 풍요롭게 사는 사회를 추구한다. 개인의 자유를 추구하지만 사회의 연대성을 중요하게 생각하는 면에서 사회주의적 사상으로 분류할 수 있으며 그 초보적인 개념은 근대사회주의의 창시자인 후리에(Charles Fourrier), 생 시몽

년 발간된 『L'Encyclopédie』, Tome I 에는 '국가가 무질서한 상태로서, 어느 누구도 명령하는 권위나 법을 존중하지 않고 인민들은 자신이 하고 싶은 대로 행동하는 것, 그리고 어떠한 복종도 하지 않는 것'이라고 정의하고 있다. 이와 같은 부정적 정의는 이후 '기본적으로 모든 권위가 없는 정부를 세우는 정치적 주의'(『Dictionnaire de l'Académie française』, 1932) 또는 '모든 사회적 권위를 거부하여 완전한 개인의 해방을 추구하는 정치적 주의'라든가(『Dictionnaire alphabétique et langue française』, 1953) '역사적으로 국가를 없애려 주장하는 사상이나 주의'라고 묘사하든가(『Grand Larousse encyclopédique』, 1968) '자주적이고 자발적인 기초에서 공동체 삶의 건설을 제안하며 인간에 대한 모든 외부로부터의 권위를 거부하는 사상이나 행동의 운동'(『Encyclopaedia Universalis』, 1968)이라고 규정하고 있다.
15) 이 당시에 아나키즘에 대한 대표적인 정의는 1793년 프랑스의 지롱드파의 브리소(Brissot)가 아나키에 대해 '법률은 실시안되고, 권위는 무력하며 경멸되고, 범죄는 처벌되지 않고, 재산은 습격되고, 개인의 안전은 침해되고, 국민도덕은 부패하고, 헌법은 없고 정부가 없고 정의도 없다'라는 것이다.(Woodcock, op., cit, p.8.)
16) Guérin, op., cit, p.13. 우드크크도 일부는 어의상의 혼란, 일부는 역사적인 오해에서 비롯되었다고 지적하였다(Woodcock, op., cit, p.8)

(Saint Simon), 오웬(Robert Owen)의 사상에서 찾아볼 수 있다.17) 그러나 근대 이론의 확립은 영국인 윌리엄 고드윈(William Godwin)으로 부터 시작된다. 고드윈은 1793년 자신의 저서 『정치적 정의』에서 최초로 아나키즘의 정치, 경제적 원리를 서술하였다. 그는 아나키란 단어를 사용하지는 않았지만 법률을 공격하고, 국가의 불필요함을 증명하고, 모든 사회의 진정하고 유일한 기초인 참 正義가 재판소를 폐지하여야 달성될 수 있음을 밝혔다.18) 이것은 최초의 자유주의적 사회주의이론, 즉 아나키즘이론으로서 비슷한 시기인 1795년 바뵈프(Babeuf)가 최초로 중앙집권적 사회주의 또는 국가사회주의를 제창한 것과 비교되는 것이다.19) 또한 피에르 조셉 푸르동(Pierre Joseph Phrud'hon)은 정부가 없다는 의미에서 아나키란 단어를 사용한 최초의 인물임과 함께, 부자들의 가난한 자에 대한 억압과, 인민을 지배하는 정부를 세우려는 무익한 기도에 대하여 비판한 최초의 인물로서 그는 모든 형태의 국가사회주의자, 당시의 공산주의자에 대한 적대자였다.20) 이러한 부정적 이미지의 아나키스트란 단어를 처음으로 프랑스인 푸르동이 자진하여 자신의 칭호로 사용하였다.21) 푸르동이 이 단어를 사용한 것은 푸르동의 눈으로는 사회혼란의 책임은 정부에 있으며 정부가 없는 사회만이 자연적 질서를 회복하고 조화로운 사회를 건설할 수 있을 것으로 인식하였기 때문이었다. 그러나 당시에 이에 대한 적절한 단어가 없었기 때문에 옛 단어의 원래의 의미를 회복시키고자 했던 것이다.22) 이후 러시아인 미셸

---

17) Kropotkine, op., cit, p.15~16.
18) Kropotkine, op., cit, p.60~61.
19) Ibid, p.15.
20) Ibid, p.61.
21) 푸르동은 자신의 『재산이란 무엇인가?』(Qu' est-ce que la propriété?)란 저서에서 자신을 아나키스트라고 자칭하였다.
22) Guérin, op., cit, p.14.

바쿠닌(Michel Bakounine)이 근대 아나키즘의 핵심적인 제 원리를 구체화하였는데 그는 국가를 그 전조직, 전이념, 전경향에 걸쳐서 완전하게 폐지해야 한다고 주장하였다.23) 바쿠닌은 이론뿐만 아니라 행동으로도 아나키즘사회의 실현을 위해 투쟁한 인물로서 이 때문에 그는 아나키즘의 제 조류중 과격파에 속한다. 이후 러시아의 피에르 크로포트킨(Pierre Kropotkine)은 그의 다양한 저작을 통하여 아나키즘에 대한 기존의 일반의 부정적 이미지를 긍정적 이미지로 인식시키는데 크게 기여하였다.24) 크로포트킨의 저작은 아나키즘운동상 가장 큰 업적으로 평가되고 있다. 이후 아나키즘은 점차 진보적 지식인층을 중심으로 일반에 수용되어 유럽에서도 특히 프랑스, 이태리, 스페인 등의 라틴계 국가에서 아나키즘운동이 발달하였으며 프랑스의 경우에는 급격한 사회변동의 정치상황으로 인하여 다른나라보다 그 운동이 활발하였다. 프랑스혁명기간까지도 아나키즘은 부정적 이네올로기의 굴레를 벗지 못하였으나 유럽에서 노동운동과 사회운동이 활발하였던 20세기로 넘어가면서 긍정적 사회이데올로기로서 평가되기 시작하였다.

아나키즘은 세계 최초의 노동자들의 조직인 인터내셔날 안에서 점차 마르크스와 엥겔스의 국가주의적 공산주의(Communisme Etatiste)의 중앙집권주의적 성향과 분명하게 구별되었다.25) 사회주의안에 있는 모든 사회주의자와 같이 아나키스트도 현존 토지의 사유제도 및 생산수단의 사유제도가 이윤추구를 목적으로 하고 동시에 그 결과이기도 한 현 생산구조와 함께 악이라고 인식한다. 그러나 변혁

---

23) Kropotkine, op., cit, p.89.
24) 아나키즘운동 또는 조직이 공식적으로 시작된 것은 파리코뮨직후이다.(Claude Harmel, 『Histoire de l'Anarchie dés origines à 1880』, Editions Champ Libre, Paris, p.11)
25) Kropotkine, op., cit, p.82.

을 달성하고자 하는 수단에 있어 국가사회주의자의 모든 당파와 전혀 다르다. 이들은 공산주의자의 국가가 관리하는 제도를 새로운 형식의 임금노예제의 착취일 뿐이라고 인식하기 때문이다. 또한 그들이 말하는 프로레타리아독재가 과도기적 형태라고 믿지도 않는다.26) 자본에 의한 노동의 착취를 폐지한다는 넓은 의미에서 사회주의를 이해하는 한 아나키스트는 사회주의자와 동감이나 사회혁명의 결과 건설할 사회의 형태에 대해서는 다르다.27) 고로 아돌프 피셔(Adolf Fisher)의 '모든 아나키스트는 사회주의자다. 그러나 모든 사회주의자가 반드시 아나키스트는 아니다'란 개념이 설득력을 얻고 있다.28)

푸르동이 자신을 아나키스트라고 자칭하였지만 그들에 대한 정확한 칭호는 불분명하였다. 푸르동과 바쿠닌의 추종자들은 아나키즘이란 단어의 유연성에서 파생하는 부정적 이미지로 곤란이 발생하는 것에 주저하였으며 푸르동도 후기에 자신을 연합주의자(Fédéraliste)라고 말하고 그의 뿌띠 부루조아적 추종자들은 상호주의(Mutuellisme)로 칭하였다. 그의 사회주의계열의 추종자들은 집합주의(Colletivisme)란 단어를 애용하고 곧 마을주의(Communisme)로 바꾸었다. 19세기말에 프랑스에서 세바스티엥 포르(Sébastien Faure)가 1858년 조셉 데쟉크(Joseph Déjacque) 등이 사용한 리베르테르(Libertaire)란 단어를 신문의 명칭으로 채택하였는데 이후 아나키스트와 리베르테르는 동의어가 되었다.29) 따라서 현재는 아나키즘(Anarchisme) 또는 권위주의적 사회주의(Socialiste autoritaire), 국가주의적 사회주의(Socialiste Etatiste), 중앙집권적 사회주의(Socialiste centraliste),

---

26) Ibid, p.96.
27) Ibid, p.96.
28) Guérin, op., cit, p.15.
29) Guérin, op., cit, pp.14~15. 게링은 이들 용어들이 아나키즘의 기본 성격을 표현하지 못하는 중대한 결함을 내포하고 있다고 지적하였다.

즉 일반적으로 사용하는 공산주의(Communisme)에30) 대비하여 자유주의적 사회주의(Socialiste libertaire) 또는 자유주의적 공산주의(Communisme libertaire)로 호칭하고 있다.31)

아나키즘은 본래 획일화된 조직이나 교조적인 원칙을 거부하기 때문에 용어와 개념에 대한 다양한 주장이 있으며 그 계보나 성향에 대해서도 다양한 이론이 존재하고 있다. 그렇지만 일반적으로 아나키즘의 조류는 크게 세 가지로 대표되는데 공산주의적 무정부주의(Anarchisme communiste) 또는 자유주의적 공산주의(Communisme libertaire)로서 대표적인 인물은 크로포트킨(Pierre Kropotkine), 르크류(Elisée Reclus), 그라브(Jean Grave), 포르(Sébastien Faure), 그리고 바쿠닌(Micheal Bakounine)의 일부 사상이다. 두번째는 개인주의적 무정부주의(Anarchisme individualiste)로서 스티러너(Max Stirner), 고드윈(Willam Godwin), 터커(Tucker), 쟝비옹(Mackay Janvion), 파라프 쟈발(Paraf Javal), 리베르타(Albert Libertad) 등이 대표적인 인물이다. 마지막으로 생디칼리즘 또는 아나르코 생디칼리즘(Anarcho syndicalisme)으로 대표적인 인물은 푸르동, 바쿠닌의 일부 사상, 뻴루티에(Fernand Pelloutier), 뿌제(Emile Pouget), 토르틀리에(Tortelier), 프랑스의 노동조합의 지도자들(C.G.T.), 베나(Pierre Besnard) 등이다.32)

지금까지 살펴본 것처럼 아나키즘은 사회주의 발달과정에서 생성된 한 사회사상으로서 인류사회를 보다 나은 환경으로 변혁시키려는 사

---

30) 사회주의와 공산주의에 대한 마르크스주의적 개념은 동일한 경제적 유형의 두 단계를 나타내는 것으로, 私有社會의 지양으로서 성립하는 공산주의적 사회경제구성체에서 사회주의는 제1단계를, 공산주의는 제2단계를 지칭하는 것이다 (편집부, 『사회과학사전』, 사계절, 1986, 186면)
31) Guérin, op., cit, p.15.
32) Souis Louvet, 「Découverte de l'anarchisme」, 『Ce qu'il faut dire』, N.62(Janvier 1949), p.18.

상이다. 한 연구자의 표현처럼 "아나키란 사회주의와 동의어이다. 아나키스트는 무엇보다 우선 인간에 의한 인간의 착취를 근절시키려는 목적을 가진 사회주의자이다. 아나키즘은 사회주의사상의 가지에 하나인 것 이외는 아무 것도 아니며, 그 가지는 자유에 대한 관심과 국가폐지의 촉진"33)이란 것처럼 근본적으로는 사회주의사상이다.34) 우드코크도 아나키즘의 궁극적 목표는 항상 사회변혁에 있다고 인식하였으며 그 방법은 사회적 봉기, 폭력 등이라고 지적하였다.35) 아나키즘의 진정한 목표는 인류사회에 자연적인 질서를 세우는 것으로서 푸르동도 아나키즘이 혼란을 의미하는 것이 아니라 질서를 의미하며 그것은 위에서 부터 강요된 인위적인 질서가 아닌, 그 반대로 자연적인 질서를, 그것도 강제에 의한 강요된 거짓의 통일이 아닌 참된 통일이라고 주장하였다. 그는 '아나키는 조직된 살아 있는 사회이다'라고 말하고 또 '인류가 실현할 수 있는 자유와 질서의 최고 단계'라고 단언하였다.36) 크로포트킨도 아나키즘은 '인류의 진보를 위한 사상'으로서 그에 의하면 진보라는 것은 우선 사회에 대해 강요하는 정부의 권력을 재제하는 방향이고, 협약과 조화가 가능한 최대로 진전되는 방향으로서 그것은 동시에 모든 단체들의 독립성이 보장되는 것이고 또한 아나키즘의 사회구조는 최종형태가 없고 부단한 생명력과 순간순간의 필요에 따라 그 형태가 변해야 된다고 주장한다.37) 미래사회에 대한 비젼에서 아나키스트는 다른 정치적 당파와 분리되고 또 여타의 사회주의적 당파와도 분리되게 되었다. 이들은 기왕의 로마적이고 교회법적인 국가의 이상이 미래사회로 연결될 수 있으리라 보았지

---

33) Guérin, op., cit, p.15.
34) 현재 학계에서 아나키즘의 정치적 스펙트럼에 대해 일부 오해의 소지가 있음은 기본적으로 아나키즘을 좌파사상으로 인정하지 않기 때문인것 같다.
35) Woodcock, op., cit, p.7.
36) Guérin, op., cit, pp.50~51.
37) Kropotkine, op., cit, p.124.

만 아나키즘은 국가권력을 그들 자신이 장악하려 기도하는 일체의 정치적 당파와 전혀 다른 사회관을 갖고 있으며 아나키즘이 그리는 사회는 각 성원의 관계가 과거의 억압과 횡포의 유산인 법률, 또는 권력자에 의해 규제되는 것이 아닌 자유와 상호합의에 승인된 습관이나 풍습에 의해 규제되는 사회를 이상으로 하고 있다.38) 결론적으로 크로포트킨은 아나키는 미래와 진보를 대표하고 있으며39) 어떠한 혁명도 의회나 모든 다른 종류의 대표기관의 저항이나 공격에서 탄생한 것이 아니라 모든 혁명은 민중속에서 시작된 것으로서 아나키스트조직은 혁명당이라고 단언한다.40)

이와 같은 아나키즘이 동양에 전파된 것은 1900년대 초이다. 이를 한자문화권에서 '無政府主義'란 단어로 사용하게된 것은 1902년 일본의 煙山專太郎이 『近代無政府主義』란 책을 東京專門學校出版部(현 조도전대학)에서 출판한 것이 최초이며41) 이후 한국을 비롯한 중국과 일본에서 아나키즘은 무정부주의란 단어로 사용하게 되었다.

2. 1920년대 초의 국내사회주의인식

3.1운동은 한국근대민족운동의 분수령이 된 사건으로서, 내적으로 한국민족주의의 정수를 과시하였고 외적으로 일본식민통치의 정책변화를 강요하였다. 3.1운동이후 일본은 민족운동의 분열을 획책하기 위하여 소위 '문화정치'를 실시하였으며 이러한 정책변화로 일시적으로 유화적 국면이 조성되었다. 그 중의 하나가 제한적이나마 출판물

---

38) Kropotkine, op., cit, pp.54~55.
39) Kropotkine, op., cit, p.95.
40) Kropotkine, op., cit, p.125 and p.130.
41) 『아나키즘文獻出版연감』, 社會評論社, 東京, 1928, 1면.

의 간행이 허가된 것으로 이것은 일부 선진지식인의 전유물이었던 근대서구사상을 일반대중에게 까지 확산시키는 데 일정한 기여를 하였다. 근대서구사상중에서 특히 사회주의사상은 1920년대에 가장 널리 소개된 이데올로기였으나 그 조류는 분명하게 구별되지 못하였다. 당시의 사상계는 한 지식인의 표현대로 석가와 공자 이래의 동양사상과 야소와 소크라테스 이후의 서양사상이 한꺼번에 모여 서로 제것이 옳다고 싸우는 '혼돈상태'였다.42) 당시의 『동아일보』의 사설에서 過激主義로 표현한 이러한 사회주의에 대하여 "오호라! 과격주의의 횡행하는 그 맹위는 요원의 화염보다도 일층 더 맹렬하며 비단폭포의 유세보다도 더 극심하다"라고 지적한 것에서 사회주의의 영향력을 짐작할 수 있다.43) 이와 같은 과격주의의 전파에 대한 일반의 태도에 대하여 "과격파에 지방민중이 환영하지는 않더라도 묵시적 태도를 취하여, 적대적 행동을 취하거나 이를 제거하고 박멸하려 하지 않으니 과격파의 역할에 장애가 없게 되고 감수성이 충만한 민중들이 과격파의 선전을 일종의 신복음과 같이 생각한다"44)라는 보도에서도 이를 확인할 수 있다. 당시에 사용된 '과격파' 또는 '과격주의'란 용어는 일반적으로 사회주의사상을 의미한 것으로 볼 수 있지만 협의로는 볼쉐비즘을 의미한다.45)

여하튼 3.1운동이후 이러한 사회주의에 대한 소개는 『동아일보』와

---

42) 양명, 「우리의 사상혁명과 과학적 태도」, 『개벽』43호, 28면.
43) 『동아일보』, 1920.5.12~5.14.
44) 『동아일보』, 1920.8.12.
45) 公民의 1920년 5월 21일자 「과격파와 노령동포」, 『동아일보』의 글에서 과격파란 단어의 어원에 대해 원래 볼쉐비키를 다수당이라 번역함이 적합하나 일본의 신문업자들이 과격당 또는 과격파라 명명하였다고 지적하였다. 한 연구에 의하면 과격파란 단어는 1920년대 초 실력항쟁을 지향하는 민족주의세력 전반을 의미한 것으로, 중반에는 아나키즘과 볼쉐비즘을 구별하지 않고 막연하게 지칭한 것으로, 후반에는 볼쉐비즘을 지칭한 것이었다고 한다(梶村秀樹, 「의열단과 김원봉」, 『조선사의 조직과 사상』, 연문출판사, 동경, 1982, 211면)

『조선일보』를 비롯한 일간지와 정기간행물들이 원론적인 수준에서 논문을 번역하여 소개하거나 사회주의사상가들을 소개하였다. 이러한 신사상의 소개는 『동아일보』가 주도한 문화운동에 의해 확산되었다고 할 수 있다. 문화운동은 서양의 근대사상을 수용하여 우리의 잘못된 인식과 전근대적인 사회제도를 개혁하고 근대화된 신한국을 건설하려는 의도로서 결국 한국에 '자본주의적 경제제도'와 '자유주의적 정치제도'를 건설하려는데 그 목적이 있었다. 문화운동의 본질적인 문제와는 별도로 이 시기에 가장 많이 소개된 인물은 소크라테스, 칸트, 헤겔, 루소, 생 시몽, 후리에, 니체, 러셀, 다아윈, 스펜서, 마르크스, 레닌, 크로포트킨, 스티리너, 톨스토이, 섹스피어, 타고르, 간디, 김옥균, 이율곡 등으로서46) 자유주의, 실용주의, 인본주의, 사회주의, 볼쉐비즘, 아나키즘, 생디칼리즘 등의 사상이 모두 소개되었는데 이들 사상의 기본은 자유주의사상이다. 특히 이중에서도 문화운동 2년여 동안 생 시몽의 이상적 사회주의, 마르크스의 역사적 물질주의, 레닌의 볼쉐비즘, 크로포트킨의 아나키즘 등이 가장 빈번히 소개되었는데 이것들은 당시 과격파의 이론이라고 지칭되었다.47) 이러한 과격파의 이론들은 특히 좌파 색채의 『신생활』, 『현대평론』, 『조선지광』 등을 통하여 소개되었다.48) 이들 과격주의이론을 당시의 한국지식인들이 어떻게 인식하였는지는 사회주의수용의 성격을 고찰하는데

---

46) Kim Keun, 『Le Mouvement national en Corée de 1920 à 1927: la presse et le débat culturel et politique』, Thèse de Doctorat de 3ème sycle, Université Paris VII, 1987, p.174. 양명의 앞의 논문 37면에서는 예수, 막스, 간디, 톨스토이, 크로포트킨, 타고르, 레닌 등을 열거하였다.
47) Ibid, p.174.
48) 『동아일보』에 최초로 소개된 사회주의에 관한 것은 「불국에 재한 사회주의의 삼대 조류」로서 개량파 사회주의, 혁명적 생디칼리즘, 사회민주주의의 세 조류를 소개하였다.(『동아일보』, 1920.6.22~6.30) 또한 「마르크스사상의 개요」(37회), 「마르크스의 유물사관」(18회), 「니콜라이 레닌은 어떤 사람인가」(61회) 등 사회주의의 소개에 많은 지면을 할애하였다.

중요한 문제이다.

1920년대 초의 글중 사회주의에 대한 고엽의 「사회주의의 약의」란 글은 사회주의의 종류를 공산주의, 공유주의, 과격한 혁명적 사회주의, 강단사회주의 내지 국가사회주의의 네가지로 소개하였다. 그는 과격한 혁명적 사회주의는 위험천만한 주의로서 무정부주의나 허무주의가 이에 해당된다고 인식하였다. 이들은 권위를 蛇蝎과 같이 인식하고 各人의 절대 평등과 절대 자유를 주장하며 경제적으로는 재산의 세습, 상속과 자본의 점유를 부인하고 그 실행방법은 폭탄, 암살, 혁명 등의 最可恐, 最可毒의 酷手段이라고 평하였다.49) 이 글에서 공산주의와 무정부주의를 사회주의의 한 조류로 이해한 것은 옳은 것이나 공유주의를 마르크스가 주장하고 무정부주의와 허무주의를 동류로 인식한 것은 부정확한 인식이다. 사전적 의미로 소개한 다른 글에서는 생디칼리즘에 대해 무정부주의와 유사한 점은 있으나 결코 동일하지 않다고 소개하고 무정부주의는 조직이라는 절대의 가치를 망각하고 노동자가 훈련없이 사회혁신을 하여 완전한 신사회를 조직할 수 있다는 이상향이나 공상이라고 평하였으며, 집산주의를 공산주의와 비교하며 공산주의는 생산과 분배를 절대 평등으로 하나 집산주의는 각자의 노동을 표준하여 분배한다고 소개하였다.50) 주지하다시피 생디칼리즘에 아나키즘적 이론과 투쟁방법을 접목시킨 것이 아나르코 생디칼리즘이므로 전술한 인식은 피상적임을 알 수 있다. 사회주의의 제 조류에 대한 부정확한 인식은 이 시기의 일반적인 현상이다. 예를 들면 일본인 近藤榮藏이 미국에서 고학중 레닌의 혁명사상에 공감하여 무정부주의자가 된후 상해에서 레닌의 자금을 수령한 후 일본운동을 획책하려다 체포된 사건이 '2만원의 운동비로 무정부주의선전'이란

---

49) 고엽, 「사회주의의 약의」, 『개벽』 3호, 75~77면.
50) 편집부, 「思想部」(제3회), 『개벽』51호, 32~40면.

제하에 보도되었는데51) 레닌의 혁명사상과 무정부주의사상은 본질적으로 구별되는 것으로서 언론에서 조차 정확한 구별을 못하고 있었음을 보여 주고 있다.

사회주의의 조류를 어느 정도 구체적으로 구분한 글은 1924년의 글인 원종린의 「노농노국의 종국 - 볼쉐비키와 무정부주의」란 글이다. 그는 현대의 사회운동에서 가장 격렬히 대치되어 있는 것은 볼쉐비키주의와 무정부주의라고 평가하고 이들은 불합리하고 부패한 과거의 사회제도를 부인하고 합리적이고 이상적인 사회를 실현하는 데에는 일치하나 그 구체적 주의나 수단, 방법 등에 이르러서는 서로 구적의 염을 갖고 있다고 인식하면서 學理的으로 대조, 연구하면 결국 동일한 일치점에 도달한다고 주장하였다.52)

>"무정부주의와 마르크시즘의 근본적 차이는 전자는 국가를 폐지한다와 후자는 그 자신이 생명이 끝난다라는 것이 일반 사회주의자간에 공통된 견해이다. 전자가 국가를 인정하고 후자가 부인하는 것이라 함은 마르크스와 엥겔스의 진의를 오해함이 심함이라. 볼쉐비즘은 마르크시즘을 착착 실행하는 것임을 알 수 있는 동시에 또 일보를 더 가 볼쉐비즘은 무정부주의의 경로임을 알 수 있다. 마르크스가 국가폐지를 인정함에 대하여 결코 무정부주의와 견해를 달리 하는 것은 아니다. 다만 그 폐지는 계급의 폐지와 동시에 행하지 않으면 안된다. 계급이 아직 전폐되기 전 국가를 폐지하는 것은 브루조아타파에 대한 유력한 수단을 폐지하는 소이라 하여 반대하는 것이다. 고로 볼쉐비즘은 마르크시즘이요, 마르크시즘은 무정부주의의 道路이다. 고로 볼쉐비즘도 역시 무정부주의의 도로이다"53)

원종린은 무정부주의와 공산주의의 근본적인 차이점의 하나인 국가폐지에 대한 문제를 비교적 정확하게 인식하였으면서도 두 조류를 결

---

51) 『동아일보』, 1921.6.1.
52) 원종린, 「노농노국의 종국-볼쉐비키와 무정부주의-」, 『개벽』45호, 67~68면.
53) 위와 같음.

국 같은 것으로 이해하였다. 따라서 원종린은 목적을 하루라도 속히 달성하기 위하여 이론상 잠식되지 않는 정도에서 제휴하여야 한다고까지 제안하였다.54) 물론 두 조류의 궁극적인 목표는 같을지라도 그 과정은 현격하게 차이가 있다. 무정부주의자가 국가의 폐지를 주장하는 것은 국가란 조직이 인민을 탄압하기 때문이며 그것은 공산주의가 주장하는 혁명과정상의 프로레타리아독재도 예외가 아니라고 인식하기 때문이다.

1920년대 초 국내에서 사회주의를 수용하게 된 배경은 『동아일보』가 지적한 것처럼 한국은 1. 지리적으로 서백리아와 만주에 연해 있고, 2. 타국처럼 자본집중으로 인한 빈부격차는 심하지 않으나 조선인 전체가 기아선상에 있어 과격주의에 공명하기가 쉬우며 3. 정치, 경제상 자유의 갈구가 극심하며 4. 우리 민족이 아직 근대사조와 접촉이 없고, 고래로 학정에 시달려 고유한 특수사상이 없어 어떠한 사상이던 감염성이 풍부하다고 우려한 것은55) 대체로 정확한 평가라고 보여진다. 다른 나라의 경우 일반적으로 상당기간의 사회주의적 전통을 갖고 여러 종류의 사회주의조류가 경쟁한 것과 달리 한국은 이해의 수준과는 별개로 사회주의의 접촉 경험과 지적 전통이 전무한 상태에서 볼쉐비즘이 절대적으로 도입되었다는56) 연구처럼 1920년대 초의 사회주의 수용은 거부할 수 없는 대세였다. 1920년대초 사회주의수용기의 상황에 대하여 3.1운동이후 각 지방에서 민족주의적 청년회가 설립되어 민족정신을 고취하였지만 그 기조는 자유주의적 사상을 벗어 나지 못하였고, 이후 무산계급을 위한 사상적 조류와 운

---

54) 위와 같음.
55) 「과격파와 조선」, 『동아일보』, 1920.5.12~5.14.
56) 한길사, 『한국사』15권, 159~161면. 사회주의수용 원인에 대하여 같은 글에서 러시아혁명의 영향, 서구열강에 대한 실망, 삼일운동과 임시정부의 외교노선에 대한 반성, 민중들의 열악한 처지와 대중운동의 발전, 일제의 식민통치 등을 들었다.

동의 맹아가 전개된 것이 사회주의사상인데 그 체계는 불분명하여 무정부주의, 공산주의, 국가사회주의 등을 두루 뭉친 '기분과 인도주의적 정의 관념에 치중한 소위 과격한 무정부주의적 색채를 띤 것'으로서 전반적으로는 자유주의사상에서 사회주의적 사상으로 전이하는 과정이라고 평한 글은57) 당시의 사회주의의 수용과정을 비교적 정확하게 인식한 것이다.

3. 조선노동공제회의 아나키즘적 경향

3.1운동 이후 유입된 근대서양사조는 아직 이를 수용할 태세가 갖추어지지 않은 국내의 지식인에게 학문적인 연구의 필요성을 느끼게 하였다. 그리하여 다양한 소규모의 연구모임이 만들어 졌으며 그중 하나인 신사상연구회는 지적인 연구기관을 표방한 사상단체로서 '홍수와 같이 팽배하게 몰려 오는 신사상을 연구하여 조리있게 갈피를 찾아 보기 위하여' 조직하였다는 취지를 통하여 당시의 외래사조의 범람을 짐작할 수 있다.58) 전술한 바와 같이 아나키즘과 코뮤니즘 혹은 볼쉐비즘은 그 개념이 혼재되었는데 정확하게 언제부터 볼쉐비즘과 확연히 구분되는지는 좀 더 연구되어야 할 과제이지만 전체적으로는 1920년대 중반까지 아나키즘과 볼쉐비즘이 혼재되어 나타나고 있다.59)

---

57) 동관생, 「최근 조선의 사조변천관」, 『개벽』57호, 44~46면.
58) 장석흥, 「사회주의수용과 신사상연구회의 성립」, 『한국독립운동사연구』5집, 1991, 68면.
59) 이것은 당시의 국내언론통제를 담당했던 총독부 경무국 도서과장 立田淸辰이 1920년대의 언론의 논조를 1920년에서 1924년 까지를 감정적 독립갈망시대, 1924년에서 1929년 까지를 이론투쟁시대로 구분한 것에서도 확인할 수 있다. (立田淸辰, 「1930년의 조선출판계의 획」, 『警務彙報』, 1931.1., 16~18면. 정진석, 「동아와 조선의 언론으로서의 성격과 방향」, 『한국독립운동사연구』5집,

1920년 4월 조직된 한국 최초의 노동조합이라 일컬어지는 조선노동공제회는 근대사회운동상 중요한 단체이다.60) 조선노동공제회에 대하여 한 연구자가 한국사회주의운동이 조선노동공제회로 부터 비롯되었다고 할 만큼61) 한국사회주의운동상 중요한 단체이다.『공제』에 의하면 조선의 노동문제는 일부 노동자들의 자각적인 요구에 의해 암암리에 모색되고 있던 중에 1차대전 종식을 계기로 구체적으로 제기되어 조선노동연구회가 조직되었다.62) 이것은 진보적인 지식인 상호간에 노동문제에 대한 조선사회의 상황을 연구하기 위한 것이었다. 그 주도적 인물은 朴中華, 朴珥圭, 吳祥根 등으로서 이들은 비노동자계급 출신으로 사회주의에 경도되어 사회주의노동운동의 전단계적 성격을 보여준 것이다. 이 연구회에는 노동자의 참여가 거의 이루어 지지 않았고, 대신 사회주의지식인간의 노동문제와 신사조 즉, 사회주의사상에 대한 연구에 중점을 둔 것으로서 본격적인 노동단체와는 거리가 있었다. 이 연구회는 1920년 2월 7일 자진 해산하고, 이 연구회의 중심 인물들에 의해 1920년 4월 13일 한국 최초의 근대적 노동단체인 조선노동공제회가 조직되었다.63)

1991, 13면에서 재인용) 이는 1924년에서 1929년 사이 사회주의 제 조류간 이론투쟁이 전개되었음을 보여 주는 것이며, 그 이전까지는 아나키즘과 볼쉐비즘을 혼용했음을 반증해 주는 것이다.
60) 조선노동공제회에 관해서는 신용하,「조선노동공제회의 창립과 노동운동」,『한국의 사회신분과 사회계층』, 한국사회사연구회논문집 3집, 1986; 박애림,「조선노동공제회의 활동과 이념」, 연세대학교석사학위논문, 1992 등에서 다루고 있다.
61) 신용하, 앞의 논문, 201면.
62)「조선노동공제회연혁대략」,『공제』1호, 166면.
63) 진덕규,「1920년대 사회주의민족운동의 성격에 대한 고찰-조선노동총동맹을 중심으로-」,『한국독립운동사연구』5집, 1991, 101면. 조선노동연구회는 1920년 2월 7일 자진 해산하고 2월 11일 광무대에서 박중화의 사회로 150명의 발기인으로 조선노동공제회 결성대회를 갖고 4월 3일 명월관지점에서 발기인총회를 개최하였다.

조선노동공제회의 기관지인 『공제』는 8호까지 발간되었으나 3호에서 6호까지는 압수당하여 전체적인 윤곽을 파악하는 데는 어려움이 있다. 그러나 현존하는 글을 통해서도 이 단체의 성격을 일정 부분 조감할 수 있다. 『공제』는 전체적으로 노동문제에 대한 이해를 넓히려는 잡지였으나 이 노동문제를 아나키즘적 관점에서 접근하고 있음은 『공제』에 실린 글을 통하여 확인할 수 있다. 노동에 대한 정태신의 「진리의 성전」이란 글은

> "노동은 사회문화의 기초적 가치를 유하였다. 뿐만 아니라 창조에 대한 노동과 생산에 대한 환희는 원래 인류의 고유한 천품성의 본능이다. 이 가치와 이 본능에서 오인은 노동의 세계를 찬미한다. 생산의 세계를 환영한다. 또 이 가치와 이 본능에서 오인은 怠惰한 소비적 행복과 약탈한 潛越의 쾌락을 절실히 배척하며 강경히 반항한다. 노동자의 세계로 가는 절대적 전제는 人類相愛의 情과 連帶共濟의 責이다. 이것이 곧 구문명, 구제도의 치열한 반항성으로 일어나는 노동운동자 내부에 강렬히 발효되는 정신적 요소이다. 이에 신문명, 신제도에 대한 강대한 윤리적 감정의 의식이 발아되는 것이다. 아! 약탈의 세계·강도의 세계에서 협동의 세계·생산의 세계로, 속박의 사회에서 자유의 천국으로, 계급의 사회에서 평등의 聖鄕으로 가려 하는 것이다. 인류의 至靈한 이성과 열렬한 감정은 언제까지 진리를 捕捉함에 맹목적이 아닐 것이다. 최선을 추구함에 주저하지 않을 것이다. 아! 명석한 진리의 公庭이여, 아! 위대한 진리의 성전이여"[64]

주지하다시피 사회주의적 관점에서 노동은 신성한 것이며 인간은 누구든지 일해야 하며 또 그 권리가 있다고 인정되고 있다. 정태신의 '怠惰한 소비적 행복과 약탈한 潛越의 쾌락을 절실히 배척하며 강경히 반항한다'라는 것은 사회주의자의 공통된 것이지만 특히 아나키즘은 그 윤리적인 면에서 청교도적인 엄격하고 소박한 생활을 권유하며 사치는 범죄라고 인식한다.[65] 근대사회주의사상이 민중가운데서 탄

---

64) 정태신, 「진리의 聖戰」, 『공제』2호, 3면.

생했음은 일찌기 크로포트킨이 지적하였는데 크로포트킨은 일부 부르조아계급이 이를 과학적으로 체계화시켰지만 그 심오한 의미는 노동자들의 정신의 소산이라고 주장하였다. 결국 크로포트킨의 이상은 노동이 자본주의사회처럼 '저주'가 아닌 '즐거운 작업'이어야 한다는 것이다.66) 또한 그의 '노동자의 세계로 가는 절대적 전제는 人類相愛의 情과 連帶共濟의 責'이라는 것은 아나키즘의 '상호부조론'에 영향을 받았음을 보여주는 것이다.

『공제』의 글중 크로포트킨의 논리를 수용한 인물중에 兪鎭熙가 있다. 그는 '정치는 愛와 自主와 平等으로서 성립할 외에 하등의 강력적 억압을 절대로 용납하면 안된다'67) 라고 강권을 반대하는 아나키즘적 입장을 분명하게 주장하였다. 아나키즘의 정치적인 측면에서 가장 핵심적인 내용은 강권을 반대하는 것이다. 생산자의 정치는 愛의 정치임과 동시에 호상부조(상호부조)의 정치라는 인식도 곧 아나키즘의 핵심 사상인 상호부조론을 설명한 것이다. 그는 「세계 노동운동의 방향」에서 각국의 노동운동을 개관하고 프랑스는 생디칼리즘, 독일은 사회주의, 러시아는 아나키즘에 입각하였다고68) 서술하였다. 이것은 아나키즘이 세계노동운동상 중요 조류라고 인식한 것으로서 당시 생디칼리즘은 프랑스에서 번성하였으며, 아나키즘과 결합한 아나르코 생디칼리즘이 세계노동운동상의 중요한 흐름으로 자리잡고 있었다.

또한 유진희는 「노동운동의 사회주의적 고찰」에서 "중세기에 있어 예술의 진보와 발전이 돌발적으로 출현함은 전혀 중세기의 길드제도 하에서 만민이 생활을 향락할 여유를 득한 까닭이라 함은 크로포트킨의 연구로서 명백해진 사실이다. 금일과 같이 사람이 의식을 얻기에

---

65) 크로포트킨(백낙철역), 『빵의 쟁취』, 우리, 1988, 92면.
66) 『빵의 쟁취』, 132면.
67) 유진희, 「노동자의 문명은 여사하다」, 『공제』1호, 38면.
68) 유진희, 「세계노동운동의 방향」, 『동아일보』, 1920.5.5~5.8.

여유가 없는 제도하에서는 예술과 학문에 정력을 기울일 수 없는 것이다. 그러므로 오인이 만일 문화의 흥륭과 인격의 발전을 도모한다면 무엇보다도 우선 그 목적을 가능케 할 사회적 조건 내지 정치적 조건을 획득할 것이다. 이것이 곧 문화운동이 일보를 진하여 노동운동에 참가할 가장 진정한 이유이다"69)라고 하였는데 이것은 아나키즘에서 지적한 사회구조에 대한 근본적인 문제를 지적한 것으로서 크로포트킨이 말한 대로 인간은 먹고, 마시고, 살 집을 갖는 것만으로 만족하는 존재가 아닌, 물질적 욕망이 충족되자 마자 예술적 성향의 욕구가 나타난다는 것을 표현한 것이다.70)

유진희는 크로포트킨을 높게 평가하였는데, 자본주의를 비판하면서 "국가가 인류적 문화와 공존의 대사명을 위한 유기적 존재임을 망각하고 개인의 기계적 집단이라고 妄信하였다. 정신적 편협과 육체적 기형까지 다수 인류중에 발생하게 된것이다. 이때 인류는 상실되었던 正路위에 여럿의 사람다운 선구자를 발견하였다"71)면서 크로포트킨을 꼽았다. 그러면서 "크로포트킨은 호사스런 귀족집안에서 성장하였으나 어릴때부터 진정한 愛의 서광이 발아하였으며 후년에 표랑하는 비참한 생활중에서도 호상부조론을 발표하여 完美한 인류애의 과학을 창조한 것이다. 그는 '사람의 생존하고자 하는 노력은 소위 생존경쟁에 의하여 달성되는 것이 아니요, 호상부조의 본능에 의하여 달성된다'라고 절규하였다. 신시대의 문화는 인류의 유물적 개혁에만 건설될 것은 아니다. 크로포트킨의 호상부조의 본능, 톨스토이의 인류애, 로망 롤랑의 신도덕에 영겁의 인류공존과 정과 선의 문화생활상의 人卽神의 바빌론탑을 건조할 것이다. 아! 진정한 선구자야 나서라. 외면으로는 독립, 노동운동자이나 실상은 단순한 奴輩로 황금, 세력, 명

---

69) 유진희,「노동운동의 사회주의적 고찰」,『공제』2호, 12~13면.
70)『빵의 쟁취』, 91면.
71) 유진희,「노동운동의 사회주의적 고찰」, 12~13면.

예와 사회의 계급을 숭배하는 공리주의자들을 오인으로 하여금 매도케 하라"72)라고 다아윈의 『종의 기원』과 크로포트킨의 『상호부조론』을 설명하면서 크로포트킨을 지지하였다.

크로포트킨의 『상호부조론』은 다아윈의 『종의 기원』에서 제시한 생물계의 '적자생존'이 진화의 중요 요소였음을 인정하면서도 또한 '상호부조'도 생물계의 진화에 중요한 요소였음을 과학적, 논리적으로 증명한 그의 대표적 저작이자 아나키즘이론의 핵심이다. 이를 생물의 하나인 인간에게 까지 확대 적용한 것으로서 생물의 종족 중에 개별투쟁을 가능한 한 적게 하고 상호부조적 습관을 가장 많이 발달시킨 종들이 반드시 그 수가 많고 가장 번성했으며, 또 가장 진보할 수 있었다는 것이다. 또한 인간의 사회에 대해서도 상호부조에 따라 '자유연합'적인 상태가 가장 최선이라고 주장하고 그 논리도 생물학적인 차원에서 접근한다. 즉, '각 종은 환경에 적응한다. 각 기관, 각 기관의 부분들은 자기 차례에 자기 존재에 부적합한 조건에 대항하여 결합하는 독립된 세포로 구성되어 진다. 따라서 개인은 연합한 세계로 그것은 하나의 완전한 우주이다. 각 개인은 기관의 우주이고, 각 기관은 세포의 우주이다.…인간은 모든 성향이 자주적이다. 또 모두 서로 연결되어 있지만 어느 한 중앙의 통제없이 각자 고유한 영역속에서 산다'73)라고 인간사회도 각 소규모 단위별로 자주적이면서도 연합적인 사회가 최선이라고 주장한다.

조선노동공제회의 성격을 고찰하면서 간과할 수 없는 중요한 인물이 조선노동공제회를 창립하고 그 활동에 주도적인 역할을 하였던 제주출신의 고순흠이 있다. 그는 일제시대의 대표적인 아나키스트로서 일본과 제주에서 정력적인 활동을 전개하였다.74) 고순흠이 조선노동

---

72) 위와 같음.
73) Kropotkine, 「L'Anarchie, sa philosophie, son idéal」, Publico, Paris, 1981. pp.5~7.(réédité de Conférence de 1896.3.6.)

공제회의 창립에 중요한 역할을 하였기 때문에 그의 아나키즘수용 시기는 조선노동공제회의 성격을 분석하는데 중요하다. 그는 19세 때인 1909년경 노자의 性素設을 발견한 뒤 이에 기반하여 바쿠닌이나 크로포트킨 등의 이론을 섭렵하면서 근대적인 아나키즘이론을 수용하였고, 특히 일본의 幸德秋水를 존경하였다고 한다.75) 그는 조선노동공제회 창립에 주도적인 역할을 하였을 뿐만 아니라 「조선노동공제회 창업의 동기와 전말」이란 기록에 당시의 실정을 밝히고 있다.76) 그는 1922년 소위 '사기공산당사건'으로 알려진 내분을 계기로 탈퇴하고 윤덕병, 신백우, 이수영 등의 간부를 공격하였다.77) 그런데 그 이유를 '점차 볼쉐비키가 침투하게 되어 고질적인 사대주의가 발생되고 공산당선전비쟁투에 민족적 추태가 노골화되어 창립책임감에 분노를 금치 못하고 부득이 파괴를 감행한것'78)이라 설명하였다. 고순흠이 노동공제회를 파괴한 주요 이유를 볼쉐비키침투로 거론한 것은 노동공제회내부의 알력이 있음을 보여 주는 것으로서 그것은 노동공제회의 운영을 둘러싼 중앙집권적, 자유연합적 논리의 대치라고 추정할 수 있다. 이것은 당시의 「조선사회운동의 사적 고찰」에서도 추론할 수 있으며79) 신용하도 신일용, 고순흠 등의 개혁적 사회주의자와 윤

---

74) 坪江汕二, 『改訂增補 朝鮮民族獨立運動秘史』, 巖南堂書店, 東京, 115면.
75) 고순흠, 「무정부주의자가 된 동기」(박애림, 앞의 논문, 63면에서 재인용)
76) 고순흠, 「조선노동공제회 창업의 동기와 전말」(박애림, 앞의 논문, 15면에서 재인용)
77) 1922년 7월 9일 한 회의석상에서 고순흠이 신백우에게 자금건에 대해 설명을 요구하였으나 응하지 않자 노동공제회를 탈퇴하고 7월 11일 윤덕병, 신백우, 이수영을 칼로 찌르고 간판과 서류를 불태웠다.
78) 박애림, 앞의 논문, 63면.
79) 배성룡, 「조선사회운동의 사적 고찰」, 『개벽』 67호. 민족주의자와 사회주의자는 조선민중전체를 위하는 일에 상호 협력하였으나 사기공산당사건을 계기로 분열하였다고 고찰하고 이때부터 운동이 소수지식계급에서 다수 민중에게로 옮겨 갔다고 파악하였다.

덕병, 신백우 등의 볼쉐비키파와의 대립으로 해석한 것에서도 짐작할 수 있다.80) 볼쉐비키가 침투한 것에 대한 부정적 입장은 고순흠이 늦어도 1922년경에는 아나키즘을 수용하였음을 보여 주는 것이다. 아직 그에 대한 자세한 연구성과는 미흡하지만『공제』, 제8호에「다윈설과 막스설」등의 글을 발표한 것으로 미루어 이론적으로도 상당한 수준이었던 것으로 판단된다. 후술할『신생활』의 주간으로 아나키즘적 경향을 보여 주는 김명식도 조선노동공제회의 창립에 간여한 것으로 미루어81) 조선노동공제회는 아직 사회주의의 제 조류를 구별하지 못하였던 시기에 여러 조류의 성향을 갖고 있던 운동자들이 조직하였지만 1922년의 사건을 계기로 분화되는 것을 보여 주는 것이라 사료된다.

고순흠은「다윈설과 막스설」에서 19세기 후반 강력하게 인심을 지배한 두사람으로 다윈과 마르크스를 꼽으면서 두사람 모두 진화설을 발전시킨 데에 과학적 중요성이 있다고 설명하고 전자는 생물체에, 후자는 인간세계에 대한 것이라고 설명하였다. 또한 다윈의『종의 기원』에서 진화론이 확실한 진리로 일반에게 승인되었다고 인식하고, 생물계의 원칙에 '생존경쟁'이라는 도식으로 당시의 문제를 해결하였는데 이 생존경쟁설은 다윈시대의 인간사회의 생산조직의 반영이 보인다고 인식하였다. 당시의 생산계는 자본가적 자유경쟁이 번성하였으므로 이에 착안하여 자연계에 행해지는 생존경쟁에 생각이 미친 것

---

80) 신용하, 앞의 논문, 188~189면. 장석흥은 이를 신일용, 고순흠 등의 서울청년회와 조선노동공제회의 대립으로 인식하고 있다.(장석흥, 앞의 논문, 6~7면) 이에 대해 박애림은 앞의 논문 64면에서 이 시기 고순흠과 신일용이 서울청년회원이었던 증거는 없으며, 실상은 신일용은 신백우가 사기공산당사건과 관련있다는 고순흠의 정보에 입각하여 신백우에게 진의를 추궁하여 그의 해명으로 오해가 풀림으로서 오히려 고순흠이 공격을 받은 것이라고 주장하였다.
81) 염인호,「일제하 제주지방의 사회주의운동의 방향전환과 '제주야체이카사건'」,『한국사연구』70호, 96면.

이라고 설명하면서 그의 진화론이 홀연히 과학계를 풍미하고 일반의 인심을 지배하였다고 긍적적인 입장을 보여주었다.82) 이 글만으로는 고순흠의 아나키즘 수용여부를 확인하기가 어렵다. 아나키즘은 크로포트킨의 대표적 저서인 『상호부조론』에서 제기한 생물계의 '상호부조'가 다아윈이 제기한 '생존경쟁'만큼 중요하였음을 인정해야 하는데 인용한 글에서는 다아윈의 업적만을 평가하고 있다.83) 아쉽게도 그의 글 전체를 입수할 수 없어 고순흠의 사상을 이해하는데는 미흡하지만 그는 1921년 후반과 1922년 전반기를 거치면서 아나키즘을 수용하는 것으로 판단된다. 고순흠은 이후 일본에서 아나키즘이론에 입각한 노동운동에 투신하고 1927년 제주도에서 무정부주의사회를 지향한 宇利稧에 참여하였는데 그의 회고에 의하면 노자의 이른바 勤, 儉, 讓 三寶를 표방하고 일제하에서 제한적이나마 가능한 한 理想에 가까운 사회로 접근하자는 취지였다는84) 설명에서 그의 아나키즘사상에서 전통사상과의 융합을 시사하고 있다.

이외에도 전체적으로 『공제』에는 아나키즘을 소개하거나 아나키즘적 사상의 기반위에서 사회를 분석한 글들이 다수 게제되어 있다. 정부의 「蟻와 蜂의 호상부조」는 크로포트킨의 대표적인 『상호부조론』에 나오는 개미와 벌의 상호부조를 소개하고 있고85) 무아생의 「청년에게 소함」은 역시 크로포트킨의 대표적인 논설인 「청년에게 고함」이란 논문을 번역하여 소개한 것이다.86) 크로포트킨의 「청년에 고함」 역시 당시 한국의 청년들에게 심대한 영향을 준 논문으로서, 신채호를 비롯한 선진 지식인들이 크로포트킨의 「청년에 고함」이란 논문의 세

---

82) 고순흠, 「다윈설과 맑스설」, 『공제』8호, 65~70면.
83) 미간행된 『공제』9호의 「다윈설과 맑스설」 속편의 내용을 입수해야 정확한 검토가 이루어 지리라 사료된다.
84) 『운동사』, 244면.
85) 정부, 「蟻와 蜂의 호상부조」, 『공제』7호, 44~47면.
86) 무아생(역), 「청년에게 소함」, 『공제』7호와 8호.

례를 받자고 주장할 만큼[87] 1920년대 초 사회주의수용기를 이해하는데 분석해야 할 글이다. 크로포트킨은 이 글에서 청년들에게 자본주의사회의 구조적 모순을 쉽게 이해시키기 위해 의사나 변호사 등의 예를 들면서 진정한 의식이 있는 청년이라면 자신의 출세를 위하여 의사를 지망하였더라도 돈이 없어 치료를 못 받는 비참한 실상을 접하고는 '이런 일은 부정한 일이다. 이 상태를 결코 오래 존속시켜서는 안된다. 병을 고치는 것만으로는 쓸데 없다. 예방이 중요하다. 의사라는 직업은 사기다, 기만이다'라고 사회주의가 무엇인지를 이해하고 애타주의란 무엇인지도 이해할 것이라고 주장하였다.[88]

『공제』에 실린 러시아 소설가 투르게네프의 「아버지와 아들」은 아나키즘을 수용한 한인들이 영향을 받은 대표적인 소설로 알려 지고 있다. 크로포트킨 자신이 진정한 혁명투사의 정신을 투르게네프의 「아버지와 아들」에서 찾고 이를 일반에 자세히 소개하였는데[89] 당시 식민지하 한인 청년 지식인들이 이 소설의 혁명적 정신에 영향을 받은 것은 자연스런 일이라고 사료된다. 이상과 같이 『공제』에 소개된 크로포트킨의 대표적 저작인 『상호부조론』의 각 節이나 「청년에 고함」 등은 다음 장에서 분석할 『신생활』에서와 같이 이 시기에 선진사상의 대표적인 글로 인식되어 졌다. 비록 『공제』가 제8호까지 간행되고 중단되었지만 미간행된 제9호의 논문편에는 「중류계급의 몰락을 촉함」, 「퇴패하여 가는 문화운동」, 「사유재산의 기원」, 「유물사관에 대한 제비평」, 「사회주의는 어떠한 것이냐」, 「노동문제의 개조운동」, 「다윈설과 맑스설(續)」, 「직공조합론」, 「哲人鄕건설의 고뇌」 등이 게

---

87) 신채호, 「낭객의 신년만필」, 『동아일보』, 1925.1.5.
88) Kropotkine, 「Aux jeunes gens」, 『Temps Nouveaux』No.31., Janvier 1923, p.19.
89) Kropotkine, 「l'Ordre」, 『La Brochure Mensuelle』No.177., Septembre 1937, p.19.

제될 예정이었던 것으로90) 미루어 전체적으로 1호에서 부터 보여준 아나키즘적 경향이 계속되어 졌으리라 사료된다.

전술한 신용하의 지적과 같이 조선노동공제회를 연구한 박애림도 사회주의사상의 소개와 보급의 측면에서 『공제』가 담당한 역할은 당시의 다른 잡지와 비교하여 선구적 의미가 있다고 지적하고, 『공제』는 노동단체의 기관지였지만 사회주의사상 선전을 기치로 내건 최초의 출판물이라고 평가하였다.91) 조선노동공제회가 간행한 『공제』는 1920년대 국내 사회주의운동에 일정하게 아나키즘적 영향을 주었음은 부인할 수 없다.92) 이상과 같은 『공제』의 아나키즘적 경향은 후술할 『신생활』에서 더욱 구체적 모습을 보여 준다.

---

90) 김근수, 『한국잡지개관 및 호별목차집』, 중앙대학교한국학연구소, 1973.
91) 박애림, 앞의 논문, 51면. 1920~1921년 기간에 발간된 29개 잡지중 논문 편수나 내용에서 『공제』가 다른 잡지보다 사회주의이론의 소개에서 가장 앞섰다고 한다. 『공제』의 성격에 대해서는 자본주의에 대한 부정태로서 사회주의를 받아들이는 한편 사회진화론이 제1차 세계대전의 원인이라 보고 이에 대한 부정태로서 크로포트킨의 상호부조론을 받아 들였다고 인식하였다.(24면) 또한 김명구, 「1920년대 전반기 사회운동이념에 있어서의 농민운동론」, 『한국근대농촌사회와 농민운동』, 열음사, 1988, 3면에서도 유진희의 논문을 분석하고 이시기의 사회주의자들의 중심논리를 무정부 공산주의적이라고 평가하였다.
92) 예를 들면 1920년 12월 창립된 조선청년회연합회는 청년들의 활력을 토대로 조직된 전국적인 청년단체로 1924년 4월 조선청년총동맹으로 해소되기까지 1920년대 초기의 청년운동을 지도한 중요한 단체로서 주요 간부들의 성향은 사회주의적 성향의 인사들과 민족주의 계열의 인사들이 참여하여 전국적으로 120여개의 청년단체와 15,000여명의 회원을 포괄하는 단체였다. 이 청년연압회의 강령을 살펴 보면 전체적으로는 민족주의노선이지만 그 취지서에 아나키즘적 경향도 일부 포함하고 있다. '長短相補하며 有無相助함이 곧 사회존립의 발달상에 필요한 일'이라고 크로포트킨의 상호부조의 정신을 표현하고 있다.(안건호, 「조선청년회연합회의 조직과 활동」, 『한국사연구』88호, 112~119면) 청년연합회는 주로 문화운동론을 주장하였으나 1922년 4월 제3회 정기총회에서 김윤식의 사회장문제와 사기공산당사건을 토론하면서 분화되었다. 서울청년회의 김사국과 김한 등이 사기공산당사건 관련자의 제명안을 제출하였으나 연합회가 이를 거부하자 18개 청년단체가 연합회를 탈퇴하였다.(안건호, 121면)

4.『신생활』의 아나키즘

전술한『공제』와 더불어 한국 최초의 사회주의잡지라 일컬어지는 『신생활』은 1920년대 국내 사회주의수용기의 제 조류를 이해하는데 중요한 잡지이다.93)『신생활』에 관여하였던 인물들은 대부분 사회주의적 성향의 인물임은 물론 1920년대 국내사회주의운동의 중심 인물들로서 이들의 글에 대한 분석은 이 시기의 사회주의운동의 이해에 중요하다고 사료된다.

『신생활』은 '신생활을 제창함, 평민문화의 건설을 제창함, 자유사상을 고취함'94)이란 구호아래 1922년 3월 창간호를 발간하고 9호까지 간행하였다. 이 잡지의 성격은 그 趣旨書에 '그런즉 파괴할가 건설할가, 파괴할지오 건설할지로다'라며 조선인들은 인습의 질곡, 위력의 압박 그리고 경제의 노예에서 이탈하여 신생활의 신운동을 개척하자고 주장하고 '파괴와 건설'을 동시에 실시하자고 선언하였는데.95)『신생활』의 특색중의 하나는 아나키즘의 급진적 이론중의 하나인 바쿠닌의 '파괴론과 건설론'의 영향을 받은 것이다.『신생활』의 성격은 권두언에서 더욱 분명해 지는데 '조선의 신청년이 세계의 신생활운동에 병참하기를 요구함이니 이제 그 신청년은 재래의 관습과

---

93) 이 잡지는 그 내용 때문에 필진들이 체포되었는데 당시 언론은『신생활』재판을 '조선 초유의 사회주의재판'으로 보도하였다.(『동아일보』, 1922.12.27.)『신생활』은 검열을 피하고자 감리교 선교사이자 조선신학대학교수인 미국인 베커(A. L. Becker)를 이사로 선임하였다(『The Dipolmatic Document of the Foreign Office』, Series F.O.371, Vol.9226: Japan 1923년, p.153., Public Record Office, London)
94)「취지서 및 조직」,『신생활』1호, 68면.
95) 위와 같음.

미신과 모든 고루한 사상의 철쇄를 전부 타파한지라, 구생활은 그를 구속하고 지배할 권위가 무하도다.…오인은 충심으로부터 차등 신사상 신생활에 대한 모험자를 환영하며 그 재래 미험한 신개척에 대한 용감한 운동을 전력을 다하여 장려하고 후원하고자 하나니 이 본지 신생활을 발간하는 근본 목적이다'라는 것에서 기존의 사상에 대한 거부감과 신사상을 수용하는 잡지임을 표방하고 있다.96) 여기에서 신사상이라 함은 사회주의사상을 의미함은 자명한 일이다. 박희도도 「오인의 사명」에서 '우리의 향하는 곳은 파괴와 건설이 있을 뿐이요, 動하는 때에는 분투와 절규가 있을 뿐이라'며 파괴를 위하여 最善勇壯한 분투로 시작하고 건설을 위하여 열렬한 절규와 열정의 노력을 하여야 하는 것이 오인의 사명이며 이상이라고 주장하였다.97) 이러한 파괴와 건설론은 아나키즘사상의 직, 간접적 영향을 보여 주는 것이다.

이러한 새 사상에 대한 호감은 자연히 구사상에 대한 비판으로 이어지는데 김명식의 창간사에서도 '대자연의 물자를 각히 사장치 아니하고 이것을 저들이 총히 공유로 하여 각히 필요한 시에, 필요한 것을 임의로 수용하는 까닭이니…자연계에 재한 대자연의 物資는 자연계에 재한 생물의 성장을 보장하여 족하도다.…불합리한 경제와 법률이며 몰이상한 도덕과 종교이며 파조리한 정치와 윤리이니 이것을 누하여 말하면 불합리한 사회의 제도이며 사회의 문물이다'라고98) 기존의 모든 사회제도를 공격하며 아나키즘의 자연관에 입각한 논리를 전개하고 있다. 또한 김명식은 노동에 대해서도 전술한 정태신의 논리와 같이 "노동문화는 계급문화가 아니라 전체문화이며 대중문화이다. 노동문화는 그 윤곽이 이전의 문화의 윤곽과 판이하며 그 내용이

---

96) 백아덕, 「권두언」, 『신생활』1호, 2면.
97) 박희도, 「오인의 사명」, 『신생활』3호, 2~3면.
98) 김명식, 「창간사」, 『신생활』1호, 4~6면.

또한 이전의 문화의 내용과 다르다. 다시 말하면 노동문화는 과거 역사에 일찍 있지 못한 문화이니 곧 신문화이다. 그러므로 차 신문화가 건설되려면 반드시 구문화의 폐허를 요하며 일찍 구문화의 형적이 有치 아니한 신기초를 요한다"99)라고 노동문화가 새로운 문화라고 주장하고 구문화의 파괴와 새로운 사회의 건설을 역설하였다.

김명식은 「전쟁철학의 비판」에서 동류간의 경쟁은 진화하는 원동력이 되지 못하고 전쟁에 이겨 우승자가 되려면 먼저 협동과 부조를 하지 않으면 안된다고 주장하고 고로 전쟁에서 승리하는 자는 경쟁자가 아닌 협동자, 부조자로서 인류사회에 있어서는 계급대립의 최종막이 가까웠으니 계급의 몰락과 함께 경쟁의 형적이 최후를 고할 것이라고 주장하였다. 고로 경쟁의 원칙으로 인류생활을 지배할 수 없다고 단정하고 굳이 크로포트킨의 이론을 원용하지 않아도 설명할 수 있는 것이나 이것을 명백하게 하기 위해서는 크로포트킨의 호상부조의 원칙을 연구하여야 한다고 주장하였다. 이것은 자유사회와 진정한 인간성의 환원을 위하여 필요한 것이며 다윈의 생존경쟁도 여기에서 구제될 것이라고 단언하였다.100) 이러한 김명식의 이론은 그가 크로포트킨에 심취한 정도를 보여 주고 있다. 또한 그는 조선노동공제회의 경성본회 주최의 강연회에서 1920년 5월 1일 「부조와 경쟁」이란 제목으로, 1921년 4월 8일 「인생과 노동」이란 제목으로 강연하였으며101) 1921년 7월 23일 서울청년회 주최의 「인류생존의 원칙이 경쟁인가, 상호부조인가」란 주제의 토론회에 송진우, 서춘에 맞서 전술한 유진희와 같이 상호부조의 편에서 토론에 참가하였다.102) 1921

---

99) 김명식, 「구문화와 신문화」, 『신생활』2호, 6면.
100) 김명식, 「전쟁철학의 비판」, 『신생활』7호, 45면. 8호에는 弩山이란 필명으로 게제하였다.
101) 박애림, 앞의 논문, 48~49면.
102) 『동아일보』, 1921.7.23.

년 10월 17일 청년회관에서의 강연에서도 현사회에 민중문화를 건설하기 위하여 중산계급의 문화를 파괴하자고 주장하였다.103) 이와 같은 김명식의 활동으로 미루어 그의 아나키즘적 사고의 깊이는 높은 수준이었음을 알 수 있다.104)

이외에도 『신생활』의 논조에서는 전체적으로 혁신적이고 급진적인 성향을 보여 주고 있음은 혁암생의 「각성하라 신사상을」에서 '자각적 신사상을 고취하라. 파괴던지 건설이던지 문예부흥이던지 종교개혁이던지 무엇이던지 자기의 사상대로 고취하라'라는 글에서 단적으로 보여 주고 있으며105) 솔뫼의 「구시대와 신시대」에서는 '무릇 舊는 死物이오 新은 生物이다. 신시대는 구시대의 폐허에 건설되고 신생활은 구생활의 古基에 창조된다. 그러므로 만일 구가 死치 아니하면 신은 立치 아니한다. 신시대가 출래함은 그 반면에 반드시 구시대의 몰락을 의미하며 신생활이 시작함은 이곳 구생활의 파괴를 설명하는 것이다'라고 파괴와 건설론을 펼치고 있다.106)

이 시기의 글중 『신생활』에서 주장한 구시대의 파괴와 신시대의 건설에 대한 주장을 도처에서 발견할 수 있는데 이것은 1920년대 전반기의 사상계의 특징중의 하나라고 생각된다. 파괴와 건설이라는 이원론적 구호는 러시아의 무정부주의자 바쿠닌이 '파괴에의 충동은 또한 창조에의 충동이다'라고 그의 논문에서 인용한 이래 무정부주의자들의 대표적인 표어가 되었다.107) 일제 식민치하에서 현실을 극복하려

---

103) 김명식, 「세계사조의 進向」, 『개벽』17호, 63면(10월 17일 강연요지)
104) 김명식의 「토지국유연구」(『신생활』5호: 삭제)와 『신개인, 신국가 여명기』(조선청년연합회간행, 『신생활』5호, 32면의 광고)에서도 아나키즘적 논리를 펼쳤으리라 추론된다.
105) 혁암생, 「각성하라 신사상을」, 『신생활』1호, 41면.
106) 솔뫼, 「구시대와 신시대」, 『신생활』2호, 1면.
107) '파괴와 건설'이란 모토는 푸루동이 그의 『경제적 제모순』에서 산업상의 전제정치를 공격하기 위한 모토로 사용하였고, 바쿠닌은 『독일에 있어서의 반동』에서 '오직 그것이 전 생명의 신비적이고도 영원히 창조적인 원천인 까닭으로

는 움직임은 급격하게 전파된 서구의 급진사상중에 특히 바쿠닌의 과격사상을 쉽게 수용하게 만들었던 것이라 생각된다. 전술한 바와 같이 사회주의의 수용과 확산이 다른 나라의 경우 상당기간의 사회주의적 전통을 갖고 여러 가지 종류의 사회주의가 경쟁했던 것과는 달리, 조선에서는 이해의 수준과는 상관없이 사회주의와의 접촉 경험과 지적 전통이 거의 존재하지 않는 상태에서 곧바로 볼쉐비즘이 절대적으로 도입된 상황에서 아직 사회주의의 제 조류를 명확히 구별하지 못한 시기에 파괴론이 지식인에게 일제 구축에 가장 유효한 이론으로 인식되었다고 사료된다. 따라서 이 시기의 파괴론은 아직 그 이론적 체계나 논리가 정연하지 않은 감상적 수준으로, 그 함축한 의미는 물론 일본세력의 파괴를 의미하고 있다.

『신생활』에서 아나키즘적 경향이 분명한 인물은 이성태였다. 그는 먼저 크로포트킨에 대해 특별한 지식도 없이 그의 학설을 거론한 것에 대해 부끄럽다고 고백하면서 현재 마르크스나 레닌에 관한 문서가 유행이지만 이것은 정치적 방면만 교묘하게 이용하여 비스마르크식의 정치가들이 사회주의라는 가면을 쓰고 대로를 횡행하는 형상으로 이들을 정치적, 기만적, 강권적, 집권적이라고 비판적으로 평가하고 반대로 크로포트킨의 저작이 별로 없음을 아쉬워하였다.108) 이후 그는 '나는 지금 무엇이나 쓰는 것이 있다 하면 그는 말할 것도 없이 민중을 위하여 선전하기 위함이다. 온건한 학자적 태도니, 연구적 태도니 하여 학문을 위한 학문의 연구라는 그럴듯한 간판을 부쳐 놓고, 한편

　　해서만 파괴하고 전멸시키는 그 영원한 정신을 믿게 할지어다. 파괴에의 정열은 또한 창조적 정열이기도 하다'라는 귀절이래 아나키즘의 대표적인 모토가 되었다.
108) 이성태, 「크로포트킨학설연구」, 『신생활』7호, 28~29면. 이성태는 당시 크로포트킨에 관한 글을 윤자영의 「상호부조론연구」(『아성』3~4호), 김명진과 무아생이 일부 번역한 「청년에게 호소함」(『동아일보』, 1920.5.22; 『공제』7~8호)에서만 보았을 따름이라고 크로포트킨에 대한 소개가 미흡함을 지적하였다.

으로 의식적이든 무의식적이든 자본계급을 옹호하는 주구가 되고, 또 다른 편으로 사회적 사실과는 인연을 끊고 다만 회피와 은둔으로 자기의 양심을 마비하게 하는 그런 학자를 나는 배척한다'면서 크로포트킨에 심각한 감화를 받았다고 고백하였다.109) 크로포트킨에 영향을 받은 대부분의 지식인들처럼 그도 「청년에게 호소함」의 기본적인 정신에 동의하고 있음을 보여 주고 있다. 그는 『신생활』에 다수의 아나키즘에 관한 글을 기고하였는데 「적자의 생존」에서 크로포트킨의 동물계의 도덕을 번역하여 소개하였으며110) 「현대문화의 방향」에서 아나키즘적 입장에서 '자유'란 개념에 대해 규정하고, 현대자본주의의 자유란 민중의 노동력을 착취하는 착취의 자유라고 자유의 허구성을 비판하였다.111) 이외에도 「생활의 불안」에서는 현대인의 생활불안은 현대사회조직으로 부터 유래하였으며 현대문명의 특질은 인류에게 불안과 고통을 초래한다고 진단하고, 그 이유를 자본주의적 경제조직 때문이라고 자본주의체제를 비판하였다.112) 또한 「사회생활의 진화」(2호)에서도 크로포트킨의 상호부조의 정신을 동물계를 관찰한 결과를 열거하며 설명하였고, 「크로포트킨학설 연구」(7호)에서도 크로포트킨의 이론을 소개하였다. 이상과 같은 글로 미루어 당시 이성태는 그의 겸손한 표현과는 달리 아나키즘 특히 크로포트킨사상의 대표적 이론가라고 할 수 있다.

신생활의 중요 필진이었던 전술한 김명식은 러시아문학을 소개하면서 러시아문학은 강하고 激하였다고 설명하고 러시아 문학자들은 '문학을 하면 문학의 문학이 아닌 사상의 문학을, 美와 巧의 문학이 아닌 正과 義의 문학을, 和와 閑이 아닌 鬪와 怒의 문학을, 개인의 서정

---

109) 셩태생, 「想片」, 『신생활』9호, 83~84면.
110) 이성태(역), 「적자의 생존」, 『신생활』3호, 32~35면.
111) 이성태, 「현대문화의 방향」, 『신생활』9호, 4면.
112) 이성태, 「생활의 불안」, 『신생활』1호, 24~25면.

이 아닌 민중의 감정을, 詠物을 주로 한 것이 아닌 인생의 실생활을 주로 하고 약자의 애원이 아닌 강자의 00을 주로 하였다'고 러시아문학은 死文學이 아닌 生文學이라고 평가하면서 투르게네프, 도스토예프스키, 톨스토이, 고리키 등을 높게 평가하였다.113) 전술한 투르게네프와 더불어 김명식이 열거한 러시아 문학자들은 사상적으로 아나키즘적 경향의 인물들로서 특히 톨스토이는 계보상으로 평화주의적 아나키스트로 분류되고 있다. 김명식은 이러한 러시아 문학정신이 한국에도 있어야 함을 '나는 아직 조선인의 참 생활을 쓴 것을 보지 못하였고, 조선인의 奧底에서 흐르는 감정을 그대로 표현한 것을 보지 못하였습니다. 인류의 의식과 민중의 정신을 말한 것을 보지 못하였습니다. 민중에게로 가는 문인을, 민중의 고통을 자기의 고통으로 아는 문인을 보지 못하였습니다'라고 조선에서도 러시아와 같은 민중을 위한 문인이 등장하여야 되겠다는 의지를 표현하였다.114) 이와 같은 문학계에서의 아나키즘적 경향은 중국에서 활동하던 대표적인 민족주의자인 신채호도 김명식의 논리와 같이 조선의 문예운동의 폐해를 지적하고 문학인들이 조선을 위한 문학에 정진할 것을 주장하게 된다.115)

아나키즘적 경제 문제에 어느 정도 구체적인 이론을 제시한 것으로 신일용의 「사회주의의 이상」이란 글이 있다. 그는 전체적으로는 사회주의이론에 입각한 논리를 전개하고 있지만 어떤 면에서는 마르크스이론에, 또 다른 면에서는 크로포트킨이론에 입각하여 설명하고 있다. 그는 재산공유에 대하여 사회주의의 이상은 재산제도의 개혁에 그 주안이 있는 것이라고 인식하고 근세자본주의가 생산을 팽창케한 것은 인정하지만 현재와 같이 진보한 사회에는 사유재산제도의 폐해

---

113) 김명식, 「로서아의 산 文學」, 『신생활』3호, 5~12면.
114) 위와 같음.
115) 신채호, 「낭객의 신년만필」, 『동아일보』, 1925.1.2.

가 발생한다면서 이것은 결국 소수의 부자와 다수의 빈자를 만들어 '사회문제의 출발점'이 된다고 하였다. 따라서 현재에도 재산을 공공적으로 이용하는 많은 사례가 있지만 사회주의는 그 범위를 일층 근본적으로 확장하고자 하는 것이라고 주장하였다. 그러므로 일체의 사유재산을 공유재산으로 변혁시키고자 하며 그것을 국가(과도기의 국가)가 관리하기를 요망하는 것이 사회주의의 제일의 이상이다 라고 과도기적 국가의 개념, 즉 마르크스이론의 프로레타리아독재개념을 설명하고 있다. 그는 무정부주의자나 생디칼리스트도 국가를 부인하는 점에서는 사회주의자와 상이하지만 사유재산의 철폐를 주장하는 점에 있어서는 의견이 일치한다고 비교적 정확하게 인식하였다.116)

신일용은 "원래 사회주의는 절대 사유재산을 부인하는 것이 아니라 생산의 증식을 목적으로 한 일정한 사유재산을 시인한다. 물론 사유재산의 철폐를 완전히 실행한다면 그것은 공산주의라 할지언정 사회주의라 칭할 수 없는 것이다. 세인은 사회주의 즉 공산주의로 아는 경향이 많은 듯한데 그것은 오차라 할 수 있다. 물론 사회주의자가 공산주의를 이상으로 하는 것은 사실이지만 사회주의와 공산주의 사이에는 일정한 구별이 없지 아니하다. 그리고 사회주의자의 혁명적 분자는 혁명의 시기에 있어 무조건으로 일체의 사유재산을 국가의 수중에 집중하여 가지고 그 이상의 제일보를 실현코자 하는 자이니 각국 사회당의 좌파, 제3국제공산당, 노동자의 급진적 분자, 생디칼리스트이다"117)라고 설명한다.

아나키즘의 재산공유에 대해서는 크로포트킨의 다음과 같은 설명이 필요하다.

"멸망을 피하기 위하여 인류사회는 생산수단이야말로 인류의 집합적

---

116) 신일용, 「사회주의의 이상」, 『신생활』9호, 21~22면.
117) 위와 같음.

제작물이기 때문에 그 생산물은 백성의 공동재산이 되어야 한다는 근본 원칙으로 되돌아 가지 않을 수 없게 된다. 개인적 점유는 공정하지도 유용하지도 않다. 모든 것은 모든 사람에 속한다. 모든 물건은 모든 사람을 위한 것이다. 왜냐하면 모든 사람은 그것을 필요로 하며 모든 사람이 그것을 생산하기 위하여 그들의 힘의 정도에 따라 일했고 그리고 세계의 모든 부의 생산에 있어서 각 개인의 역할을 평가하는 것은 불가능하기 때문이다. 모든 것은 만인의 것이다. 우리가 주장하는 것은 복지를 누릴 권리, 즉 만인의 복지라는 원칙에서 출발하는 것이다"118)

크로포트킨은 선조들이 힘들여 얻었고, 건설했고, 만들었고 또는 발명한 이 훌륭한 재산은 공동의 재산이 되고 그래서 사람들의 집단적 이익이 공동재산으로 부터 만인에게 가장 큰 선을 얻을 수 있도록 되어야만 한다고 주장하고 이를 위한 방법으로 재산의 몰수를 주장한다. 즉 크로포트킨은 '만인의 복지는 목적이고 몰수는 그 방법이다'라고 주장하였다.119) 『신생활』은 "재산의 축적은 사람의 사고력을 塵埃중에 몰각케 하고 천재적 재능의 정화를 소진케 한다. 요컨대 부의 분배의 불공평은 인간생활의 도덕적 완성에 장애가 될 따름이다"라는 재산에 대한 고드윈의 명언을 강조하였다.120)

분배문제에 대하여 신일용은 인간은 생존의 권리가 있는 동시에 사회에 능력껏 노동을 제공할 의무가 있다면서 분배에 2종류가 있다고 설명하고 노동능률을 표준으로 분배하는 방법과, (능력에 따라)필요에 따라 분배하는 방법을 예시하였다. 하지만 이것은 정신노동의 산출이 곤란하다고 지적하고 家庭을 예로 들면서 문제가 해결되리라고 기대하였다. 재산을 평균적으로 분배하면 자연 직업에 태만하여 사회

---

118) 『빵의 쟁취』, 16면.
119) 『빵의 쟁취』, 21면.
120) 『신생활』8호, 109면. 재산의 사회성에 대한 글이 다수 발견되는데 박춘파, 「사회이면의 종횡관」, 『개벽』3호, 37면에서도 재산이란 세상의 公物로 개인 혼자의 것이 아님을 주장하였다.

가 머지 않아 파산되리라는 우려에 대해서는 1.현재는 불필요한 노동에 종사하는 자가 많아 유민과 태만자가 많고, 따라서 노동자의 근무시간이 길어져 노동이 일종의 고통이지만 시간이 단축되면 그 폐단을 없앨 수 있다. 2. 현사회는 놀고 먹는 사람을 존경하고 축복하며, 노동자를 천대하고 저주하여 노동을 혐오하나 노동은 필요한 의무로 누구든지 노동을 하게 된다면 나태하게 되지 않는다고 주장하였다. 특히 이 분배문제를 설명하면서 크로포트킨은 5시간 노동으로 충분하다고 주장하였다면서 그의 『상호부조론』, 『전원, 공장, 작업장』, 『빵의 탈환』에서 제시한 이론을 적용하고 있다.121)

직업선택의 문제에 대해서도 과학적 진보와 과학의 일반적 응용으로 여러 난제를 극복할 것이라고 전망하고 사회주의사회는 농촌의 도시화, 도시의 전원화의 노력에 의해 도시와 농촌간의 차별도 어느 정도까지는 자연히 소멸될 것이라고 주장하였다. 농촌의 도시화나 도시의 전원화는 크로포트킨이 그리는 이상이다. 또한 정신노동과 육체노동의 문제에 대해서도 정신노동자가 되는 동시에 육체노동자가 되는 아나키즘의 주장에 동조하고 있다.122) 즉 그는 경제문제에 대한 기본은 일반적인 사회주의적 입장을 견지하면서도 각론에서 아나키즘적 입장을 지지하고 있다.

아나키즘이 주장하는 산업의 自主管理에 대해서도 정백은 「무산계급의 역사적 사명」에서 "그런데 금일의 노동계급은 잉여가치의 회복을 요구하는 동시에 사회적 종속의 철폐를 요구하는 것인데 노동조건의 개선을 요구하는 노동운동이 노동자 자신에 의한 산업관리를 요구하는 노동운동이 되었으며 또는 그렇게 되려고 하고 있는 것은 최근에 있어서 더욱 현저한 사실입니다. 만일에 노동계급의 계급적 목적

---

121) 신일용, 「사회주의의 이상」, 24~27면.
122) 앞의 논문, 27~29면.

이 단순히 이윤의 탈환에 있다 하면 국가가 공장을 소유하고 국가가 산업을 경영하는 것은 일체의 노동문제의 해결이라고 간고할 수 있습니다. 그렇지만 노동계급의 계급적 목적은 그 고용주를 일개인으로부터 국가로 변경하는 것이 아니라 생산자자신이 산업을 지배하려 하는 철저한 산업상의 민주주의인 것을 잊어서는 안됩니다"123) 라고 아나키즘의 '산업의 자주관리'를 소개하고 있다. 이것은 경제문제에 대한 공산주의와 아나키즘의 중요한 차이점으로 산업을 국가가 관리하느냐 노동자자신이 직접 관리하느냐의 문제로서 노동자자신이 직접 관리하는 체제만이 진정한 산업의 민주주의라고 인식하고 있음을 보여 주는 것이다.

정백의「지식계급의 미망」은 무산계급의 전략에 관한 것으로서 "지식계급중에 일부분은 특권계급을 옹호하며 또 일부분은 노동계급의 정신을 고조하는 2개의 반대되는 사상이 서로 교류한다.…그러므로 지식계급은 노동, 자본 양 계급의 중간에 있는 두뇌노동자 혹은 직업적 계급이라고 할 수 있으며…현재는 소속이 불명하나 장래에 이런 류의 집단에 들어갈 가능성이 있는 중학정도 이상의 학생들이 지식계급의 명칭을 가지게 된다"고 지식인에 대한 속성과 조선에서의 지식인을 규정하였다. 그는 지식계급이 사회진보에서 지배층을 위한 주구였음을 지적하고 '육체노동자가 육체를 파는 노예라면 지식계급은 양심을 파는 노예'라고 매도하였다. 그러면서 정백은 한국사회에서의 지식계급의 위치와 그 중요성을 "지식인들의 향배가 필연적으로 올 것을 오게 하든지, 아니면 오지 못하게 하든지 하는 능력은 없지만 그러나 사회적 과정의 현상으로서 반드시 올 것이 여하한 모양을 가지고 어떠한 속도로서 오는 것은 현재의 형편으로 보아 다수의 지식계급의 향배 여하로 인하여 좌우될듯 합니다"라고 러시아 10월 혁명

---

123) 정백(역),「무산계급의 역사적 사명」,『신생활』9호, 39~40면.

의 사례를 들었다. 따라서 한국의 지식계급을 무산계급화하여야 한다고 주장하였다. "새사회를 건설함에는 지식계급과 노동자계급의 단결이 필요한 점도 없지 않다. 그러나 이 단결은 중간계급적 심리를 가진 지식계급으로는 될 수 없고 오직 그 단결을 실현함에는 지식계급이 분해되어 무산계급화가 되어야 가능하다. 다시 말해 금일의 지식계급이 중간계급의 심리를 벗어 버리고 무산계급적 심리로 화하여 새 사회를 세우는 성전에 영광을 나타내는 자가 될 것이며 따라서 노동계급과의 단결이 실현될 것이다"라면서 지식계급에게 경고하기를 "그러한즉 금일의 소위 지식계급은 모름지기 兩悽的 태도를 버리고 특권계급과 정식 결혼을 행하여 동시에 같이 쓰러지든지 그렇지 않으면 자체를 분해하고 무산계급화하여 노동계급의 권내로 들어오든지 양자 중에 그 하나를 택하여야 할 것이다"124) 라고 주장하였다.

아나키즘의 법률에 대해서 「변호사론」은 "약자로 하여금 만대까지 약자가 되게 하고, 강자는 만대까지 강자가 되기 위하여 강자 중심의 강자 근본의 사회를 조직하고, 그 사회의 기초를 절대로 공고하게 하기 위하여 법률을 안출하였다. 그리하여 안녕과 질서라는 미명하에 강자를 위해 사회의 현상을 유지함에 노력하고 그 현상을 파괴하는 자가 있으면 탄압하였다.…그 탄압하는 구실은 언제든지 법률이었다. …이러한 대체적인 말은 크로포트킨의 질서에 대한 법률에 대한 것과 동일하다"125)라고 법의 근원에 대하여 크로포트킨의 논리를 따르고 있다. 크로포트킨은 그의 「법률과 강권」에서 법은 인간을 존중하는 어떤 것도 없다면서 폭력과 미신에서 태어나 목사와 정복자 그리고 착취자의 이해를 위해, 자본가에 의한 노동자의 착취를 보호하고 쉽게 하기 위해 확립되었다고 규정하였다. 법은 크게 재산, 인물, 정부

---

124) 정백, 「知識階級의 迷妄」, 『신생활』3호, 18~21면.
125) 일기자, 「변호사론」, 『신생활』9호, 68~71면.

를 보호하기 위한 것으로서 무익하고 유해하다고 주장하였다.126) 결론적으로 이 글에서는 조선의 법에 종사하는 사람들에게 조선인을 위해 노력을 할 것을 주장였다. "제군이여 사리를 도모하지 말고 사회의 이를 도하라. 즉 공리를 도함에 진력하고…민사, 형사상의 條文이 제군의 빵문제를 해결하는 조건은 될지언정 일반의 빵문제를 해결하지는 못한다, 일반의 빵문제를 해결하려면 조문을 만들어야 할것이오, 있는 조문을 그대로 해석만 해서는 도저히 가망치 못할 것이다. 제군이여 公職으로 사회적 공헌을 위하라"127) 이 말은 당시 공직의 조선인들에게 직분을 최대한 이용하여 조선을 위하여 일하라는 표현이다.

『신생활』의 아나키즘적 경향의 글들은 대부분 크로포트킨류의 공산주의적 아나키즘사상인데 반하여 정백은 독일의 개인주의적 아나키스트인 막스 스티르너의 대표적 저작인 「유일자와 그 중심사상」을 소개하였다. 정백은 만인이 고정관념의 노예가 되어 자기 자신을 스스로 옥죄는 속에서 '나는 유일자이다'라는 자아주의를 주장한 스티리너의 사상에 감동되어 소개한다면서 '유일자'란 이름만 들어도 어두운날 怪光을 발하는 고독한 혜성을 쳐다 보는 느낌을 준다고 표현하였다.128) 스티리너는 지배적 권위사상을 종횡으로 비판하면서

"자아 이외의 일절의 권위는 여하한 종류를 막론하고 모두 흡혈귀에 불과하다, 그것은 종교의 권위도 포함된다. 각 개인이 최고의 존재가 되어 경험적 자아가 사회철학의 근거가 되고 출발점이 되어야 한다. 나는 유일자다, 나 밖에는 아무 것도 없다, 자아는 오직 자아를 위하여 산다. 누군가 자아 이외의 남을 위하여 일을 하는가, 그것은 자아를 스스로 기만하는 허위다. 너 자신을 존중하라. 이것이 모든 행위의 준칙이다. 사회니 국가니 도덕이니 종교니 무엇이니 하는 고정관념은 우상이요 유령

---

126) Kropotkine, 「La loi et l'autorité」, 『La Brochure Mensuelle』No.2., Février 1923, pp.14~24.
127) 일기자, 「변호사론」, 『신생활』9호, 71면.
128) 정백, 「유일자와 그 중심사상」, 『신생활』9호, 49면과 56면.

이다. 산 사람의 피를 빨아 먹는 이들 민중의 권위, 도덕의 권위 등의 유령을 짓밟아 버리고 오직 유일자인 자아의 권위를 자각하고 갈파하자. 애타심도 이기심의 일 표현에 불과하고 자유란 정신의 자유뿐 아니라 지배받지 않고 구속되지 않는 행위의 자유까지 포함된다. 여하한 국가라도 다만 그 전제자가 일인, 수인 혹은 공화국처럼 모든 사람이 지배자이든 가의 차이뿐. 여하한 국가라도 법률과 법률의 강제력에 의한 각 개인의 구속이 있다. 전역사를 통하여 인간은 항상 부자유한 생활과 복종을 강제당하였다. 가장 아름다운 인간성은 억압되고 退縮되고 짓밟혀 왔다. 고대에서 기독교시대까지 자아는 결코 정당하게 인식되지 못하고 보이지 않는 철쇄로 얽어 매여 있었다. 개인의 인격을 무시하고 만인을 아무 구별이 없는 동일한 모형의 인간의 존재로만 알뿐이다. 정치적, 종교적 자유는 정치와 종교를 가르친 자유인 동시에 자아를 지배하는 자유가 된다. 고로 그들이 말하는 자유는 노예를 의미한다. 자아의 자유, 독립, 존엄을 인간의 유일한 귀중한 보물로 인식하고 자아에 살기 위한 자아주의자의 단결생활을 하자. 진정한 의미의 자유사회는 만인의 개성이 존중되어 그 개성이 자유로이 창달되는 것을 가르치는 것이고, 만인의 개성이 정체됨이 없이 자유로 발양되는 기회를 균능히 향유하여야 사회가 원만히 진보한다. 그러나 현실은 이와 반대로 통일이니 질서니 하는 이름아래 만인을 판형에 집어 넣어 동일한 주조물로 제조하여 다수를 잉여가치를 생산하는 기계로 만들고 권위에 복종하는 자가 복이 있다고 원숭이 놀리듯이 하며 말처럼 부려 먹는 것이 현대문화의 특징이다"[129]

이 논리의 기본적인 사상은 개인의 자유를 극대화하고 자아 이외의 어떤 권위와 특권을 거부하는 아나키즘사상이지만 크로포트킨과 달리 사회 대다수의 성원에 대한 관심이 아니라 일부 소수 엘리트계급에 한정되었다는 비판을 받고 있다. 그럼에도 불구하고 스티리너의 사상은 일제하 지식인들에게 어필할 수 있는 많은 요소를 포함하고 있었기 때문에 특히 일본내 한인 유학생들에게서 많은 지지자를 확보하게 된다. 또한 기안의「남의 나」도 역시 스티리너의 아나키즘에 영향을 받은 글이다. 인류사회에 역사와 문명이 있은 후로 이해가 상반되는

---

[129] 앞의 논문, 49~56면.

두 계급, 즉 정복계급과 피정복계급이 있은 후 수만년동안 정복자의 굴절의 역사는 인간의 감정을 본래의 것으로 부터 빼앗아 갔는데 이를 다시 찾자고 주장하면서 "나는 모든 것을 다 내버리련다. 오랫동안 나를 묶어 온 도덕이니 법률이니 OO니 무엇이니 하는 것에서 벗어 나련다"라고 역설하고 '만인이여 너의 네가 되라. 그리고 너희들의 사회를 이루라'라고 호소하였다.130)

이외에도 『신생활』의 아나키즘적 경향의 글들은 사회주의에 대한 규정을 "호상부조를 제창하고 유물사관을 연구하고 계급투쟁과 만국 노동자단결을 선언하고 자유평등의 진리임을 소시하여 사회주의로서 사회를 혁명하며 개조함이 인류행복의 가장 이상향이 되리라는 학설이다"131)라고 상호부조로 이해한 것이라든가, 같은 글에서 문화운동을 비판하고 진정한 사회주의자의 출현을 기대하면서 "사회전면에 부동하는 무리의 口頭禪은 文化運動이라 한다. 그 의의는 심히 막연하여…대체 문화운동의 범위는 사하라의 광막한 벌판같아서 양도 뛰고 망아지도 뛰고 야수도 놀고 산새도 내려오는 등 도무지 단순한 우리 민중의 두뇌로는 도저히 식별하기 불능합니다.…민중의 일은 민중자체가 알아서 할 터이지요. 그러나 何事를 막론하고 단서를 얻지 못하면 그 사실이 전개되지 못합니다. 그러니까 민중 자체가 일하기 까지 그 단서를 열어 주려면 가장 절규하고 企企할 것이 사회운동의 선구자올시다"132) 라고 크로포트킨의 『청년에게 호소함』에서 주장한 동일한 논리를 전개하고 있다.

또한 "단테의 노래에 '남의 빵을 먹고 남의 계단을 내려오는 때와 같은 불안과 고통은 없다' 이것은 인간생활의 심오한 실정을 그린것이다.…인간의 투쟁이 빵때문에 발생하고…인간생활의 자유도, 문화

---

130) 飢雁,「남의 나」,『신생활』2호, 32~33면.
131) 신백우,「사회운동의 선구자 출래를 촉함」,『신생활』1호, 34~35면.
132) 신백우,「사회운동의 선구자 출래를 촉함(속)」,『신생활』2호, 19~20면.

의 발달도, 환희와 雀躍도 내 빵, 곧 만인의 빵, 곧 나의 빵이란 두어 마디에 결정될 것이라 한다"133) 라는 것은 『빵의 탈환』의 중심 과제이며 "이론이 사실을 해결하지 못한다. 논리학을 삼만번 읽고 머리속에는 백과전서를 감추어 놓았다 하여도 그 사상으로 湧出하는 실행이 없으면 모든 그것은 지식적 手淫의 한 도구일 뿐이다. 크로포트킨의 이른바 '행위에 의하여 너의 교의를 선전하라'라고 한 말을 그 인격과 행동에 비추어 생각할 때에 얼마나 가슴의 피를 强度로 뛰게 하는고! 이태리 무정부주의자 마라테스타는 런던의 거리를 레몬을 팔고 돌아 다니다가 밤에는 이태리신문에 보내는 글을 썼다고 한다. 실로 주의선전의 자본은 외지로부터 구걸해 먹는 그러한 선전비가 아니라 또는 부르조아의 턱밑에서 받는 그러한 동정금이 아니라 노예의 근면 그것일 것이다. 선전자의 몸에서 솟아 나오는 피와 땀 그것일 것이다"134)라는 글도 역시 크로포트킨의 영향을 보여준 것이다. 이것은 크로포트킨이 그의 「혁명의 정신」에서 '대답은 간단하다. 행동이다. 계속된 행동, 쉬지 않는 새로운 행동, 소수는 이 변화를 시도해야 한다. 용기와 헌신, 희생정신도 비겁함, 굴복, 복종과 같이 전염되기 쉽다. 어떤 종류의 행동을 해야 하는가. 모든 종류의 다양한 행동이다'135)라고 말한 정신을 표현한 것이다.136)

지금까지 살펴본 국내 최초의 노동단체인 조선노동공제회의 성격은 그 기관지인 『공제』를 통하여 아나키즘적 경향이 존재했었음을 확인할 수 있었고, 또한 최초의 사회주의잡지인 『신생활』에서도 아나키즘

---

133) 亦笑生,「麵포와 人生」,『신생활』3호, 1면.
134) 路草,「일기중에서」,『신생활』9호, 116면.
135) Kropotkine,「L'Esprit de révolte」, 1914년판 팜플렡, p.3.
136)『신생활』의 아나키즘적 글은 이외에도 신뵌벌,「조선노동공제회 제4회 총회 방청기」,『신생활』5호, 30~32면에서 '잔인, 투쟁, 음해의 이 사회에서 상호부조의 정신을 배양하는 것이 무엇보다 급무'라고 주장한 것에서도 표현되고 있다.

적 경향이 강하게 흐르고 있었음을 확인할 수 있었다. 이것은 이후 전개된 1920년대의 사회주의운동에 영향을 주었으며, 이는 1920년대 후반의 문학계의 소위 '아나보르 논쟁'과 전국에서 산발적으로 나타난 아나키스트와 볼쉐비스트간의 투쟁으로도 확인할 수 있다. 결론적으로 1920년대 초 국내 사회주의수용기의 사상사적 측면은 아나키즘적 조류가 간과할 수 없는 중요한 조류였음을 확인할 수 있었다.[137)

---

137) 그럼에도 불구하고 본고에서는 일부 자료의 미흡으로 그 내용을 충분히 검토하지 못하였으며 각 분야별 이론을 구체적으로 분석하지는 못하였다. 단지 본고에서는 아나키즘사상이 조선노동공제회와 『신생활』에 소개되고 인식된 내용만을 소개하는데 그쳤다. 이 과제는 계속 발굴되고 있는 사료를 종합하고 여타 사회운동과의 관계를 검토한 후, 차후의 과제로 삼기로 하겠다.

제3장 1920년대 국내아나키즘운동

1920년대 국내의 아나키즘운동은 주로 일본에 유학한 학생들의 영향으로 시작되었다. 1920년대 초기의 일본내 한인유학생들은 매년 증가추세에 있었으며 이들의 사상동향은 3.1운동이후 급속하게 좌편향으로 기울었다. 그중에서도 일부 한인들에 의해 아나키즘적 경향을 보였고 이들은 국내로 귀국한 후 주로 지식인층을 중심으로 아나키즘 조직의 결성을 시도하였다. 이들중에서 가장 대표적인 조직은 1920년대 중반 서울과 경기를 중심으로 한 진우연맹과 대구를 중심으로 한 흑기연맹이었으며 이후 주로 북부지방을 중심으로 여러 곳에서 흑우회가 조직되었다. 1920년대의 최대의 조직은 평양을 중심으로 결성된 전국적 규모의 아나키즘조직인 朝鮮共産無政府主義者聯盟이었다. 이는 당시 민족주의자와 공산주의자의 통일전선인 신간회에 대항하기 위한 조직체로서 공산주의와 민족주의 및 중간노선까지 반대하는 국내아나키즘운동의 성격을 단적으로 보여 주는 단체였다. 본장에서는 1920년대 초 국내에 영향을 준 아나키즘사상을 기초로 사회조직의 변혁을 시도한 국내의 다양한 아나키즘조직에 대해 고찰하겠다.

1. 아나키즘조직의 맹아

전장에서 살펴 본 것처럼 이미 1920년대 초의 국내 간행물에는 아나키즘사상이 상당히 소개되어 있었음을 알 수 있었다. 이 시기의 신문을 보면 사상으로서의 아나키즘뿐만 아니라 운동으로서의 아나키즘에 대한 기사도 많았음을 알 수 있다. 국내 최초의 아나키즘에 대한 기록은 신채호가 황성신문사에 재직중이던 1905년 일본인 아나키스트 幸德秋水의 長廣舌을 읽은 후에 아나키즘에 공명하였다는 기록이다.1) 이후 1920년에 정한설이란 변사가 경성에서 무정부주의 선전 혐의로 체포된 일이 있으며,2) 또한 咸興郡咸興面上里에 거주하는 張道源이란 청년이 기독교진리에 입각한 민권의 평등과 정부가 없음을 원한다고 진술하여 함흥지방법원에서 1년 6개월의 형을 받았다는 보도가 있었다.3) 그러나 이들을 진정한 의미의 아나키스트로 보기는 힘들다. 이러한 아나키즘과 관련된 기사는 이외에도 동양대학교 철학과에 재학중이던 불교청년학생소속의 김경주가 크로포트킨과 러셀의 사상을 소개하여 아나키즘선전혐의로 진주에서 6개월형을 선고받았는데, 과격사상을 선전하다 형을 받은 일은 처음이라고 보도하고 있다.4) 또한 아나키스트 大石環의 피포에 대한 기사가 1923년 게재되었지만 이 사건은 평양숭실전문학교의 대석환, 原田, 井上 등 세사람의 교수와 金仁植목사 및 학생 20여명이 '00의 권력이 강하여 인민의 독립적 사상을 압박한다'는 皇室無用論을 주장한 불경죄였다.5) 또 동년 11월 27일에는 中西伊之助, 佐佐木, 山田太郎 등에 의한 평

---

1) 『조선일보』, 1928.12.18.
2) 『동아일보』, 1920.7.8.
3) 『동아일보』, 1920.7.8.
4) 『동아일보』, 1921.8.9.
5) 『동아일보』, 1923.11.23; 1923.12.5; 『조선일보』, 1923.6.1.

양매일신문의 필화사건이 있었다.6) 이외에도 아나키즘관련 기사가 신문에 자주 등장하였는데 특히 외국에서 발생한 아나키즘 관련기사도 자세하게 보도되고 있다.7) 특히 이 시기에 전술한 사회주의의 영향과 관련하여 한인 지식인들이 아나키즘에 관심을 보인 정황들도 신문기사를 통하여 확인할 수 있는데 예를 들면 동양대학원생인 원종린이 일본의 사상단체인 曉民會와 연락하며 문화주의선전문서로 검거되었으며 황석우, 조용희, 정재달 등이 사회주의의 색채가 강하다는 기사,8) 흑도회, 동우회의 회원 20여명이 岩佐作太郎의 집에서 세계어연구회(에스페란토어) 모임중 해산명령을 받았다는 기사,9) 무정부주의자 19명을 체포하였는데 한인이 포함되었다는 기사,10) 1923년 8월 9일에 개최된 元山靑年會주최의 懸賞雄辯大會에서 아나키스트 李鄕이 참가했다는 기사11) 등에서 확인할 수 있다. 이러한 기사들을 통하여 1920년대 초 아나키즘운동이 국내에서도 중요한 흐름으로 사리

---

6) 『동아일보』, 1921.11.27.
7) 『동아일보』, 1921년 6월 9일자 '상해극동경기대회장에 무정부주의선전'이란 기사에 의하면 4일 오후 3시 아나키즘선전서를 배포하던 학생들을 프랑스조계에서 체포한 결과 한문, 일문, 영문의 비라 수천장과 피, 권총, 탄환 및 '무정부주의만세', '정부를 엎지러라', '아나키즘' 등을 大書한 깃발을 소지하고 있었으며, 특히 한문비라에는 '극동대회 각 선수에게 희망하노라'는 제하에 "극동체육운동을 기회로 극동의 해방운동을 일으켜 자본제도를 깨트리고 정부를 엎어트리자, 우선 극동민족에게 자유와 행복이 있게 한후 세계인류의 큰 혁명을 도모하자"는 내용과 기타 자본제도를 타파하자, 공업을 국유화하자는 내용이 있음을 보도하고 있다. 이밖에도 뉴욕의 폭탄사건(1920.9.23), 일본 대판 특별고등과에서 다량의 선전물을 배포하려던 무정부주의자를 체포한 사건(1921.11.14), 동경에서 무정부주의자 20명을 검거한 사건(1921.11.22) 등과 『동아일보』의 1920.5.14; 1920.6.6; 1920.7.7; 1921.3.14 등에 주로 중국의 학생과 지식인의 아나키즘동향에 대한 기사가 있다.
8) 『동아일보』, 1921.11.25.
9) 『동아일보』, 1921.12.7.
10) 『동아일보』, 1922.3.16.
11) 『동아일보』, 1923.9.18; 1923.11.4.

잡아 가고 있음을 알 수 있다.

1920년대 초기의 아나키즘적 경향과 관련하여 전술한 세계어, 즉 에스페란토의 학습과 보급은 중요한 의미가 있는데 그것은 세계어와 아나키즘이 밀접한 관련이 있기 때문이다. 세계어란 1887년 폴란드의 유태인 안과의사인 자멘호프(Zamenhof)가 창안한 국제어인 에스페란토어(Esperanto)를 의미하는데 그의 출생지인 비야리스토코(Bjalistoko)는 러시아인, 폴란드인, 독일인, 유태인 등의 다민족사회로 언어로 인한 민족간의 대립과 분열을 치유하고 인류를 한 가족으로 통일하기 위하여 자멘호프가 이를 창안하였다.12) 민족주의를 극복하고 국제주의를 주장하는 사회주의자, 특히 아나키스트들에 의해 언어의 불통에서 파생되는 문제를 극복하고 아나키즘사상을 쉬운 언어로 전파하고자 연구, 보급되었다.13) 따라서 에스페란토어와 아나키즘운동은 밀접한 관련을 갖고 있다. 이 언어는 1907년 암스테르담에서 개최된 국제아나키스트대회에서 아나키스트의 공식 언어로 채택할 것을 결의한 바 있다.14) 에스페란토어는 국내에서도 정기적인 강의 및 강좌가 있었다.15)

국내에서 시도된 최초의 아나키즘조직은 일본에서 일시 귀국한 朴烈이 조직한 黑勞會로서 사무소는 京城府需昌洞104에 있었지만 곧 해체되었다.16) 이 조직에 대하여 坪江汕二는 1921년 봄에 귀국하여 조직하였다고 하였으나17) 『운동사』에는 1923년 2월 21일 이강하외

---

12) 金三守, 『韓國에스페란토運動史』, 숙명여자대학교출판부, 1976, 11면.
13) 오장환, 「1920년대 재중국한인무정부주의운동-무정부주의이념의 수용과 독립투쟁이론을 중심으로-」, 『국사관논총』 25집, 국사편찬위원회, 1991, 48면.
14) 『Congrès anarchiste: compte-rendu』, La Publication Sociale, Paris, 1908, p.108.
15) 『동광』9호~15호에 김억의 「에스페란토강좌」가 시리즈로 연재되었으며 종로청년회에서도 수시로 에스페란토어강좌가 있었음을 「청년제군에게 에스페란토를 전함」이란 기사에서 알 수 있다.(『동아일보』, 1920.6.24)
16) 『現社會』3호, 1923, 16면.(박열이 동경에서 간행한 재일한인의 아나키즘기관지)

10여명이 조직하였다고 하고18) 『운동사』 400면 양희석의 기록으로 보이는 회고는 이강하를 중심으로 의주통에서 조직된 흑노회가 천도교강당에서 강연회를 갖고 주의의 선전을 하였지만 경찰의 습격으로 중단되었다고 한다.19) 이로 미루어 흑노회는 일본에서 아나키즘운동을 하던 박열이 국내조직을 위해 일시 귀국하여 동지를 규합하던중 조직한 단체라 여겨진다.

1920년대 최초의 본격적인 아나키즘조직은 黑旗聯盟이다. 이 조직은 1924년 12월 경 서울과 충주를 중심으로 아나키즘사상에 공감한 청년들이 연합기관을 만들고자 조직결성을 시도하여 1925년 3월 서울 樂園洞 修文社에서 취지서와 강령을 완성하고 5월 3일 창립대회를 추진하던중 경찰에 체포되어 무산되었다.20) 이들은 4월 24일 정오 낙원동 284번지에서 발기회를 갖고 창립총회를 위한 준비사무소를 貞洞 1번지에 두기로 하였으며 발기인은 곽철, 한병희, 이창식, 이철외 5명으로21) 이외에도 신영우, 서정기, 한병희, 이복원(이철), 홍진유, 서천순, 서상강, 이기영, 이창식, 곽철 등 10여명이 관계되었다.22) 서상경과 홍진유는 일본내 한인아나키즘단체인 불령사동료로 박열의 소위 대역사건에 연좌된 후 면소된 상태였다. 전술한 흑노회와 마찬가지로 이 흑기연맹도 일본내 한인학생들에 의해 주도되었다고 할 수 있다. 이 사건은 이인, 김병로, 김용무변호사 등이 변론을 담당하였다.23) 이들은 법정에서 인류는 절대로 자유와 평등이 아니

---

17) 坪江汕二, 『改訂增補朝鮮民族獨立運動秘史』, 巖南堂書店, 東京, 155면.
18) 무정부주의운동사편찬위원회, 『한국아나키즘운동사』, 189면.(이하 『운동사』로 약함)
19) 『운동사』, 400면. 회원은 김중한, 이윤희, 이강하, 신기창의 4명이었고(『현사회』 3호, 16면) 양희석의 기록에는 이강하, 권태룡, 정창섭, 이덕용, 구태성, 김창근, 양희석 등으로 되어 있다.
20) 『동아일보』, 1925.4.26.
21) 『동아일보』, 1925.4.26.
22) 『동아일보』, 1925.5.4.

면 안되며, 따라서 자유와 평등의 인류로서 조직된 사회가 아니면 완전한 사회라 할 수 없는 동시에 정치적, 경제적으로 인류의 이 천부의 자유와 평등을 해치는 점이 있으면 이것을 배척하여 파괴하지 않을 수 없다고 진술하였다.24) 이로 미루어 아나키즘에 상당히 공감하였음을 알 수 있으며, 또한 이들의 취지서에 나타난 주의와 강령은 '자아의 확충을 저해하며 만인의 행복을 유린하는 모든 불합리한 제도를 근본적으로 파괴하고 권력으로써 결합된 조직을 철저히 배척한다'25)고 주장한 것으로 미루어 완전한 아나키즘사회를 지향했음을 알 수 있다.

흑기연맹과 함께 1920년대 중반의 중요한 아나키즘조직은 대구의 眞友聯盟이다. 1925년 9월 대구에서 진우연맹이 조직되었는데 동경의 한인이 주도한 불령사사건에서 면소된 서동성과 방한상 등이 주도하였다.26) 이들은 동지 6명과 박열의 의사를 계승하기 위하여 연맹을 조직한 후 신재모중심의 대구노동친목회를 지배권내에 포섭하는 등 노동조직에도 침투하였다.27) 진우연맹은 1925년 11월 방한상을 일본에 파견하여 市谷刑務所로 박열과 金子文子를 면회하게 하고 대판, 나고야, 동경 등지에서 自我人社의 栗原一男, 椋本運雄 및 自然兒聯盟, 기로친단 등의 관계자와 교류하게 하여 일본인단체와 밀접한

---

23) 『동아일보』, 1925.8.25.
24) 「흑기연맹사건 판결문」, 『운동사』, 273면 재인용.
25) 위와 같음.
26) 진우연맹은 대구경찰서가 안달득이란 몰핀중독자를 절도혐의로 취조중 그 단서가 잡히게 되었다고 한다.(『동아일보』, 1926.8.5.)
27) 경상북도경찰부, 『고등경찰요사』, 경성, 1934, 55면. 이 조직은 2개 단체 111명의 회원이 있었다. 이 시기 진우연맹은 1,000여명의 회원을 포용한 대구노동친목회에도 접촉하려 한것 같다. 이는 "친목회가 아직 주의적 선동을 받을 정도에 이르지 못한 관계상 그들 무정부주의운동의 권외에 서게 되어 관할서의 지도로 목하 온건한 과정을 밟아 운동이 근절된 상태였으나..."라는 보고에서 짐작할 수 있다.

관계를 유지하였다.28) 특히 1926년 4월전후 박열의 처인 김자문자의 옥사후 그 유골매장직전 율원일남, 포시진치 등의 일본아나키스트들이 대구를 방문하여 암살파괴단을 조직하고 상해 원동무정부주의자 총연맹과 연락하며 직접행동을 기도하였다.29) 신재모는 재판정에서 "재판이라는 이 해괴망측한 연극을 우리는 인정할 수 없다. 우리가 원하는 것은 오직 조선의 혁명뿐이다"30)라고 진술하였다.31) 흑기연맹은 국내에서 조직한 단체로서는 최초로 그 구체적 투쟁목표와 이념을 뚜렷이 표현하였으나 그들의 사상은 민족적 독립투쟁이 사회개혁보다 우선하고 있었음을 보여준다.

진우연맹, 흑기연맹과 함께 1920년대 중반 국내아나키즘운동을 이해하는데 중요한 사건은 윤우열이란 청년이 주동하여 살포한 虛無黨

---

28) 위와 같음.
29) 동경 자아인사원 율원일남은 1926년 4월 대구에 와서 박열이 사형당할 경우 시체인수를 위한 위임장과 김자문자 입적수속을 위하여 박열의 형인 박정식을 면담할 수 있게 주선하도록 연맹원에게 요청하였다. 1926년 4월 12일 서동성 등 10여명과 김동석은 율원일남의 부재중에 신재모의 처인 이금이의 집에서, 13일에는 신재모의 집에서 회합하여 아나키즘사회의 실현을 위해 일본흑색청년연맹과 제휴할 것과 부호에게 자금을 조달하여 2년내 대구의 주요관서의 파괴와 요인암살을 위한 파괴단을 조직할 것을 논의하고 선언과 강령을 기초하였다. 그 구체적 행동은 추후 결정하기로 하고 율원일남에게 신재모가 상기 사실을 통보하였다. 폭탄은 상해의 민중사 단원인 고백성(유림)에게 구입을 위임하고, 동경에서 체포된 반역아연맹의 김정근(김목)은 흑우회에서 발표한 선언서를 5월 중순 신재모에게, 신재모는 이것을 다시 서학이, 방한상, 정명준에게 주었다. 김정근은 박열의 의지를 계승하기 위하여 노력하던중 1925년 10월 귀국하여 진우연맹원들과 회합하였다. 고백성이 방한상에 보낸 통신에는 아나키즘단체를 다수 조직할 것과 상해에서 계획중인 원동연맹에 가맹할 것을 권유하였다. 일본흑색청년연맹은 정치운동배격과 직접행동에 의한 아나키즘사회실현이라는 과격한 노선을 추구하고 있었으므로 진우연맹이 이에 동조한 것으로 보인다.
30) 『동아일보』, 1926.5.28.
31) 宋相燾, 『騎驢隨筆』韓國史料叢書2권, 국사편찬위원회, 1971, 352면에 진우연맹 관련자의 약력이 있다. 『동아일보』도 이런 종류의 사건으로는 처음이라고 보도하였다.(『동아일보』, 1926.8.30.)

宣言書이다. 이 선언서는 과격한 아나키즘적 폭력론으로 조선독립을 주장하였다. 이 문서는 당시 아나키즘사상이 청년지식인에게 어떻게 수용되었는지를 보여 주는 대표적 문서로서 의의가 있다. 尹又烈은 중동학교, 기독교청년회 영어과, 동경의 正則英語學校 등에서 수학하고 1923년이래 아나키즘운동에 가담하여 서울과 대구를 왕래하며 청년회, 鐵城團 등에 관계하며 직접행동을 주장해 왔다. 1925년 4월 흑기연맹사건으로 다수의 아나키스트가 체포되자 전남출신 박홍곤과 상의하고 동지를 규합하여 혁명운동을 실천에 옮기기로 하고 1925년 11월 대구의 자택에서 허무당선언서를 작성하여 12월 31일 서울로 상경, 1926년 1월 견지동 조선청년총동맹 사무소 및 서대문 二丁目의 漢城講習院에서 인쇄하고 계동의 전일의 방에서 전국각지로 발송하였다. 이후 양명, 강정희, 이윤재 등의 집에서 피신하다 1926년 1월 26일 팔판동에서 종로서원에게 피포되었다.[32]

'혁명을 앞에 둔 조선은 불안과 공포로 신음하고 있는 이 때를 당하여 폭파, 방화, 총살의 직접행동을 주장하는 허무당은 분기하였다'라고 시작하는 이 선언서는 신채호의 조선혁명선언과 동일한 선상의 급진적 논리를 보여 주고 있다.

"목하 조선은 이중, 삼중으로 포악한 적의 박해를 받고 일보 전진하기도 불능한 최후의 비참한 절정에 서 있다.…이천만 생령은 위기일발의 무서운 난경에서 방황하고 죽음에 직면한 민중의 현사회에 대한 저주는 충천한다.…현세의 우리들은 희망도, 이상도, 장래도 아무것도 없고 포악한 적의 착취와 학대와 살륙과 조소와 모욕이 있을 뿐인 암흑의 수라장에서 야망으로 혈안이 된 적의 난무가 있을 뿐이다"[33]

라고 일제의 지배로 인한 조선민중의 참상은 '전율할 상황'으로서 이

---

32) 『운동사』, 195~196면.
33) 『운동사』, 196~197면.

를 타파하지 못하면 조선은 영원히 멸망할 것이라고 주장하고 조선민족이 이상으로 하는 최대다수의 최대행복(공동사회)도 일종의 공상일 것이며 포악한 적은 정치, 법률, 군대, 감옥, 경찰 등으로 멸망한 조선의 명맥을 각일각으로 침해하고 있다고 진단하고 현재의 전율할 광경을 묵과할 수는 없다고 주장하였다.34) 따라서

"혁명의 봉화를 점하자! 파괴의 의검을 빼자! 의분이 있고 혈기가 있는 자는 분기할 시기가 왔다! 아무런 의의도, 가치도 없는 이 참혹한 삶보다는 대중을 위하여 행하는 반역의 순사가 얼마나 통쾌할 것인가! 우리를 박해하는 포악한 적에게 선전을 포고하자! 우리가 부인하는 현세의 이 흉포악독하기가 사갈과 같은 정치, 법률 및 일체의 권력을 근본으로부터 파괴하자! 이 전율할 광경을 파괴하는 방법은 직접행동이 있을 뿐 혁명은 결코 언어와 문자만으로 되는 것이 아니다. 유혈과 전사의 각오가 없이는 안된다. 합법적으로 현질서내에서 혁명의 가능성을 믿는 자가 있다면 그는 저능아다. 우리는 죽음으로써 맹약하고 폭력으로써 조선혁명의 완수를 기하고자 허무당을 조직한다. 혁명 당시의 러시아 허무당의 행동을 본 받지 않으면 안된다. 우리의 저주와 원한과 의분은 폭발했다. 우리를 착취하고 학대하고 살륙하는 포악한 적에 대해 복수의 투쟁을 개시하자! 조선인이 받는 학대, 비애를 절실히 감지하는 자라면 누구라도 허무당의 주장과 일치할 것을 확신한다."35)

라고 주장하였다. 윤우열이 주장한 파괴, 직접행동, 폭파, 방화, 총살 등의 급진적 용어는 아나키즘의 과격파들이 사용하는 개념으로서 일제하의 강압적 식민상황에서 아나키즘적 급진적 투쟁만이 독립을 달성할 수 있다고 인식한 것이다. 결론부분에서 그는 '허무당의 주장을 반대하는 자는 민중의 적이다. 민중의 적은 폭파, 방화, 총살의 최후 수단에 호소할 뿐'이라고 주장하면서 "포악한 적의 학대에 신음하는 민중들이여 허무당의 깃발아래로 모이자! 저 잔인 포악한 적을 일거

---

34) 위와 같음.
35) 위와 같음.

에 격파하자! 최후의 승리는 우리들의 것이다! 허무당만세! 조선혁명만세!"36)의 구호로 선언서를 끝맺었다. 위의 허무당선언의 내용은 격앙된 논조에 비하여 차분한 논리가 아쉽다는 평가에도 불구하고37) 당시 한국의 실정을 정확하게 인식하고 청년지식인을 감동시킬 수 있는 대표적인 아나키즘적 경향의 선전문이었다고 평가할 수 있다. 허무주의와 아나키즘이 종종 동일시되기도 하지만 두 주의는 근본적으로 미래사회에 대한 비젼에 있어 차이가 있다. 즉 두 주의가 파괴에서는 일치하지만 건설에 있어서는 허무주의가 대안이 없음에 반하여 아나키즘은 그 대안을 제시하고 있다. 윤우열의 선언은 식민지현실을 극복하기 위하여 아나키즘의 파괴적 측면을 강조한 것으로 이해된다.

이외에도 1920년대 중반 전국각지에서 산발적으로 아나키즘조직의 결성을 시도하였는데 그중에서도 경상남도 安義는 한국아나키즘운동사상 간과할 수 없는 중요한 곳이다. 『운동사』에 의하면 삼일운동직후 안의의 젊은이들은 청년회를 조직하고 회관을 건립하여 농민과 부녀자에 대한 야학과 에스페란토강습회를 개최하였는데 손명표, 최류, 최태호 등이 주도하였다. 손명표는 러시아혁명에 자극을 받아 마르크스주의에 관심을 갖게된 후 동경진재에 대해 '동경의 인구를 다 잃더라도 大杉榮 한사람을 잃은 손실만 못하다'고 일본의 대표적인 아나키스트인 대삼영을 높이 평가하였다. 당시 대구노동친목회의 신재모가 자주 방문하였으며 최태호, 하종진, 김재현 등의 대구고보 재학생과 진우연맹의 방한상, 함양의 조병기, 박인구, 영동의 강성도, 진주의 유영락과도 상호 긴밀한 접촉이 있었다. 1925년 대구진우연맹사건을 계기로 김재현, 이진언, 이시우, 하경상, 최영주, 우한용 등은 아나키즘연구회를 조직하고 일본대학을 중퇴한 하종현이 크로포트킨

---

36) 위와 같음.
37) 『운동사』, 197면.

과 대삼영 등의 저서를 갖고 귀향하여 이에 합류하였다. 1927년경에 이시우, 하경상, 우한용은 동경으로 건너가 이시우와 하경상은 흑우연맹에서 활동하고, 우한용은 노동운동에서 활약하였다.38) 이상과 같이 1925년으로 대표되는 국내 최초의 본격적인 아나키즘조직인 흑기연맹과 진우연맹은 사실상 무산되고 이들의 조직 및 사상체계 역시 미흡했음에도 불구하고 당시 공산주의세력이 점차 확대되어 가는 상황에서 또 다른 사회사상으로의 아나키즘조직이 자리 잡기 시작하였으며 이후 전개되는 국내아나키즘운동의 서막을 장식한 한국아나키즘운동사상 중요한 의의를 갖는 단체로 기록되었다.

2. 관서흑우회와 조선공산무정부주의자연맹의 결성

1925년을 전후하여 주로 남부지방에서 이루어진 아나키즘조직은 대부분 실패로 끝났지만 이들의 영향은 타 지방에 확산되었다. 1926년과 1927년에 걸쳐 아나키즘조직은 특히 북부지방을 중심으로 보다 조직적이고 체계적인 조직으로 발전하게 되었으며 이것은 1927년의 신간회결성과 맞물려 아나키스트와 볼쉐비스트간의 격렬한 주도권다툼으로 이어지게 되었다. 특히 볼쉐비키진영의 노동자, 농민에 대한 세력확장은 아나키스트진영에 위기감을 조성하여 이후 아나키즘진영에서도 노동자, 농민운동에 더욱 관심을 갖게 되었다. 이들 1920년대 중반 이후 활동하기 시작한 북부지방의 아나키스트들은 1920년대 후반의 국내아나키즘운동을 주도하게 된다.

1927년이 되자 전국 여러 곳에서 산발적으로 아나키즘조직이 결성되었는데 그 최초의 것은 伊川自由會이다. 1927년 강원도 이천에서 李殷松을 중심한 청년 수명이 신문, 잡지를 공동으로 구입하여 농촌

---

38) 『운동사』, 217~218면.

문화를 향상시킬 목적으로 청소년운동단체의 간부를 모아 自由會를 조직하였으며 이들은 서적과 잡지를 구독하여 농촌청년의 지식계발을 표방하고 1927년 8월 8일 강원도 이천군 이천면 培里 金瑩의 집에서 국가의 존재와 사유재산제도를 부인하고 공산주의적 무정부주의의 사회건설을 목적으로 하는 비밀결사를 시도하였다.39) 또한 원산에서도 이향, 조시원, 김연창, 유우석, 한하연 등이 1927년 7월 本能兒聯盟을 조직하였다. 이들은 인근 지역에 소년단체, 노동단체, 청년단체, 소작조합 등을 조직하여 그 세력을 확장하였고40) 이후 볼쉐비키측과 여러 차례 충돌하였다.41) 조선공산무정부주의자연맹 함남책임자인 김정희에 대한 재판 기록에 의하면 원산청년회가 공산주의와 분쟁중에 쇠퇴하는 것을 만회하고 청년들에게 아나키즘을 전파할 것을 목적으로 이 시기 노호범, 남상옥 등과 마을단위로 협동단을 중리와 장촌

---

39) 『동아일보』, 1929.8.24; 1929.9.4; 1930.3.13; 1930.4.2.
40) 평강산이, 앞의 책, 155면. 『운동사』, 246면에 의하면 원래 원산에는 1921년 조종구가 원산청년회를 조직하였는데 그 아들인 조시원과 이향 등이 이 청년회의 주요 성원으로 이향 등의 영향으로 아나키즘적 경향이 강한 단체로 발전하다 본능아연맹으로 재조직되었다.
41) 최갑룡, 『어느 혁명가의 일생』, 이문출판사, 서울, 24면; 『운동사』, 246면; 『동아일보』, 1927.1.7; 1927.1.13; 1927.1.14; 1927.7.11; 1927.9.26; 1928.2.8; 1928.8.3. 등 참고. 아나키즘과 볼쉐비즘계 투쟁의 도화선은 청년회에서 운영하던 동아일보지국의 경영권을 원산노동연합회로 인수하는 과정에서 집기매각대금 등의 용도를 이향, 김연창, 김철모, 윤택준 등의 본능아연맹측이 따지고 나서자 경리장부를 탈취하는 등의 사태로 발전하여 원산사회단체협의회라는 임시단체가 문제해결에 나섰다. 본능아측도 이를 위임하였는데 2월 10일 원산 사회운동자간담회에서 청년운동단일화를 위해 원산청년당을 조직하고 사무소를 원산청년회관에 두기로 하자 이를 공산주의자들이 잘 쓰는 통일전선전략이라고 판단한 본능아측은 연합체 내지 협의기관이라면 협력할 수 있으나 중앙집권적인 청년단일당은 이념과 배치된다고 거부하였다. 또 다른 계기는 원산여자청년회가 천도교강당에서 개최한 강연회에 이원희가 여자참정권을 주장하자 본능아연맹의 김연창이 그것으로 여성해방을 할 수 있냐고 야유한 것이 발단되어 충돌, 사상자가 발생하였다. 이 충돌로 유우석, 한하연, 서주학이 원산구세병원에서 치료중 사망하였다.

리에 결성하였다.42)

　1920년대 후반 국내에서 조직된 가장 대표적인 아나키즘조직은 관서흑우회와 관서흑우회의 주도로 결성한 조선공산무정부주의자연맹이다. 이 두단체에 주도적으로 참여한 최갑룡이 아나키즘을 농민, 노동자에 보급하기 위한 조직이었고 말한 것으로 미루어43) 이는 이전의 산발적 아나키즘조직과는 달리 이론적, 실천적으로 아나키즘이론에 충실한 최초의 조직이라고 평가할 수 있다. 최갑룡에 따르면 이 시기 일본내 한인아나키스트들은 귀국하여 본국에서 활동하기로 결정하였다 한다. 따라서 그도 귀국하여 고향인 대동군 기림리 89번지에 거처를 정하고 평양시 수옥리에 위치한 한명호가 경영하는 한일여관에서 자주 회합하면서 당시 볼쉐비키파와 이론투쟁을 하였다.44) 이들의 이론투쟁은 사회주의운동노선을 둘러싸고 공산주의자들의 중앙집권적 노선에 반대하면서 그들만의 자유연합적 노선을 주장하였으며 이는 그들만의 독자적 조직을 모색하는 계기가 되었다.

　1927년 12월 22일 관서흑우회원의 주도로 평양 창전리 천도교강당에서 오치섭의 사회로 관서운동자의 연합체로서 관서동우회 창립대회를 개최하였으며 곧 관서흑우회로 개칭하였다. 창립회원은 이홍근, 최갑룡, 이주성, 승도경, 한명호, 최복선, 이효묵, 김희붕이고 추후 채은국, 이시헌, 곽정모, 송선택, 오치섭, 황지화, 전창섭, 이중화, 김찬혁, 김병순, 양제노, 이성근 등이 가입하였다.45) 관서흑우회의 선언문은 다음과 같다.

---

42) 독립운동사편찬위원회, 『독립운동사자료집-의열투쟁사자료집』11권, 1984, 819면.
43) 『독립운동사자료집』11권, 818면.
44) 최갑룡, 앞의 책, 23~24면. 최갑룡은 1924년 동경에서 이홍근, 한원열과 고학 중 독서회를 통하여 사회운동에 눈을 뜨고 일본내 한인 아나키스트단체인 흑우회를 자주 방문하면서 아나키즘으로 경도되었다.
45) 최갑룡증언, 1989년 2월 24일, 최갑룡자택; 최갑룡, 앞의 책, 25면.

"현하 조선의 노동운동은 일대 위기에 陷하여 있다. 그것은 소위 단일적이란 미명하에 전 무산대중의 전투의식을 마비시켜 노동운동의 근본정신을 말살하려 하는 적색개량주의 일파의 소위 방향전환운동 때문이다. 이 때에 있어서 우리는 더욱 명확한 계급적 기치하에서 그들에게 농락당하는 대중을 바른 길로 구출하지 않으면 아니 될 것을 절실히 느끼는 바이다. 이에 우리는 최후의 역량을 다하여 일체의 중앙집권적 주의를 배격하는 동시에 자유연합적 행동으로 일관하여 전 노동계급의 해방을 기하고자 한다"46)

위의 선언문은 국내 아나키스트들의 볼쉐비키노선에 대한 태도를 분명하게 보여 주는 것으로서 당시에 대두된 방향전환운동을 개량주의노선이라고 비판하고 무산대중의 전투의식을 마비시키는 진정한 노동운동이 아니라고 주장하였다. 이 시기 아나키스트와 볼쉐비스트들의 경쟁이 노골화되었는데 이것은 관서흑우회 창립총회를 1927년 12월로 예정된 신간회 평양지회를 의식하여 그 전날 개최하였다는 기록에서도 알 수 있다.47) 관서흑우회의 강령은 다음과 같다.

1. 우리는 중앙집권주의와 강권주의를 배격하고 자유연합주의를 강조한다.
1. 우리는 빈천계급의 완전한 해방을 기한다.
1. 우리는 유상 무상의 우상숭배를 배격한다.48)

위의 강령에서 우리는 관서흑우회가 공산주의의 중앙집권주의와 강권주의를 배격하고 아나키즘의 자유연합주의노선을 분명하게 밝히고 자유연합조직에 의한 빈천계급, 즉 노동자와 농민의 해방을 투쟁목표로 삼았음을 알 수 있다. 사무소는 평양 기림리의 최갑룡 집으로 정하고 흑기연맹사건에 관련되었던 진남포 한병희의 종형인 한명호의

---

46) 『중외일보』, 1927.12.25.
47) 『운동사』, 256면. 『동아일보』에 의하면 신간회평양지회는 12월 20일 개최었으며 조만식이 지회장에 선출되었다.(1927.12.27.)
48) 『운동사』, 256면.

여관을 연락처로 하였다. 이들은 창립때부터 대중조직에 관심을 기울였는데 이러한 대중조직을 위하여 일본 아나키스트잡지인『黑色戰線』지국을 설치하고 사회생리학연구회, 농촌운동사, 소년회, 일반노동조합 등을 조직하여 체계적이고 과학적인 운동을 지향하였다. 이들의 노동조직은 양화공 이효묵을 중심으로 박래훈, 김찬오, 한명암 등과 협력하여 평양양화직공조합을 백선행기념관에서 결성하였으며, 최복선은 박도성형제와 협력하여 평양목공조합을 조직하고 수차례의 임금인상을 위한 태업을 주도하였으며49) 유창후, 김찬혁, 나진 등의 평양전차승무원들도 조합을 조직하였다.50) 여기서 주목할 점은 양화직공조합의 파업당시 아나키즘적 이론에 따라 노동자의 자주적 생산관리의 방법으로 합동양화점이란 공동작업소를 운영하여 생산과 소비를 자치적으로 담당하였다는 것이다. 이들은 노동야학을 개설하여 노학정신을 고취하고 노동자의 사회의식 계발에 주력하였다. 또한 고무공원의 파업과 광성고보맹휴시에 후원하였으며 원산청년회의 볼쉐비키파와 충돌시 이홍근을 파견하여 응원하기도 하였다.51) 서울의 흑기연맹과 대구의 진우연맹은 연락이 두절되었으나 원산청년회의 이향, 단천의 조중복, 청진의 임중학, 정평의 차고동, 영동의 권구현과 연락하여 전국적인 연락망을 구성할 수 있었다.52) 관서흑우회는 국내아나키즘운동사상 본격적인 농민, 노동운동을 시도하였는데53) 이것은 당시 공산주의의 활발한 농민, 노동운동에도 자극을 받았지만 핵심멤버였던 최갑룡의 영향도 있었으리라 믿어 진다. 그는 어려서부터 노동을 체험하여 이 분야에 남다른 관심을 갖고 있었으며 특히 대삼영

---

49) 최갑룡, 앞의 책, 26~27면.
50)『조선일보』, 1929.8.25.
51)『운동사』, 257면.
52)『운동사』, 257면.
53) 1928년 2월 4일 최갑룡자택에서 개최된 제1회 정기월례회의 기사를 보면 각 분야에 대한 운동방침이 토의되고 있다.(『동아일보』, 1928.2.8)

의「노동운동의 철학」에 영향을 받았기 때문이다.54)

관서흑우회에서 활동한 아나키스트중 이향은 평양에 4개월간 체류하면서 기독교를 비판하는 강연회를 시도하였으며 프로레타리아문학 이론에 대해 신문지상을 통하여 이론투쟁을 전개하였다. 권구현은 미술인, 서예인, 시인으로 평양의 흑우회현판을 휘호하고 시, 평론, 만화 등을 통하여 아나키즘을 선전하는데 기여하였다. '흑방의 선물'이란 대표적인 아나키즘 시는 이 시기의 작품이며, 부처님 앞의 푸짐한 고기 뒤에서 민족주의자와 공산주의자가 다투는 만화는 권력의 제물이 되는 민중과 신간회를 풍자한 대표적인 그의 작품이다. 또한 조중복은 평양에서 평원군 한천의 전창섭, 진남포의 곽정모, 안주의 안봉연을 순방하고 1931년 봄까지 활동하였다.55) 경찰은 특히 관서흑우회의 동향을 예의 감시하였는데 이들 아나키스트들이 공산주의운동이 침체한 시기를 이용하여 농민, 노동자 등에 대한 선전교화에 주력하고 있으며 각지로의 통신연락에 분주함을 보고하고 있다.56) 박열사건에 연루된 목홍균은 선산군 옥성면에서 농촌피폐구제를 표방하며 사생활사를 조직하고 상무간사로서 활동하였는데 일제는 단체의 내용이나 목적 등을 의심하고 있었다.57) 관서흑우회의 활동에 기여한 인물중 한사람인 박석홍은 경북도내 특별 요시찰인물로 지목된 아나키스트로서58) 만주에서 斷頭團 명의로 영일군 신광면 이동빈에게 협박문을 우송하여 체포되고, 출옥후 아나키스트가 되어 이홍근, 서동성 등과 연락하였다. 또한 『운동사』에 의하면 그는 1920년 방일정이란 이름으로 중국으로 망명한 후 박삼근, 강인화 등과 北滿朝鮮人總同盟

---

54) 최갑룡, 앞의 책, 23면.
55) 『운동사』, 257~258면.
56) 경북경찰국, 앞의 책, 55면.
57) 위와 같음. 일제는 다른 아나키스트인 차경수나 김동수도 진우연맹관련자로 주목하고 있었다.
58) 경북경찰국, 앞의 책, 162면.

을 조직하고 선전부책임을 맡아 목단강일대에서 동포에게 독립사상을 고취하는 한편 『農軍』을 간행하였다. 1924년에는 濱江省 山市에서 新民府기관지 『新民報』의 논설위원으로 배일사상을 선전하고, 1925년에는 阿城에서 『血靑年』을 간행하였다. 1927년 李白波와 고려혁명군을 조직하고 중앙선전부장으로 활동하였다. 아나키즘사상을 처음 접한 것은 북만 아성에서 『自我聲』을 읽은 후로서, 특히 관서흑우회 원과의 교신에서 도움을 받았다고 한다.59)

한편 함흥에서도 비슷한 시기에 아나키즘운동이 고조되기 시작하였다. 1925년 5월 함흥의 신성여관에서 주길정, 김신원, 고탑, 안종호, 김경식, 한희하, 이병육, 한국하, 고신균, 고순욱, 이응수, 홍일하, 김병순, 김호진, 박용덕 등이 함흥자연과학연구회를 조직하고 동년 7월에는 함흥 중리 천도교 교구당에서 김신원, 고탑, 고순욱, 고신균, 안호필, 주길찬, 한낙영, 조영성, 김경식, 안증현 외 70여명이 평양에서 온 이홍근의 사회하에 함흥정진청년회를 조직하였다. 1928년에는 김신원, 주찬화, 강석진, 권상점, 고신균, 주낙찬, 고순욱, 한상국, 노병용, 이상낙, 신현송, 장현직, 박헌진, 김순덕 등 30여명이 동명극장에서 함흥자유노동조합, 함흥자유소년회를 조직하고 중하리에 사무소를 설치하였다.60) 또한 용강에서는 黑戰社란 아나키즘단체가 팜플렡을 살포하였다. 이들은 『黑戰』이란 기관지를 5호까지 발간하여 국내외에 우송하고 1929년 5월 무기구입을 위하여 김호구와 오병현을

---

59) 『운동사』, 240~241면.
60) 『운동사』, 255면. 1928년경 함흥지역운동도 볼쉐비키와의 충돌이 심각하였던 것으로 보여진다. 1928년 7월 28일 함청회관에서 함흥자유노동조합 제2회 긴급 상무위원회에서 토의된 내용을 보면 소년회는 공산주의계의 함흥청년연맹과의 대립때문에 해체하기로 하였으며, 또한 운동에 반동분자가 개입하여 이를 제거하자는 논의가 있었는데 이는 공산주의세력의 침투를 의미하는 것으로 보인다. (『중외일보』, 1928.7.28) 함흥운동에는 원산의 이향과 정평의 차고동이 적극 협력하였고 고순욱과 김신원은 『先驅者』를 발간하였다.

조선과 북중국으로 파견하였다. 흑전사 단원들은 단원들의 고향인 용강군으로 와서 단오절 씨름대회장에 「농민에게 고한다」라는 제목의 총독정치의 억압과 착취를 비판하고 농민이 단결하여 강권체제의 타도에 궐기할 것을 호소한 전단을 살포하다 체포되었다.61)

이 시기 단천에서도 단천흑우회가 조직되었는데 1928년 2월 김용삼 등에 의해 조직된 사회생리학연구회를62) 발전시켜 1929년 4월 조중복, 임중학, 김용삼, 김낙구, 강창기 등이 '오등은 자유연합적 정신을 기조로 하는 빈천계급의 계급운동을 고양한다'는 강령하에 단천흑우회를 조직하였다.63) 단천흑우회는 사회생리학연구회, 단천신흥청년연맹, 선덕진흥청년회, 광덕소작인조합 등의 외곽단체를 조직하였다.64) 또한『운동사』에 따르면 1927-28년경 경성에는 일본인 청년 安中一夫, 兼古와 철도종업원인 岡由, 大世渡 등의 아나키즘그룹이『機關車』라는 잡지를 간행하였으며 홍영유, 이석규 등의 한인 아나키스트와 교류하였다.65) 이외에도 진주66), 창원67), 충주68), 안

---

61)『동아일보』, 1929.7.26;『중외일보』, 1930.8.2;『운동사』, 250~252면. 흑전사는 1927년 3월 김호구와 이학의가 일본 동경에서 自働社라는 인력거업으로 고학하며 일본인 아나키스트 新居格의 지도를 받았는데, 1928년 3월 정찬진이 김호구에게 구체적 실천방안모색을 제의하여 3월 하순 명치대 운동장에서 정찬진, 김호구, 오병현, 장명학, 이학의, 김양복, 송주식이 조직한 一聲團의 후신이다. 일성 일격으로 결판낸다는 의미로 그 목표는 천황암살과 주요관서의 파괴였다. 행동규범은 기밀엄수, 이탈불허, 변절자제재였으며 상해나 만주에서 무기를 입수한 후 거사할 예정이었다.
62)『동아일보』, 1928.2.29.
63)『동아일보』, 1929.4.27;『자유연합신문』, 1929.6.1.
64)『운동사』, 254면;『동아일보』, 1928.2.29., 1929.4.27;『자유연합신문』, 1929.6.1. 특히 단천신흥청년연맹은 조중복, 이중학 등이 1930년 7월 단천군 단천읍 흑우회관에서 조직하여 5명이상의 회원이 존재하는 지역에 하부조직으로 연락부를 설치하였다.(『독립운동사자료집』, 819면)
65)『운동사』, 199면.
66)『동아일보』, 1928.12.24. 단천출신 정태성이 진주출신 이경순, 홍두표와 진주군 금산면 청곡사에서 11월경까지 머물며 아나키즘서적을 탐독하다 체포되었다.

주69), 마산70), 제주71) 그리고 철산72) 등지에서도 아나키즘활동과

---

67) 『동아일보』, 1929.3.13; 1929.5.20; 1929.5.30; 1929.6.13; 1929.8.7. 1928년 5월 경 창원공립보통학교 훈도인 조병기와 손조동 등이 독서구락부를 조직하여 사상연구중 8월경 흑우연맹으로 변경하고 활동중 체포되었다.
68) 『운동사』, 199~202면; 「문예운동사건판결문」, 『운동사』, 274면; 『동아일보』, 1929.5.12~5.15; 『중외일보』, 1929.2.26., 1929.3.6; 『조선일보』, 1929.5.15. 1920년대 아나키즘 문예운동에서 주목되는 것은 1929년 2월 18일 충북 충주군 충주면 읍내리 정운자가 운영하는 금성여관에서 권오순, 안병기, 김학원, 정진복, 서상경 등이 忠州文藝運動社라 표방하고 실질적으로는 아나키즘사상의 실현을 목적으로 활동한 사실이다. 이들은 경리부, 편집부, 출판부의 부서를 두고 음성군내 음성인쇄소에 사무실을 설치하였다. 서상경 등은 박열사건에 연루되었던 아나키스트로서 판결문에 의하면 이들은 아나키즘을 신봉하여 무릇 인류는 절대로 자유와 평등인데 현재의 국가조직은 주의에 배치되므로 이를 타파하지 않으면 안된다는 사상을 품었으며 권오돈은 법정에서 "나는 무정부주의자로서 내가 신봉하는 주의는 무릇 인류는 절대로 평등하지 않으면 안된다"라고 주장하였다.
69) 『운동사』, 253면. 동아일보지국 기자겸 총무인 김일대(김병휴)의 발의로 사회사상연구구룹을 조직하고 1929년 4월 안봉연, 김한수, 이순창, 박동위 등이 안주흑우회를 조직하였다.
70) 마산에서 중요한 역할을 하였던 金山은 1927년 서울에서 기독교청년친목회를 조직하여 초교파적 청년연합체운동을 펴던중 마산에서 발생한 교회분규조사차 박희도와 같이 마산에 내려와 11월 19일 독립교회라는 외국선교부와 상관없는 자주적이고 독립적인 교회를 창설하였다. 목사없이 성무위원회를 조직하고 김산 자신도 두부장수를 하면서 운영을 지도하였다. 마산아나키즘구룹도 기독교 신앙과 관계없이 원조하였다고 한다. 1928년 봄 상해의 이정규로부터 동방무정부주의자연맹 결성대회에 국내대표를 파견해 달라는 부탁을 받고 김산은 김형윤, 김용찬 등과 의논한 후 이석규를 파견하였다. 김산은 김형윤, 김용찬, 이석규, 김지병, 김지홍, 이원세, 이주홍, 박봉룡 등의 아나키스트와 긴밀한 관계를 갖고 3년간 마산에 체류하며 평남 용강군에 이상농촌건설계획을 시도하기도 하고 한국전쟁중에는 농촌사건 및 학생운동에 연관되어 함석헌과 같이 투옥되기도 하였다.
71) 『동아일보』, 1930.12.3; 『운동사』, 244면. 이 시기 제주에서도 宇利稧란 아나키즘조직이 결성되었다. 1927년 3~4월경 고병희, 조대수, 강기찬, 김형수 등은 제주에서는 공산주의보다 아나키즘사회가 적합하다고 인식하고 김형수의 집에서 아나키즘에 관한 서적과 간행물을 구독하고 매월 1회씩 집회를 갖던 중 1929년 5월 5일 우리계를 조직하였다. 우리계는 표면상 友誼敦睦, 哀慶相問, 生

조직이 있었다.

관서흑우회 산하단체의 하나인 사회생리학연구회는 1928년 7월 16일 제1회 월례회에서 운동방침을 확립하기 위한 토의후 운동범위의 확대, 명칭의 개칭, 순수한 노동 및 청년운동으로의 전환을 결의하였다. 즉 명칭을 노동청년자유연맹으로 개칭하고 강령을 '아등은 자유연합적 정신을 노동운동의 기조로 삼는다'로 변경하였다. 이것은 관서흑우회와 같이 그 산하단체도 순수한 아나키즘단체로 방향전환을 하였음을 의미한다.73) 또한 1928년 4월 20일 임시총회에서는 5월 1일의 메이 데이 행사의 추진을 결의하였다. 노동자의 승리일을 기념하고 이를 일반에 알리기 위하여 관서흑우회의 발의로 각 단체의 연합시위와 기념강연회개최를 결정하였다.74) 이 밖에도 백선행기념관에서 대삼영추도강연회를 개최하였고 1929년 9월 22일 노동문제대강연회를 기도하기도 하였으며,75) 동월 25일 기림리 회관에서 개최한 간부회의에서는 일본내 한인사회주의자문제에 대한 토의를 하였다.76)

관서흑우회는 점차 고조되는 공산주의세력과 대항하기 위하여 전국적인 단일조직이 필요하다고 인식하고 1929년 8월 8일 임시총회를 개최하여 1929년 11월 10일과 11일 양일간 평양 백선행기념관에서

活向上을 표방하였으나 서울노동공제회의 창립자의 한 사람인 고순흠에 따르면 우리계는 노자의 勤, 儉, 讓 三寶를 표방하면서 식민통치하에서라도 가능한 이상사회로 접근해 보자는 의도였다고 한다.
72) 평북 철산군 점면의 이응동(사해)과 정철은 홍형의(함남 홍원), 김용호(평남 안주)와 철산, 용천, 안주의 동지를 규합하여 철산흑우회를 조직하였다.
73) 『중외일보』, 1928.7.21; 『동아일보』, 1928.7.23.
74) 최갑룡, 앞의 책, 25~26면.
75) 『중외일보』, 1929.9.15.
76) 이들은 일본 내각총리대신, 내무대신, 동경시장, 동경시 사회국장, 일본흑색사회운동자연맹, 일본자유노동자연맹 등에 항의문과 격문을 발송하였다.(『중외일보』, 1929.9.29)

전국아나키스트대회인 전조선흑색사회운동자대회를 개최할 것을 결의하였다.77) 준비위원은 이홍근, 최갑룡, 채은국, 조중복 등 9명이 선임되고 각 지방을 개별적으로 방문하여 취지를 설명하기로 하였다. 최갑룡에 따르면 전국대회를 통하여 조선에서의 운동목표와 전술문제, 민중운동의 사상기조문제, 투쟁형식문제 및 민족주의운동과 공산주의운동문제 등에 대한 전체적인 문제를 토의하려 했다고 한다.78) 그러나 평양경찰서가 대회를 금지하자 장소를 대동군 기림리로 변경하여 11월 10일 기림리 공설운동장 북쪽 송림에서 朝鮮共産無政府主義者聯盟을 결성하였다.79) 그 결의문은 다음과 같다.

1. 현재의 국가제도를 폐지하고 코뮨을 기초로 한 자유연합적 사회제도를 건설할 것
2. 현재의 사유재산제도를 폐지하고 지방분산적 산업조직으로 개혁할 것
3. 현재의 계급적, 민족적 차별을 철폐하고 전인류의 자유, 평등, 우애의 사회를 건설할 것80)

---

77) 최갑룡, 앞의 책, 28면. 이홍근의 재판기록에는 관서흑우회의 상무간사였던 이홍근이 당시 아나키즘운동이 부진하고 또 공산주의운동때문에 운동이 압박을 받고 있는 것은 통제기관에 의한 단체활동의 결함때문이므로 결사를 조직하자고 최갑룡과 상의한 후 전조선흑색사회운동자대회를 개최하기로 하였다고 한다.(『독립운동사자료집』11권, 818면) 결의문도 10월 23일 이홍근, 최갑룡, 조중복, 임중학, 유화영 5인이 기림리에서 1차로 회합한 자리에서 이홍근의 제창에 의해 결의하였다고 한다.
78) 『자유연합신문』, 1929.12.1., 박환, 「조선공산무정부주의자연맹의 결성」, 『국사관논총』41집, 221면 재인용.
79) 대회에 참석하려던 함남의 조중복과 임중학, 충남의 장재욱, 신현상, 함남 정평의 차고동, 홍원의 홍성환, 강원 양양의 김한, 원산의 김경진 등이 평양에 도착하였으나 역과 여관 등지에서 피포, 추방되고 일부는 진남포와 한천 등지로 피신하였다. 동경 동흥노동조합대표 유현태는 평양역에서 피포되어 동경으로 추방되고, 일본노동조합 자유연합회대표는 행방불명되었으며 만주에서 잠입한 유화영(유림)도 피포되어 봉천으로 추방되었다.(『조선일보』, 1929.11.21., 1929.12.2., 1930.1.16;『중외일보』, 1930.1.16.)
80) 최갑룡, 앞의 책, 30면;『독립운동사자료집』11권, 818면.

결의문에서는 1920년대 한인아나키즘운동의 가장 중요한 요체를 표현하고 있다. 제1항은 정치조직에 대한 것으로서 자본주의적 국가제도를 폐지하고 이를 아나키즘적 조직으로 새로 건설할 것을 주장하였다. 사회의 기초 단위인 코뮨, 즉 郡단위 정도의 행정단위를 토대로 밑에서 부터 자발적으로 행정조직을 새로 조직한다는 것이다. 제2항에서는 경제조직에 대한 것이다. 자본주의적 사유재산제도를 폐지하고 노동자가 직접 산업을 관리, 운영하는 자주관리에 의한 지방분산적 산업조직으로 개편할 것을 주장하였다. 제3항에서는 사회조직에 대한 것으로서 그 기본원칙을 천명한 것이다. 구시대의 봉건적 유산인 계급적, 민족적 차별을 없애고 진정한 인류 공동의 사회를 건설하자고 주장한 것이다. 또한 아나키즘운동방침에 대해서도 그 구체적 지침을 명시하였는데 적색운동자와 대립적 항쟁을 하지 말것, 농민대중에 대한 운동을 진전시킬 것, 다른 민족적 단체에 가입하지 말것 등을 결정하였다.[81] 공산주의자와의 투쟁지양은 전국 각지에서 산발적으로 이루어진 공산주의와의 투쟁으로 기존의 세력이 약화되는 것을 방지하기 위한 것으로 보이며, 농민대중에 대한 관심은 공산주의 세력에 의해 농민들이 이미 상당히 적화되어 이에 대한 대책이 시급하였던 것으로 보인다. 또한 타 민족단체에 가입하지 말 것을 요청한 것은 이들이 계속 순수 아나키즘적 경향에 지배되고 있었음을 보여주는 것이다. 연맹은 1930년 5월 3일 경성 신간회대회를 이용하여 戰時同盟의 全鮮大會를 개최하기로 결정하는 등의 활동을 하였으나[82] 큰 성과는 거두지 못하였다.

조선공산무정부주의자연맹은 1920년대 국내 아나키즘운동의 대미를 장식한 조직으로서 국내운동의 성격을 단적으로 보여 준 대표적인

---

81) 최갑룡, 앞의 책, 29면;『독립운동사자료집』11권, 818면.
82) 『독립운동사자료집』11권, 818면.

사례라 할 수 있다. 1920년대 초 지식인들에게 수용된 아나키즘은 1920년대 중반부터 아나키즘사상을 구현할 조직의 결성이 이루어지지만 공산주의세력의 신장과 더불어 수세에 몰리게 되었다. 이의 극복을 위해 조직 자체를 부정하는 이론상의 금기를 깨고 회원 및 각 조직의 자발적인 참여로 이루어진 연합체로서의 성격인 전국적인 아나키즘 조직체로서 탄생한 것이다. 물론 이 연맹의 활동이 여러 가지 요건으로 인하여 침체되었음에도 불구하고 국내 최초의 전국적 단일조직으로 발전시키려 노력한 것은 한국아나키즘운동사상 특기할 일이다. 이후 연맹의 조직은 지하화할 수 밖에 없었으며 국내운동도 사실상 지하화하게 되었다.83) 1920년대 후반의 국내아나키즘운동은 전술한 연맹의 조직에서 보여주듯이 일반의 인식보다 그 운동이 활발하였음은 일제당국의 보고에서도 확인할 수 있다. 이 보고는 1925년 이래 일본당국이 공산주의를 탄압하자 흑기연맹이후 아나키즘운동이 성장하여 '상당한 세력'으로 부상하였다고84) 아나키즘운동이 매우 활발해 지고 있음을 인정하고 있다.

　1920년대 국내아나키즘운동의 특징은 순수아나키즘을 지향하였다. 따라서 민족주의와 공산주의는 물론 신간회 등의 중간노선을 비롯한

---

83) 이외에도 각지에서 아나키즘조직이 활동하고 있었음은 『운동사』나 신문을 통해서 확인할 수 있다. 서울 낙원동(『조선일보』1929.4.13.) 충청남북도의 당진, 청주, 충주, 음성(『조선일보』, 1929.5.15.) 고원(『조선일보』, 1928.1.30.; 1929.6.9.) 북청(『조선일보』, 1929.8.22.) 창원(『조선일보』, 1929.10.25.) 등지에 아나키즘조직이 있었다. 조선공산무정부주의자연맹의 모체라 할 수 있는 관서흑우회에 대하여 일제측 사료는 창립후 흑기파와 흑전파로 분열되었다고 한다. 현존 기록으로는 이를 확인하기가 쉽지 않지만 그 개연성은 충분하다고 믿어 진다. 평강산이, 155면에는 흑기계의 이혁이 귀국하여 경성흑색청년회를 결성하고 기관지를 발행하였으며 이들이 후에 『조선일보』를 습격하였다고 한 것으로 미루어 경성을 중심으로 한 인물들일 가능성이 있으며 흑전파는 그 성향으로 미루어 최갑룡을 중심으로 한 계열이 아닐까 추정된다.

84) 『중외일보』, 1929.5.12.

여타의 모든 사회운동세력에 대해서 부정적이었다.85) 1920년대 후반부의 아나키즘운동은 주로 북부지방에서 활발하게 이루어 졌으나 점차 세력을 확장하고 있던 공산주의와의 투쟁과정에서 세력이 약화되었다. 그럼에도 불구하고 이들은 조선내 아나키즘운동의 통일을 통하여 한반도를 진정한 자유사회로 발전시키기 위해 노력하였으며 이것은 1930년대에도 계속된 그들의 투쟁에서 확인할 수 있다.

3. 문학계의 아나키즘운동

1920년대 국내아나키즘운동을 이해하는데 간과할 수 없는 중요한 요소는 문학계에서 이루어진 아나키즘계열과 공산주의계열의 이론투쟁이다. 아나키즘운동의 활성화와 더불어 예술계, 특히 문학계에서의 아나키즘 경향이 두드러졌다. 전반적인 운동이 지하운동이었음에 비하여 문학계의 아나키즘적 경향은 대부분 문자로서 기록되어 현존하고 있기 때문에 자료가치뿐만 아니라 당시의 분위기를 이해하는데도 도움이 된다. 일반아나키즘운동의 대볼쉐비키투쟁에 대한 자료는 충분하지 않지만 문학분야에서의 투쟁은 당시의 신문과 잡지를 통하여 어느 정도 그들의 인식을 고찰할 수 있다.

전장에서 살펴본 것처럼 사회주의 수용기의 국내 지식인들에게 급진적 서양이론은 신선한 충격이었고 이것은 식민지 지배하의 예술가들에게는 더욱 현저한 현상이었다. 그중에서도 아나키즘은 이론상 권위를 배제하고 개성의 완벽한 자유를 추구하는 특성으로 인하여 예술가들에게 호감을 주게 되었고, 한국에서는 문학계에서 그 현상이 특

---

85) 예를 들면 아나키즘단체인 黑幟團은 자치권획득 및 합법운동자를 박멸하자고 주장하였으며, 볼쉐비키들이 학생운동을 강간하고 있다고 비판하면서 민족주의와 공산주의에 대하여 모두 비판하는 것으로도 알 수 있다.(「조선총독부경무국 극비문서」,『광주항일학생운동사건자료집』, 풍매사, 1979, 223면)

히 두드러졌다. 예술은 그 속성상 독창성이 생명인데 이 독창성은 종래의 모든 것을 부정하는 것에서 출발하고, 특히 전위적 예술은 자연스럽게 아나키즘적이 된다는 한 연구자의 표현처럼86) 문학자들의 아나키즘적 경향은 자연스런 현상이었다. 또한 당시 아나키즘사상은 일종의 유토피아사상으로 인식되었고 이러한 유토피아란 단어의 어감이 주는 '소박한 매력'과 '다소 막연한 사상'때문에 예술가들과 쉽게 결부될 수 있었다.87) 일본의 아나키스트 新居格의 아나키즘예술론에 의하면 문예란 본질적으로 아나키스틱(Anarchistic)한 것으로서 강제나 명령에 의해 왜곡되지 않고, 또 무엇보다도 강권을 부정하고 자유를 강조하기 때문에 예술가들에게 적합하다고 인식하였다.88)

조남현에 의하면 대표적인 문인들인 이기영, 조명희, 임화 등과 같은 카프문인 내지 마르키스트들은 마르크시즘의 이념에 뿌리를 내리기 전에 아나키즘을 체험한 공통점을 지니고 있으며 이들은 마르크시즘과 아나키즘이 완전히 별개임을 인식하는 가운데 아나키즘을 일시적으로 선호한 것이 아니라 두 이념을 혼동하면서 아나키즘을 체험하였다고 한다. 임화도 마르크스와 엥겔스를 알기 전에 크로포트킨의 「청년에 고함」을 읽고 감동받았으며 한때 스티리너에게도 관심을 가졌었다. 즉 1925년 당시 한국지식인들 사이에 마르크스못지 않게 크로포트킨도 많이 읽혔으며 크로포트킨은 급진주의자를 자처하는 사람이 즐겨 말했던 레퍼터리였다.89) 당연히 당시의 문학작품에서 아나

---

86) 김윤식, 「1920년대 한국아나키즘문학론비판-김화산의 경우-」, 『한국학보』28호, 33면. 당시의 미래파, 표현파, 구성파, 다다이즘, 초현실주의 등의 전위주의, 혹은 모더니즘은 자본주의사회에 기반을 둔 예술운동으로서 종래의 소부르조아예술가의 예술에 대한 파괴, 왜곡, 저항운동의 하나였으며 이러한 운동은 시나 미술에 편중되어 있었다고 한다.(김윤식, 54면)
87) 김윤식, 앞의 논문, 33면.
88) 신거격, 「공산주의당파의 문예를 평함」, 김윤식, 앞의 논문, 43면에서 재인용.
89) 조남현, 「한국근대문학의 아나키즘체험연구」, 『한국문화』12집, 서울대학교 한국문화연구소, 1991, 31~34면.

키즘적 경향을 다수 발견할 수 있는데 조남현에 의하면 아나키즘이 최초로 작품에 투영된 것은 신소설 「雪中梅」로서 이 작품에서 아나키즘에 대한 경계심을 표현하였고, 임영빈의 단편 「序文學者」에서 최초로 크로포트킨이 거론되었으며, 염상섭, 김사량 등의 작품에서 아나키즘을 소개하고 있고, 또한 이효석의 단편 「追憶」에서 작가 자신이 아나키즘을 깊이 이해하고 있었음을 보여 주고 있었다고 한다.[90] 이외에도 정마부의 『혼』은[91] 아나키즘적 저항의식을 표현한 소설이며 황석우의 『자연송』(조선시단사, 1929)도 아나키즘적 이상세계를 詩化한 시집이다.[92] 이것은 전장에서 살펴 본 사회주의 수용기의 아나키즘적 경향이 간과할 수 없는 영향력이 있었다는 것과 일맥상통하는 것으로서 특히 문학분야에서의 경향이 한층 강도가 있었음을 알 수 있다.

1920년대 사회주의운동은 1920년대 중반 이후 사회 각 분야에 확대되었으며 문단에서는 프로레타리아문예론을 주장하는 문인들이 중심이 되어 1925년 조선프로레타리아예술가동맹, 즉 카프(KAPF: Korea Ploleta Artista Federatio)가 결성되었다.[93] 아나키스트계열의 문인은 김화산, 이향, 권구현 등이 활동하고 있었으나 그 수는 미약하였다. 이들은 1927년 봄부터 가을에 걸쳐 소위 '아나보르논쟁'이란 문예이론에 대한 일련의 지상논쟁을 펼쳤다. 이 논쟁은 문학계에 수용된 아나키즘과 볼쉐비즘 또는 마르크시즘을 이해하는데 중요하며, 특히 1920년대 국내 아나키즘의 성격도 어느 정도 이해할

---

90) 위와 같음.
91) 『혼』, 한성도서주식회사, 1921.
92) 박인기, 「1920년대 한국문학의 아나키즘수용양상」, 『국어국문학』90호, 1983, 413면.
93) 카프의 표기는 에스페란토어로서, 한 연구자에 의하면 당시 우리나라작품의 상당 부분이 에스페란토어로 창작되거나 번역되었다고 한다.(김윤식, 앞의 논문, 28면)

수 있는 논쟁이다.94) 아나키즘문예사상에 대해서는 필자의 능력 밖이지만 1927년 신간회 창설을 전후한 시기에 국내아나키스트와 마르키스트간의 첨예한 일련의 대립이 문학계에 까지 확대된 것이 아닌가 보여진다.

김화산은 볼쉐비키가 주도하고 있는 카프의 문예론에 대하여 아나키즘적 입장에서 반기를 들었다. 김화산은 예술론의 견지에서 프로레타리아문예론을 지지하지만 조선에서는 프로레타리아문예가 곧 마르크스주의로 인식되는 현실을 비판하면서95) 예술은 사람의 예술적 요구에 의해 발생하는 것으로서 이 예술적 요구를 충족시키는 것이 아니면 예술이라고 할 수 없다고 단언하였다.96) 이것은 기본적으로 아나키즘의 예술론을 표현한 것으로 크로포트킨의 이론을 원용한 것이다. 크로포트킨은 사회혁명은 만인에게 빵을 보장해 주기 위한 것으로 빵이 확보된 후에는 여가가 최고의 목표로서 취미와 욕구의 다양성이야 말로 인류진보의 주요한 보장수단이라고 주장하였다. 취미는

---

94) 이 논쟁은 박영희와 김기진으로 대표되는 볼쉐비즘계열의 문학자들이 문단을 장악하고 그들의 문예론을 전개하자 김화산으로 대표되는 아나키스트진영에서 볼쉐비즘문예론을 공격하면서 시작되었다. 즉 김화산이『조선문단』에「계급예술론의 신전개-공산파문예론가에 대한 소검토-」(1927.3)에서 공산파 문예론자를 비판하자 조중곤이『중외일보』에「선전과 예술」(1927.3), 한설야가『동아일보』에「무산문예가의 입장에서 김화산군의 허구문예론, 관념적 당위론을 박함」(1927.4.15~4.27) 그리고 윤기정이『조선일보』에「계급예술론의 신전개를 읽고」(1927.3.25~3.30)에서 김화산의 주장을 비판하였다. 이에 김화산이 다시『현대평론』에「뇌동성 문예론의 극복」(1927.6)으로 반격하자 조중곤이『중외일보』에「비맑스주의문예론의 배격」(1927.6)으로, 윤기정이『중외일보』에「상호비판과 이론확립」으로 다시 비판하였다. 이에 강허봉이『중외일보』에「비맑스주의 문예론 배격을 배격함」(1927.7)에서 김화산을 옹호하자 김화산이『조선일보』에「속 뇌동성 문예의 극복」(1927.7.19~7.23), 임화가『조선일보』에「착각적 문예이론-김화산의 우론검토-」로 비판한 일련의 범사회주의문예이론가들 사이의 紙上論爭이었다.
95) 김화산,「계급예술론의 신전개」, 14~15면.
96) 김화산,「속 뇌동성문예론의 극복」,『조선일보』, 1927.7.19.

다르지만 예술적 욕구는 만인에게 존재하는 것으로 문학이나 과학은 그것이 일체의 금전적 속박에서 해방되어 그것을 애호하는 사람들에 의해서, 그리고 애호자를 위해서 연구되어 질때 만이 인류발전의 과정에서 참다운 제자리를 차지하는 것으로, 따라서 문학과 과학 및 예술은 자유인에 의해서 계발되어야 하며 이런 조건하에서만 국가나 자본의 속박에서, 그리고 그것을 질식시키는 브루조아의 비속성에서 부터 스스로를 해방시킬 수 있을 것이라고 주장하였다.97) 이에 대한 볼쉐비키측의 비판은 아나키스트문예가들을 좌익문예가의 가면을 쓰고 대중들에게 부르조아 이데올로기를 주입하는 예술파적인 소시민적 근성을 발현한 것이라든가 김화산을 순수예술의 사도라고까지 공격하고98) 프로예술이란 예술상의 한 분파가 아니라 근본적으로 계급해방운동의 일익으로 성장한 것이므로 예술로서의 조건을 구비하였느냐보다 철저하게 프로레타리아의 생활의지에 봉사하는 작품으로 계급해방상 최량의 무기였느냐가 문제되어야 한다는 관점에서 비판하였다. 그는 프로레타리아예술에서 정치적 요소를 제거하면 무산계급적 의의가 없는 데도 불구하고 아나키스트는 현단계를 인식하지 못하고, 또한 투쟁과정 및 의식과정을 모르면서 새 의식을 기저로 한 예술운동으로 계급적 사명을 수행할 것만을 요구하고 있다고 비판하였다.99)

  1927년에 이루어진 아나키스트대 볼쉐비스트간의 프로레타리아문예론의 논쟁에 대한 문학평론가들의 의견은 아나키스트이론가들에게 대부분 비판적이다. 한 연구자는 당시 다다이즘과 아나키즘 등은 한갓 신기한 외래사조에 대한 호기심 이상일 수 없었다고 평가하고 김화산은 종래의 낡고 구식의 문학을 파괴하는 신흥예술의 연장선상에서 아나키즘을 인식한 것이며100) 더 나아가 아나키즘의 본질을 이해

---

97) 크로포트킨(백낙철역), 『빵의 쟁취』, 우리, 1988, 91~103면.
98) 임화, 「착각적 문예이론-김화산씨의 우론 검토」, 『조선일보』, 1927.9.4-11.
99) 위와 같음.

하지 못하였다고 까지 비판하였다.101) 또 다른 평가는 김화산의 평론이 식민지하의 민족해방이란 현실을 도외시하고 예술성만을 강조하는 한계를 가졌다고 지적하였다.102) 또 그들은 이론적 허술함으로 인하여 아나키즘의 진수에는 접근하지 못하고 결국 마르크스주의자들에 의하여 카프에서 배제되었으며 따라서 이것은 운동으로서의 아나키즘세력으로 연결되지 못하게 되는 이유가 되었다고 인식하였다.103) 그러나 이러한 비판적 평가와는 달리 이들 아나키스트 문예가들이 당시 문단의 주도권을 장악했던 마르크스주의자들에게 논쟁을 유도하여 한국문학사의 깊이와 폭을 심화시키고 확장시키는데 기여하였다는104) 긍정적인 평가도 있다. 이것은 이들 볼쉐비키 문예이론가들이 아나키즘이론을 이해하여 논리적으로 수준 높은 반박을 펼칠 수 없었기 때문에 아나키스트 문예가들을 단순히 '이질적이고 불순한' 세력으로 매도하고 카프에서 제명하므로서 논생을 매듭지을 수 밖에 없었다는 지적에서105) 설득력이 있다고 판단된다.

대표적인 마르크스 문예이론가인 박영희에 의하면 1927년 초반의 카프의 당면과제는 아나키스트와 허무주의자를 제거하고 마르크스주의자가 헤게모니를 장악하는 것이었다. 그는 허무주의는 막연한 기분파로 문제가 되지 않았으나 아나키스트는 각 개인의 자유연합에 의한 예술의 가능성을 인정하는 한에서 무산계급성을 지지하면서도, 당의 조직과 지령에 의한 예술을 수단으로 사용하는 마르크스주의자들과 대립하였기 때문에 배제해야 할 분파로 인식하였다.106) 이것은 아나

---

100) 김윤식, 앞의 논문, 37면과 57면.
101) 김윤식, 앞의 논문, 42면.
102) 박인기, 앞의 논문, 415면.
103) 편집실, 「김화산론」, 『서강』16호, 서강대학교, 70면.
104) 『서강』16호, 70면.
105) 정홍섭, 「1920년대 문예운동에 있어서의 방향전환론」, 『역사비평』1집, 239면.
106) 김윤식, 앞의 논문, 46면.

키스트가 문학계에서 소홀히 다룰 상대가 아님을 볼쉐비스트 스스로 인정한 것으로 볼 수 있으며, 카프가 예술작품의 논의의 울타리를 넘어 예술을 정치적 무기로, 즉 예술운동에서 정치운동으로 방향전환을 한 것은 아나키즘과의 논쟁이후 가능했다는107) 것에서도 아나키즘이 한국문학계에 긍정적 요소를 끼쳤음을 알 수 있다.

또 다른 1920년대 대표적인 아나키스트 문예론을 주장한 권구현은 1927년 평양에서 흑우회에 가입하고 영창서관에서 시집 『흑방의 선물』(1927년)을 발간하였다. 한 연구에 의하면 이 시집은 작품수준은 낮으나 목적의식이 강하고 빈궁의식과 반항심을 드러낸 점에서 아나키즘적 색채가 강하다고 평가하였다.108) 또한 권구현은 「계급문학과 그 비판적 요소」에서 김팔봉의 '소설건축론'에 맞서고 박영희의 '치륜설'에 편들면서 '長劍論'을 전개하였는데 이 장검론은 '우리가 취택하는 제재는 강철이며 표현은 백인이다'로 요약되는 강경한 주장으로 아나키즘문학론을 대변한 것으로 평가받는다.109) 권구현이 아나키즘본질을 파악하는 가운데 아나키즘과 마르크시즘을 분명하게 구분하고 강허봉보다 투철한 아나키스트임을 자임한 것은 「우상문제에 대하여」라는 글이다. 이 글에서 그는 인간의 본연성에 기인한 욕구가 아나키즘의 진정한 출발점이라고 주장하였다.110)

---

107) 김윤식, 앞의 논문, 39면.
108) 조남현, 앞의 논문, 28면.
109) 위와 같음.
110) 위와 같음. 조남현에 의하면 권구현은 「시조사장」,『시대일보』;「일조삼장」,『시대일보』;「폭풍아 오너라」,『동아일보』;「생명의 행진」,『동아일보』;「님에게」,『동아일보』 등을 제외하고는 개인적 서정세계를 노래한 것으로, 리얼리즘이나 경향시 범주의 시로서 굶주린자, 못 가진자, 짓눌린 자 등에 대한 연민과 동지의식은 「폐물」,『별천곤』, 1927.2;「인육시장점경」,『조선일보』, 1933.9.28~10.10 등에서도 표현되고 있다고 한다.(조남현, 앞의 논문, 31~34면) 권구현의 활동은 이외에도 『동광』에 「선사시대회화사」를 연재하였으며 이향과 함께 『문예광』이란 아나키즘잡지를 발간하기도 하였다.

또 다른 대표적 아나키스트인 이향은 안변출신으로 19세에 동호문단을 창설하고 염상섭과 논쟁하였으며 한설야, 이기영, 안광천 등의 프로레타리아 이론가와도 대결하며 독자적 아나키즘이론을 전개하였다. 그는 마르크스적 계급투쟁설에 대하여 '빈천계급해방론'이란 독창적인 주장으로 프로레타리아는 생산수단없이 노동을 팔아 생계를 잇는 임금노동자요, 빈천계급은 생존수단을 박탈당한 피지배, 피착취계급을 총칭하는 개념으로 이 빈천계급의 해방이 요구된다고 주장하였다.111) 이향은 크로포트킨의 7주기에 즈음하여 「예술가로서의 크로포트킨」을 발표하고 크로포트킨을 '완전한 인류애, 정숙한 헌신, 청결한 이상'의 대표적인 아나키스트로 높게 평가하였다.112)

1927년의 볼쉐비키 문예이론가들을 상대로 한 김화산으로 대표되는 아나키스트문예이론가들의 투쟁은 한국문학사에 독창적인 이론을 부여하였으며 그의 배후에는 연극계의 유치진, 시단의 유치환,113) 이경순, 홍두표, 홍완 등이 있었다. 1930년 권구현과 이향은 카프를 탈퇴하고 자유예술연맹을 조직하여 마르크스주의의 선전비라식 사이비 예술운동을 철저히 배격하고 신사회건설에 이바지할 정통무산계급의 예술을 강조한다고 선언하였다.114)

1920년대 문단에서의 아나키스트들의 활동은 비록 그 수에 있어서는 많지 않았으나 예술의 특성상 아나키즘적 요소는 문학작품속에서 자주 찾아볼 수 있는 소재로서 이들 아나키스트 문예이론가들이 한국

---

111) 『운동사』, 248면.
112) 『동아일보』, 1928.2.7~2.12.
113) 정대호, 『유치환의 시 연구-아나키즘과 세계인식의 관련양상을 중심으로』, 경북대학교박사학위논문, 1995참고.
114) 『운동사』, 214면. 이외에도 아나키즘 문예이론은 이향, 「인생과 기계」, 『동아일보』, 1929.10.28~11.6; 「논쟁에 역립하여」, 『조선일보』, 1929.10.30~11.9; 강허봉, 「우상문제에 관한 이론과 실제를 읽고」, 『조선일보』, 1930.1.28~2.1; 권구현, 「막스주의문학론 음미」, 『조선문학』, 1933.11; 정래동, 「과거를 청산하자」, 『조선일보』, 1932.1.17~1.23. 등에서 찾아볼 수 있다.

문학사에 기여한 위치는 문학평론가들의 몫이지만 이들의 활동은 1920년대 한국 아나키즘운동의 한 부분으로서 앞으로 연구되어야 할 과제라 사료된다.

제4장 1920년대 재일 한인아나키즘운동

　한국아나키즘운동의 이해에 해외 한인들의 활동은 중요하다. 일제 식민치하라는 특수한 환경에서 아나키즘운동이 국내는 물론 해외에서도 활발하게 이루어졌기 때문이다. 따라서 국외 한인아나키즘운동의 이해는 본 저서의 가장 주요한 부분의 하나로서 이를 일본과 중국편으로 나누어 고찰하고자 한다. 이들 두 나라는 지리적으로 가깝고, 정치적으로 밀접하게 관련되어 있었기 때문에 1910년의 한국의 병합과 1919년의 3.1운동 등의 정치적 격동기에 한인들이 다수 이들 나라에 건너 가게 되었다.
　아나키즘은 일본에서는 1900년대 초, 중국에서는 1910년대 초에 수용되었다. 일본은 명치유신이래 산업혁명을 거치면서 자본주의국가를 거쳐 제국주의단계로 발전하는 단계였으며, 중국은 서양열강에 의해 반식민지상황으로 전락하는 중이었다. 1920년대의 초의 일본은 大正데모크라시 시기로서 제한적이나마 정치적 자유가 신장되는 중이었으며, 중국은 신해혁명이래 각지에서 할거하는 봉건적 군벌들의 내분으로 정치적으로 혼란한 상황이었다. 이러한 인접국에 의존하고 있던 일본내 한인은 주로 유학생과 노동자가 다수였으며, 중국내 대도시의 한인은 혁명가가 다수를 차지하고 있었다. 일본의 재일한인유학생과 노동자, 중국의 한인혁명자들은 그들이 의존한 일본과 중국의 정치상황과 사상변화에 민감할 수 밖에 없었다. 이러한 일본과 중국의 정치적 요인과 한인들의 성격 등이 이들 두 나라의 한인아나키즘운동의 성격에 영향을 주게 되었다. 유학생과 노동자들이 주류인 일본에서는 계급투쟁적 성격이 두드러졌으며 혁명가들이 주류인 중국에서는 독립투쟁적 성격이 두드러졌다. 1920년대의 국외 한인아나키즘운동은 이러한 각국의 상황에 맞게 한인들이 조응하면서 아나키즘운동을 전개하였다.

1. 재일 한인아나키즘운동의 조직과 활동

일본의 아나키즘수용은 중국보다 비교적 이른 편이었다. 일본은 청일전쟁과 노일전쟁의 승리, 그에 뒤이은 한국의 병합이래 자본주의발달의 본 궤도에 진입하게 되었으며 이는 노동자계급의 양산으로 이어지게 되었다. 노동자계급의 양적, 질적 성장을 바탕으로 1900년을 전후하여 사회주의적 정당과 단체가 결성되면서 서양의 급진사상이 빠르게 확산되었다. 일본의 서양사상 수용에서는 초기 범사회주의라 일컬어지는 모든 급진적 제 사상이 혼재되었으나 일본의 대표적인 사회주의자 幸德秋水가 1903년 『平民新聞』을 발간하는 것을 계기로 범사회주의내에서 볼쉐비즘과 아나키즘이 구분되기 시작하였다. 행덕추수는 아나키즘의 초보적 직접행동을 주장하였으나 아나키즘이론의 핵심문제인 국가권력의 부정이나 혁명의 과도기 문제, 그리고 프로레타리아 독재문제에 대한 이해는 부정확하였다. 그러나 행덕추수는 크로포트킨의 『빵의 탈환』을 번역하면서 분명한 아나키스트로 전향하게 되었다. 행덕추수는 소위 大逆事件으로 처형되고 이후 大杉榮이 행덕추수의 뒤를 이어 일본 아나키즘운동의 선두에 나서게 되었는데 그는 재일한인에게 아나키즘을 전파한 대표적인 일본인이었다. 그는 1914년 『平民新聞』을 창간하고 '노동자 자신에 의한 노동자의 해방'과 '현사회의 근본적 변혁을 촉진하는 혁명적 노동자에 의한 계급해방'을 주장하였으며1) 1919년 『勞働運動』을 창간하고 '일본의 노동운동에 따른 이론과 실천의 충실한 소개와 그 내용비평'을 표방하면서 일본아나키즘운동을 주도하였다. 이러한 계급투쟁적, 노동운동적 일본아나키즘은 일본에 의존하고 있던 한국인에게 영향을 주었다.

일본에 최초로 서양근대아나키즘이 소개된 것은 1882년 간행된 西川通徹의 『露國虛無黨事情』이며 이후 1906년 간행된 久津見厥村의 『無政府主義』와 『크로포트킨의 특색』에서 아나키즘의 이론이 비교적 자세하게 알려지게 되었다. 1908년 아나키스트 일간지인 『평민신문』에 게재된 행덕추수의 「내 사상의 변화」란 글에서는 田添鐵二 등이 주장한 의회이용주의에 반대하여 아나키즘적 직접행동을 주장하였으며2) 「구주사회당운동의 대세」란 글은 대삼영이 집필한 최초의 아나키스트논문이다.3) 이러한 일본아나키즘은 1920년을 전후로 일본에 유학한 한인학생들에게 적지 않은 영향을 주었으며 이후 광복 때까지 일본아나키즘운동과 일본내 한인아나키즘운동은 상호 밀접하게 협조하면서 발전하게 된다.

재일 한인 사이에서 본격적으로 사회주의적 경향이 시작되는 것은 1920년대 초이다. 1910년대에도 주로 한인유학생들의 친목을 위한 단체가 있었으나4) 주목할 만한 단체는 3.1운동 직후부터 나타난다.

---

1) 近藤憲二, 『내가 본 日本아나키즘運動史』, 東京, 1969, 10-11면.
2) 幸德秋水, 「내 사상의 변화」, 『평민신문』, 1908.2.5.
3) 사회평론사, 『아나키즘문헌출판연감』, 1928, 동경, 1~6면.
4) 유학생단체중 가장 오래된 단체는 1906년 예수교 전도를 목적으로 조직된 조선연합예수교회 및 조선기독교청년회로 알려져 있고 이후 1912년 동경 한인유학생들이 조선유학생학우회를 조직하였으며 이를 필두로 한 이 시기의 재일한인 유학생단체는 전반적으로 친목도모의 성격이 강하였다.(독립운동사편찬위원회,

3.1운동 이후의 일본내 한인단체로 주목할 만한 것은 1920년 11월의 苦學生同友會로서 고학생과 노동자의 상호부조를 표방한 친목단체였다. 그 간부는 박열과 정태성 등으로 창립 당시에는 박열, 김약수, 백무, 최갑춘, 황석우, 임용택을 중심으로 이후 200여명 이상의 회원을 확보하였으나 얼마 가지 않아 별 다른 활동을 하지 못하였다.5) 1920년대 초 이러한 한인유학생들의 모임은 그 성격이 친목단체로부터 점차 사회주의사상을 수용한 이념단체로 발전하게 된다. 이것은 물론 일본의 사회주의운동이 발달하면서 한인 학생들에게 크게 영향을 주었기 때문이며, 그것은 특히 국내의 3.1운동이 실패로 끝나게 되었다는 인식과 맞물려 고조되었다. 즉 민족주의적 온건노선으로는 독립이 불가능하다고 인식하고 점차 고조되고 있었던 사회주의운동에 관심을 갖게 되었다. 이들 한인유학생들은 다양한 사회주의적 단체에 참여하면서 점차 사회주의사상을 수용하게 되었다. 이 시기의 한인 동향에 대한 일제의 다양한 보고는 재일 한인학생들의 사상적 성향을 파악하는데 중요한 자료이다. 한인들이 일본내 사회주의적 단체에 참여한 것을 보여 주는 한 기록은

> "일본대학생 金判權이 1920년 12월 동경기독교청년회관에서 있었던 일본사회주의동맹창립대회에 참가하여 처음으로 사회운동에 진출하였고, 또한 權熙國은 高津正道의 曉民會에 참가하여 한인 학생에 급진사상이 주입되었다. 이 두사람이 조선인의 일본에 있어서의 실천적 사회주의운동의 선구자로서 당시 김약수, 박준식(박열) 등은 대삼영, 암좌작태랑과 교류하며 그들의 아나키즘에 공명하였다. 또 1921년 5월 일본사회주의

『독립운동사자료집』별집3권: 재일본 한국인민족운동자료집, 1978, 50면) 1916년 경보국보안과에서 보고한 「조선인개황」(1916년 6월 30일자 보고)에서도 당시의 재일한인단체가 친목도모, 심신수양, 학술연구 등을 표방하여 외관상 하등의 불온한 기색이 없다고 기술하고 있다.(『재일조선인관계자료집성』1권, 한국학진흥원, 1975, 49~50면)
5) 고학생동우회에 관한 연구는 정혜경, 「1910-1920년대 동경 한인노동단체」, 『한국근현대사연구』1집, 1994, 76-81면 참고.

동맹이 당국으로부터 결사금지명령을 받자 권희국, 원종린 등은 계리언, 대삼영 등에 접근하여 코스모스구락부에 출입하였다. 또한 가등일부의 자유연맹 등에 출입하는 조선인학생도 있었다"6)

이 보고는 1920년초 일본내 한인유학생들이 사회주의에 크게 영향을 받고 있었음을 보여 주는 대목으로서 특히 대삼영, 암좌작태랑 등의 아나키스트와도 교류하고 있었음을 보여 주고 있다. 이 시기에 일본내 한인학생들이 아나키즘적 경향에 영향을 받고 있었음은 한 유학생의 일본사상계에 대한 인식에서도 단적으로 알 수 있다. 즉 일본에는 많은 사상중에 공산주의, 무정부주의, 인도주의, 허무주의가 주조이지만, 그중에서도 특히 공산주의와 무정부주의가 주류라고 소개하고 그것은 7-8할까지 차지하고 있으며, 특히 衝動派는 무정부주의자에게 많은데 일본충동파의 9할까지가 무정부주의자라고 소개하였다.7) 물론 이 글이 다소 과장되었음을 인정하여도 당시 일본사상계의 일단을 엿볼 수 있는 대목이다. 이러한 일본내 사상동향은 바로 한인학생들에게 영향을 주었으며 이것은 일본내 최초의 한인사상단체인 黑濤會의 성격형성에 직, 간접적으로 영향을 주었으리라 추론된다.

1921년 11월 29일 일본내 한인학생들에 의해 흑도회가 조직되었다. 이것은 일본내 최초의 이념써클로 기록되고 있으며 이 흑도회를 계기로 이후 사회주의적 경향의 써클이 다수 조직되고 사회주의사상

---

6) 경북경찰국,『고등경찰요사』, 162면; 坪江汕二,『改訂增補 朝鮮民族獨立運動秘史』, 巖南堂書店, 東京, 284~5면. 코스모스구락부에서 활동한 한인은 30여명이었으며 6월 24일 神田區美土代町의 청년회관에서 人類愛的結合講演會 표제의 코스모스구락부 주최 강연회에서 權熙國은 개회사를 하고 정태신, 원종린은 강연을 시도하였다. 당시 일제는 40여 단체중 가장 불온한 단체로 曉民會를 들었으며 이 단체에 한인도 있음을 주목하고 있었다.(『독립운동사자료집』, 11면.)
7) 황석우,「현 일본사상계의 특질과 그 주조-현 일본사회운동의 그 수단-」,『개벽』, 1923.4., 30~41면.

이 한인사이에 크게 확산되게 되었다. 흑도회는 岩佐作太郎의[8] 지도를 받아 1921년 11월 29일 박열을 비롯한 20여명이 결성한 단체로 그들의 사상은 기관지인 『黑濤』에[9] 명확하게 표현되고 있다. 이 흑도회는 일본내 조선인 사회운동단체의 효시로서 결성 당시의 회원은 김판권, 권희국, 원종린, 김두전(김약수), 박준식(박열), 임택용, 장귀수, 김사국, 정태성, 조봉암과 기타 10여 명이었다.[10] 그들의 사상에 대해 평강산이는 명확한 체계가 없고 단지 막연한 사회주의연구를 위한 것으로 평가하였고[11] 경북경찰국 자료도 역시 명확한 사상적 체계가 없는 추상적, 사회주의적 민족주의라고 지적하였지만[12] 그들의 단체명이 아나키즘을 상징하는 '흑색'임과 그들이 간행한 『흑도』의 내용을 분석할 때 아나키즘적 경향이 강한 단체였음을 알 수 있다. 『흑도』는 일본내 한인 최초의 아나키즘적 경향의 기관지로서 일본내 한인사회주의운동의 성격을 이해함은 물론, 한인아나키즘운동의 주요한 두 흐름중 하나인 일본내 한인운동을 규명하는데 중요한 잡지이다. 본고에서는 주로 이들 일본내 한인 아나키스트의 간행물의 내용을 분석하여 일본내 한인아나키즘운동의 성격을 분석하고자 한다.

일본내 한인 최초의 아나키즘 간행물인 『흑도』의 「창간에 즈음하여」라는 글에서

> "우리들은 인간으로서, 약자로서 절규할 수 밖에 없는 소위 불령선인의 동정을 조선과 일본의 아직 경직되지 않은 인간미가 있는 많은 일본인에게 소개하고자 흑도회의 기관지『흑도』를 창간하는 것이다. 우리들

---

8) 암좌작태랑은 한인들에게 에스페란토어를 지도하는 등 한인아나키즘운동의 적극적 후원자의 한사람으로 자신의 집에서 한인학생들과 에스페란토를 학습중 경찰에 의해 강제해산된 일도 있었다.(제3장 각주 9 참고)
9) 『흑도』는 1922년 7월 10일 창간호를 발간하고 8월 10일 2호로 폐간하였다.
10) 경북경찰국, 앞의 책, 162면; 평강산이, 앞의 책, 285면.
11) 평강산이, 앞의 책, 285면.
12) 경북경찰국, 앞의 책, 162면.

의 앞에는 허다한 장애물이 있다는 것을 알고 있다. 그러나 이들 장애물을 모두 정복할 때, 그리고 세상의 많은 사람들이 우리들을 돌아볼 때, 그때 우리들의 날은 오는 것이다. 그때야 말로 진정으로 일선융합, 아니 만인이 갈망해 마지 않는 세계융합이 실현될 것이다. 그것은 어떤 국가적 편견도, 민족적 증오도 없을 것이다. 우리들은 그 때를 위하여 미력을 다하려고 한다. 아무쪼록 우리들의 뜻을 양해하려는 여러분들은 정신적으로 혹은 물질적으로 크게 후원해 주시길 기대하는 바이다"13)

라고 일본내 약자로서의 한인의 동정을 일본내 지식인들에게 알리기 위하여 잡지를 발간한다고 전제하고 국가적 편견, 민족적 증오가 없는 진정한 한일 양국민의 융합을 목표로 하는 사회를 지향한다고 천명하였다. 여기서 말한 한일 양국민의 융합은 물론 후일의 대동아공영권과는 질적으로 다른 아나키즘적 관점에서의 완벽한 평등을 기초로 한 사회주의사회를 말하는 것이다. 이들이 말한 장애물이란 정치, 경제, 사회, 문화적 모든 것을 포함한 인종적 차별이었으며 이들이 호소한 일본인은 지식계급을 말한 것이다.

이들의 인식은「선언」에서 보다 분명하게 살펴볼 수 있다. 「선언」에서는「창간에 즈음하여」에서 설명한 취지를 부연설명하면서 아나키즘적 관점에서 사회혁명과 조선인의 권리를 주장하였다. 흑도회의「선언」은 다음과 같다.

1. 우리는 어디까지나 철저하게 자아에 산다. 나날의 一擧, 一動이라도 그 출발을 모두 자아에서 구하지 않으면 안된다. 우리는 철저한 자아주의자로서 인간은 서로 헐뜯는 것이 아닌 상부상조하지 않으면 안된다는 것과, 헐뜯는 것이 아닌 친하게 지내고 도울 수 있다는 것을 발견하였다.
2. 우리는 각인의 자아를, 자유를 무시하고 개성의 완전한 발전을 방해하는 그 어떤 불합리한 인위적 통일에도 끝까지 반대하며 또 그것을 파괴하는데 전력을 다한다.

---

13)「창간에 즈음하여」,『흑도』창간호, 1922.7.10.

3. 우리는 어떠한 고정된 주의도 없다. 인간은 일정한 형의 틀에 빠지면 퇴락하고 사멸한다.
4. 우리는 스스로 해야 할 것과 그렇지 않은 것을 우리 자신이 스스로 다스린다. 외부의 어떤 강한 권력도 우리 행동을 제어하는 것은 불가능하다.
5. 여기에서 우리들은 우리들 자신의 입장을 분명하게 선언한다. 자아의 강한 욕구에서 발생한 것이라면 그것이 우리들에게 진이고, 선이고, 미이다.
6. 우리에게서 소위 절대진리나 대법칙은 없다. 그런 것은 모두 우리 자신의 내면적 욕구의 진화발전과 함께 변화한다.[14]

이들이 주장한 대로 모든 것의 출발을 '自我'에서 시작하는 태도는 지극히 개인주의적 태도로서 이를 토대로 자아와 자유 그리고 개성의 완전한 발전을 저해하는 그 어떠한 것도 반대하고 파괴하겠다는 논리는 아나키즘중에서도 스티리너의 개인주의적 아나키즘이다. 또한 그들에 있어서도 특정한 도그마에 빠지지 않겠다고 선언하고 자아의 강한 욕구에서 발생한 것이면 그것이 진이고 선이고 미라고 주장하였다. 흑도회의 선언에서 주장한 자아주의자, 상부상조, 권력반대 등에서 흑도회가 아나키즘조류중에서도 스티리너계통의 개인주의적 경향이 강했음은 이들이 대부분 학생신분이었으며 고학생으로서 사회생활을 어렵게 시작한 상황에서 부딪친 자본주의적 현실과 모순이 개인주의적 경향으로 흐르게 했으리라 믿어진다. 이것은 이후 전개되는 일본내 한인아나키즘운동이 중국내 한인운동과 비교하여 이론에 집착하는 경향을 보여주는 데에서도 확인할 수 있다. 이와 같은 개인주의적 경향은 일본내 한인아나키즘운동에서 중요한 역할을 수행한 박열의 처인 金子文子에게서 더욱 확연히 찾아볼 수 있다.[15] 그녀는 유년기

---

14) 「선언」, 『흑도』창간호, 1922.7.10.
15) 김자문자는 계리언, 대삼영 등의 글에 영향을 받고 1921년경 부터 사회주의자가 된다. 1922년 3월 사회주의자 岩崎가 운영하는 음식점에서 일하던중 여기에 출입하던 박열과 만나 동지관계가 되었다.(布施辰治:강일석역, 『박열투쟁기』, 조

의 비참한 생활을 통하여 일종의 허무사상을 갖게 되었으며, 부모라는 개념까지 사랑은 주지 않고 결과만을 훔치려는 소유욕의 변태라고 인식하게 된다.16) 따라서 김자문자의 사고에는 이 소유라는 개념이 중요하게 자리 잡고 있다. "나는 인간사회의 모든 현상을 다만 소유감, 즉 가지려고 하는 힘으로서 설명하고자 하며 또 설명할 수도 있다고 생각한다. 인간에 있어 소유욕, 즉 가지려 하는 욕구에 모든 것이 걸려 있다. 소유욕이라는 것은 생명욕이 그 한계를 넘어서 인간생활 위에 넘치는 것의 별칭이다. 그것은 자기를 사랑하고 자기를 이해하게 한다는 형으로 나타난다. 나는 사람이라는 것은 결코 他를 사랑할 수 없다고 생각한다. 사랑하는 것은 항상 자기이다. 모든 사람은 에고이스트라고 생각한다. 그러나 그 자기라는 것은 결코 고정되어 있지 않다. 자아는 신축적이다. 때로는 국가로, 인류로 확대되는 경우도 있다. 또 때로는 그 자기 일개의 개체중에서도 자타의 대립을 보게된다. 인간사회에 있어서 소위 사회적 결합은 다만 이 자아의 신축성 위에서만 유지되는 것이다."17) 그녀는 인류사회에 있어 선은 각 사람의 공존공영의 상태이지만 생존의 법칙, 즉 우성열패의 필연은 이 선을 불허한다고 주장하고 고로 '반역하라, 반역하라, 모든 힘에 반역하라, 강한 힘에 제재를 하는 것이 선이다. 즉 압제자에 반역하는 것이 피압박자에 대한 선인 동시에 그것은 전인류의 선'이라고 주장한다.18) 그녀의 이러한 모든 것에 대한 반역의 정신은 이들 초기 일본내 한인 아나키스트의 기본정신으로 자리잡아 이후 그들의 급진적 테러행위를 정당화하며 천황암살까지 기도하게 되었다고 믿어 진

양사, 1948, 182면) 특히 유년기에 대한 그녀 자신의 회상이 김자문자(최상덕 역), 「김자문자옥중수기-무엇이 나를 이렇게 만들었나」, 『혜성』7~10호, 1931.10 ~1932.1.에 있다.
16) 포시진치, 앞의 책, 181면.
17) 포시진치, 앞의 책, 191~192면.
18) 위와 같음.

다.

혹도회의 이러한 아나키즘적 경향은 기본적으로는 자본주의에 대한 모순에서 출발하며 이는 이강하의 「오등의 절규」에서 더욱 분명하게 읽을 수 있다. 그는 자본주의적 병폐에 대하여 신랄하게 규탄하면서

"오등의 무산계급은 세계도처에서 열혈의 절규를 하고 있다. 자유를 얻기 위하여, 평등을 얻기 위하여, 빵을 얻기 위한 절규인 것이다. 우리들 무산계급은 저들 브루조아들의 압박과 약탈때문에 참담한 피를 역사에 물들였다. 지금도 여전히 그 상태다. 현재 우리들의 눈에 비치는 그 모든 것이 그 사실을 말하고 있지 않은가. 보라 형제들아, 우리들은 새벽부터 밤중까지 온종일 일을 하여도 한 쪽의 빵조차, 한 벌의 옷조차, 한 칸의 집조차 구하지 못한다. 뿐만 아니라 굶주리고 동사하는 지경에 달하여 마치 들개들처럼 비참하게 죽어 간다. 아, 이 얼마나 부자연, 불합리한 인류사회인가? 아등은 이 부자연, 불합리를 타파하여 자유평등을 요구하는 정의의 절규자들이다. 우리의 형제들이여 열정으로 일어서라. 열혈로서 절규하라. 상호부조가 아등의 무기다. 이 강력한 무기로 그들 브루조아의 아성을 무너 뜨리자. 자본가들로 하여금 이러한 횡포를 휘두르게 한 것은 우리들 무산계급의 無力을 뜻한다. 지금의 사회제도가 불합리한 사실을 알면서도 따르고 있는 것 역시 우리의 무력을 뜻한다. 자유와 평등은 우리들을 기다리고 있다. 투쟁없이 어느 곳에 평화가 있을 것인가"[19]

라고 역설하였다. 이강하는 이 글에서 자본주의적 비참한 생활에 처한 노동자들이 불합리하고 부자연스런 상황을 타파하여 정의로운 사회로 가기 위하여 상호부조의 정신으로 투쟁하자고 주장하였다. 이강하는 자본계급의 횡포는 무산계급이 무력하기 때문이며 이 제도에 순응하는 것도 무산계급이 무력하기 때문이라고 인식하고 이를 타파하자고 주장하였는데 그 방법은 물론 평화적 방법이 아닌 폭력적 방법으로 투쟁하자고 호소하였다.

아나키즘에 영향을 받은 일부 재일 한인학생들의 이러한 급진적 경

---

19) 이강하, 「오등의 절규」, 『흑도』창간호.

향은 한 한인 학생의 집에 걸어 둔 표어에서도 확인할 수 있다.

"넘어지는 놈은 넘어 지게 하라. 그 때에 연민은 금물이다. 적극적으로 가세하여 죽음의 고통을 감하여 주자. 힘, 그렇다, 모든 것이 다 힘이다. 여하한 장소에서도 또 여하한 시대에서도 이것은 일절의 神聖化, 美化, 眞善化를 시켜 준다. 우리들은 모두 이 힘의 소유자가 되어야 한다. 왜냐하면 우리들의 생명을 보다 완전하게 진화, 창조시킬 수 있는 것은 이 힘이 있어야 가능하기 때문이다. 만인은 모두 나의 적으로, 자기를 충실하게 하여 일절의 불합리한 인위적 통일을 배척하자. 힘을 요구하는 무수한 언변보다, 천만마디의 말보다 한번의 실행이 효과가 있다. 우리들에게 절대적 진리, 대법칙은 무용하다. 우리들이 우리의 정의생활을 만족시키길 원한다면 반드시 신진리, 신법칙을 창조하지 않을 수 없다. 추상적인 탁상이론은 우리 운동에는 무용하다. 이것들은 학자들의 자위적인 사치품에 불과하다. 오직 강한 자기의 체험에서 우러 나온 이성의 빛이 최고의 힘있는 이론이며 가장 필요한 이론이다. 이론을 위한 이론은 집어 치워라. 시기나, 기회가 되면 하자고 말하는 때는 천하대평한 느긋한 시대다. 시기나 기회는 우연히 오는 것이 아니고 언제라도 우리들의 노력과 분투에 의해서 만들어 지는 것이다. 또 시대에 의존하지 말고 시대가 우리들에게 의존해야만 한다. 이 지상에서 모든 권력을 매장하라. 분투하여 자유를 탈환하라. 횡포한 금력, 권력에 대항하여 정의의 해적이 되어라"20)

한 재일 한인학생의 방에 걸린 위의 글은 다아윈의 적자생존에서의 힘의 원리, 강자의 원리와 스티리너의 급진적이며 개인주의적 자아주의가 동시에 표현되고, 또한 바쿠닌의 폭력적 투쟁이론이 혼재되어 있다. 일제의 탄압하에 고통받던 지식인들이 일제구축을 위하여 모든 가능한 수단을 차용하고 이를 활용하고자 한 모습을 보여 주고 있다. 위의 표어에서도 재일 한인 학생들의 급진적 성향의 아나키즘, 특히 스티리너의 개인주의적 아나키즘에 영향을 받고 있음을 알 수 있다.

흑도회는 1922년 11월 박열, 백무, 조봉암, 서상일, 이용기, 이옥

---

20) 「친구의 집의 벽에서」, 『흑도』창간호.

등의 자유연합적 아나키스트의 실행파와 김찬, 김종범, 이명건, 김약수 등의 중앙집권적 볼쉐비키의 이론파로 양분된다.21) 재일 한인 최초의 사상단체였던 흑도회에는 권위주의적 사회주의를 포함한 온갖 종류의 급진적 사회주의조류가 병존하였지만 그 중에서 특히 아나키즘적 경향과 코뮤니즘적 경향이 양대 산맥을 이루었으며 이들이 병존할 수 없음은 이미 예견된 일이었다. 이것은 물론 조직의 운영문제를 둘러 싼 양측의 기본적인 인식의 차이에서 비롯되었다. 박열의 아나키즘측은 풍뢰회를 조직하였으나 1923년 2월 흑우회로 개칭하고 기관지『불령선인』(후도이 센진)을 발간하였다. 그러나 일제가 간행물의 제목이 불온하다고 발간을 금지하자 일본발음 후데이센진과 비슷한 후도이센진(太い鮮人: '나쁜 조선놈'이란 뜻)으로 다시 개명하였다. 그러나 이 제목도 사용이 금지되자 발간 2호만에 중단하고 곧『현사회』로 개제하여 발간하였다.22) 전술한 것처럼 박열은 국내에 아나키즘단체를 조직하려고 시도한 적이 있었으며 이후에도 여러 차례 국내와의 연계활동을 기도하였다. 또한 信濃川事件(新潟懸事件)의 한인노동자의 피해를 위하여 활동하였다.

박열은 1922년 5월경 일본인 사회주의자인 금자문자와 동지관계로 발전하였으며 이 시기부터 아나키즘의 실현을 위해 급진적 투쟁방법을 차용하기로 하였다. 그 대표적인 예는 1923년 10월 예정의 일본황태자의 결혼식에 참석하는 요인암살계획이었다. 이를 위하여

---

21) 경북경찰국, 앞의 책, 162면. 한 공산주의자의 회고에도 이 시기의 동경내 한인들의 사상이 아나키즘과 마르크시즘으로 나뉘어 분열중이었음을 보여준다.(송봉우,「어떤날 밤의 회합」,『동광』26호, 1931.10, 39~40면 참조)
22) 이홍근에 의하면『현사회』는 1923년 7월 창간하여 월1회 300부를 일문으로 발행하였다(李弘根,「歷史的 進軍에의 同參」,『국민문화회보』11호, 국민문화연구소, 1983.4., 10면) 이홍근은 동경으로 가기 전 대삼영의「자유의 선구」,「정의를 구하는 마음」,「일본탈출기」, 크로포트킨의「청년에 고함」,『상호부조론』에 영향을 받아 아나키스트가 되었다.(9면)

1923년 5월 최규종, 소천무, 홍진우, 장찬수, 육홍균 등과 함께 불령사란 비밀결사를 조직하고 김중한을 상해에 파견하여 폭탄을 구입하기로 하였으나 1923년 9월의 일본의 대지진시에 모두 피포되어 계획이 무산되었다.23) 예기치 않은 지진으로 인하여 이들 한인아나키스트들은 박열을 비롯한 주요 간부를 잃었지만 풀려 난 단원들은 명칭을 흑우회로 변경하고 활동을 계속하였다.

결론적으로 1922년과 1923년간의 박열을 필두로 한 재일 한인아나키즘운동은 그들이 수용한 이론을 토대로 급격하게 좌경적 경향을 보여 주는데 그것은 스티리너의 개인주의적 아나키즘경향과 바쿠닌의 급진적 아나키즘경향이 서로 혼합된 것이라 할 수 있는데 이는 순수한 아나키즘이론 및 투쟁원칙에 집착하였기 때문이었다. 이와 같은 성향은 그들의 기관지에 나타난 글들에서 확인할 수 있다. 이들은 당시 천황제의 일본에서 일본제국주의의 상징인 천황을 제거하는 것이 조선과 일본을 위한 최상의 방책이라고 인식하고 행동에 의한 투쟁으로 방향을 잡았다. 이것은 박열의 「직접행동의 표본」에서도 적절하게 표현되고 있다. 직접행동의 효과에 대해 평상시에는 법률, 도덕, 습관 등을 최고의 도덕적 가치로 삼는 일본의 사법관계자들이 직접행동에 의한 힘의 투쟁앞에서는 무능하다는 것을 감옥에서 직접 경험하고 오로지 직접적인 투쟁만이 목표를 이룰 수 있는 가장 확실한 길임을 강조하였다.24)

박열의 피포이후 재일한인아나키즘운동은 침체상태에 빠졌음에도 그들의 활동은 항상 감시대상이 되었다. 일제도 사찰보고에서 주의를

---

23) 평강산이, 앞의 책, 290면; 경북경찰국, 앞의 책, 162면. 폭탄구입비용 1,000엔은 흑우회기관지 『현사회』의 광고료로 충당하려고 하였다. 박열을 비롯한 불령사원은 모두 체포되었는데 박열, 김중한, 최규종, 육홍균, 서동성, 정태성, 장상중, 하세명, 한예상, 서상강 등 한인 11명, 김자문자 등 일본인 6명으로서 박열, 김자문자, 김중한을 제외한 나머지는 예심에서 면소되었다.
24) 박열, 「직접행동의 표본」, 『흑도』창간호.

요하는 단체로 흑우회를 주시하고 이들의 활동을 자세하게 관찰하였다. 지진직후 高尾平兵衛의 社會葬에 흑우회는 북성회, 동경조선노동동맹회와 같이 참가하였으며 이 사회장에는 김약수, 백무, 변희용, 손영극, 최갑춘, 이헌 등 50여명이 참가하였다. 특히 흑우회는 사회장 가담이래 戰線同盟, 抹殺社 등의 일본인사상단체와 밀접하게 협력하며 활동하였다.25) 이 시기의 재일한인의 사상동향에 대한 일제보고는 어느 정도 정확하게 평가한 것으로 판단되는데 그것은 다음과 같다.

"한인들이 민족주의와 사회주의로 양분되어, 전자는 구미열강의 동정에 의해 독립을 달성하려는 타력에 의한 독립주의를 주장하고 근일에는 민족문화의 향상을 촉진하며 실력을 양성하고 민족사상을 보급시켜 한인을 단결시켜 사상통일과 민족자립을 도모하는 자주적 독립사상으로 전이 중이나, 일반적으로 한인들의 사상은 민족주의가 사회주의를 가미하고, 반대로 사회주의운동자가 민족운동을 가미하고 또는 사회주의운동으로 민족운동의 측면운동을 삼으려고 하는 정황으로 매년 민족주의에 사회주의를 가미하는 자가 증가하는 경향이다"26)

위의 보고에서 사회주의적 경향이 학생들에게 영향을 주고 있으며 이것은 점차 일반노동자에까지 확대되고 있음을 알 수 있다. 일제는 한인노동자에 대해서도 주목하고 대부분의 한인노동자는 교육도 제대로 받지 못하고 벽지에 있기 때문에 정치사회적 문제에 접할 기회가 많지 않아 우려할 바는 못되나, 도시의 한인노동자는 일본사회운동에 자극을 받거나 좌파한인의 선동으로 계급의식이 자각된 자가 증가하는 추세에 있음을 보고하고 있다.27) 이들 한인노동자들은 단체로 노

---

25) 조선총독부경무국동경출장원의 1924년 5월 「재경조선인상황」보고, 박경식편, 『재일조선인관계자료집성』1권, 한국학진흥원, 1975년, 139면.
26) 경보국보안과의 1926년 12월 「재류조선인의 상황」, 박경식편, 203면.
27) 『독립운동사』, 38면.

임문제를 제기하면서 본격적인 노동운동을 시작한다. 이들 노동운동은 동경, 대판 등지의 대도시에서 산발적으로 이루어 졌으나 1924년 경부터 동경조선노동동맹의 李憲 및 대판조선노동동맹의 宋章福이 연합하면서 활발하여졌다. 이들은 재일한인노동자를 단결시키고 한일노동자의 대동단결을 도모하였다. 이들은 단독행동은 세력이 미약하고 효과가 적음으로 종래의 분리할거시대를 지양하고 일인단체의 원조가 필요하다고 인식하였다. 이후 한일 양국민의 연합투쟁도 증가하였는데 이를 일제사료는 한인들이 선동에 쉽게 물들고, 한인의 일제에 대한 민족적 감정을 일본무산자해방운동에 이용하려는 기도하에 양자가 서로 이용하는 경향이 증가하였다고 분석하였다.28)

1925년의 정세보고에 따르면 재일한인이 전년에 비해 18,000명이 증가하였으며, 각종 단체도 1925년에 59개가 신설되었는데, 이중 노동 내지 사상단체가 10여개로 일제는 이를 '미증유의 현상'이라고 보고하고 있다.29) 일제는 특히 1925년의 상황을 '종래의 개인적 편견을 버리고 단결하여 대중을 포옹하는 신조직으로 진지하게 나가는 경향'이라고 인식한 것은30) 일본내 한인의 합작운동이 이 시기를 전후하여 시작되고 있음을 보여 준다. 또한 한인들도 일본노동단체에 대해 현재는 활동이 미미하나 곧 근로대중적 정당을 조직하면 장래의 조선해방운동에 힘이 될 것이므로 이들 일본정당에 가맹하여 한인노동자의 권리를 옹호하고 세력을 집중하면 한인노동자의 해방을 기할 수 있다고 생각하였다. 이를 일제는 '가히 한인조직운동이 그 여명기에 접어 들은 것 같다'고 한인운동이 전반적으로 활발해 지고 있음을 보고하고 있다.31)

---

28)『독립운동사』, 38면.
29)『독립운동사』, 39면.
30)『독립운동사』, 39면.
31)『독립운동사』, 39면.

이러한 한일노동자의 연대는 다양한 형태로 나타났다. 조선노동총동맹 및 일월회가 주최한 조선수해구제 연설회에 일본의 정치연구회, 일본노동총동맹 외 11개 단체가 후원하였으며 정치연구회 및 관동노동조합 등 각 단체는 조선기근 및 수해구제위원회를 조직하고 의연금을 모금하는 등의 활동을 하였다. 日月會는 上田茂樹, 蒲田武雄 등과 함께 극동사회문제연구소를 조직하고 일본훼비안협회를 중심으로 韓日中의 연맹을 기도하는 등 한일간 지식인 및 노동자의 연대가 크게 강화되었다. 이를 일제는 한일간의 제휴가 '신기원을 획한 듯하다'32) 라고 우려하였다.

1926년 3월 29일 흑색청년연맹이 후원하여 500여명이 참석한 조선문제후원회에서 암좌작태랑, 근등헌이 등이 연설하고 椋本運雄, 武良二, 平野小劍, 등은 조선문제의 해결은 정치, 교육, 종교적으로는 절대 불가능하고 특권계급의 우월감을 타파하는 것이 중요하다고 주장하였다.33) 이 시기 합법적 경제저항단체로 1926년 5월 23일 동경에서 학생들이 조직한 협동조합운동은 1. 우리들은 협동자율적 정신을 가지고 민중적 산업관리와 민중적 교양을 쌓는다 2. 우리들은 위의 목적을 관철하기 위하여 조합정신의 고취와 조합의 실제 경제를 기약한다라고 주장하며 아나키즘적 정신을 고취하였고 조선의 경제실상을 알리기 위해『조선경제』를 간행하였다.34)

불령사사건 이후 한인아나키즘운동은 일시 침체되었으나 장상중, 이홍근, 원심창 등이 이혁, 맹형모 등의 무산학우회와 최낙종, 변영우 등의 동흥노동동맹회와 협력하여 운동을 진흥시켰다.35) 또한 국내로 귀국한 서상경과 홍진우가 박열의 의지를 계승하여 국내에서 흑기연

---

32)『독립운동사』, 39면
33) 경보국보안과 1926년 12월 보고, 박경식편, 210~211면.
34) 조선총독부경무국,『고등경찰용어사전』, 67~68면.
35) 경북경찰국, 앞의 책, 163면.

맹을 조직하고 서동성이 진우연맹을 조직하였다. 1925년 7월 박열의 처 김자문자가 감옥에서 사망한 사건은 박열부부의 괴사진사건으로 확대되어 일본정계에 파문을 일으켰다. 한 연구자는 이 사건을 계기로 아나키즘운동이 일반사회의 주목을 받게 되어 운동이 점차 불리한 위치로 전락하게 되었다고 지적하였다.36)

이 시기 흑우회에서 분리한 최낙종, 최상렬 등은 1926년 9월 동경에서 관동동흥노동동맹을 조직하고 장상중, 정태성 등은 흑우회를 흑우사로 개칭하였다.37) 원심창, 육홍균 등은 1926년 11월 흑우회를 흑색전선연맹으로 개칭하고 '자유연합주의를 고취하며 피지배자의 해방은 그 자신의 힘으로 해방하지 않으면 안된다'라는 슬로건하에 활동을 계속하였다.38) 이 시기에 일본에 건너 간 이홍근에 의하면 박열사건으로 면소 처분된 신영우, 홍진우, 서상강, 육홍균 등은 귀국하고 장상중, 정태성, 최규종, 한현상 등이 흑우회를 중심으로 운동을 계속하였지만 활동은 부진하였다고 한다.39)

1926년 5월 최규종, 원심창 등은 흑색운동사란 명칭으로 흑우회의 기관지 『흑우』를 발행하면서 세력만회를 시도하였다. 이홍근에 의하면 그 자신이 기초한 아나키즘이념의 강령하에 주기적으로 암좌작태랑, 석천삼사랑, 팔태주삼, 망월주 등을 강사로 초빙하여 연구회를 개최하였는데 팔태주삼은 전임강사의 역할을 수행하며 많은 도움을 주었다고 한다. 『흑우』는 국한문으로 매월 1회 발간하기로 계획하였으나 여의치 않아 얼마 후 일본어판 『자유사회』란 명칭으로 수차례 발

---

36) 평강산이, 앞의 책, 287면.
37) 평강산이, 앞의 책, 287면.
38) 평강산이, 앞의 책, 286면; 경북경찰국, 앞의 책, 163면.
39) 이홍근, 앞의 글, 10~12면. 이홍근은 흑우회 재건문제를 김정근, 원심창과 상의하고 장상중에게 협조를 요청하여 高田雜司谷에 사무실을 얻었으나 1년후 戶塚源兵衛 141번지로 옮겼다. 이곳을 중심으로 장상중부부, 원훈, 육홍균 등이 활동하며 수년동안 흑우회발전의 '총본영'이 되었다.

간하였다. 이들은 1926년 1월 21일 발족한 일본흑색청년연맹에 가입하고 일본아나키즘잡지인 『黑色靑年』, 『小作』, 『勞動運動』 등을 구독하여 이론을 연구하는 한편 출판물을 통하여 국내는 물론 만주와 중국까지 통신망을 구축하였다.40) 당시 흑우회 사무실에 있었던 표어는 1920년대 중반의 일본내 한인아나키즘운동의 성격을 잘 대변해 준다.

> 자본가와 동일한 적인 공산당일파를 배격하자,
> 직업적 운동자를 방축하고 정치운동자를 매장하자,
> 중앙집권주의를 배척하고 자유연합주의를 고창하자,
> 피정복자의 해방은 그 자신의 힘으로 하자,
> 중앙집권주의의 공산당을 박멸하자,
> 賣名的 운동자를 구축하자.41)

위의 표어는 1920년대 중반 아나키즘의 대공산주의입장을 보여 주는 구호로서 공산주의자를 자본가와 동일한 적으로 규정함은 물론 민족주의자까지 직업적 운동자의 범주에 포함시켜 비판하고 있다. 이후 장상중, 원심창 등은 1926년 11월 12일 흑색청년연맹을 불령사로 개칭하고 1926년 12월 기관지『흑우』제2호를 발간하는 등의 활동을 계속하였으나 일제의 압력이 강화되어 활동이 위축되었다.42) 1927년 2월경에는 불령사를 다시 흑풍회로 개칭하였다.

1920년대 중반이후 일본내 한인아나키즘운동은 공산주의계열의 위협에 직면하게 되었다. 물론 국내에서 처럼 아나키즘운동은 공산주의 세력의 신장에 반비례하여 약화되었는데 특히 1920년대 중반 이후 그 현상이 심화되었다. 이런 현상은 1926년 3월 일월회주최 강연회에서의 흑우회원에 의한 비방으로 표면화되어 그 암투는 심각한 상황

---

40) 이홍근, 앞의 글, 12~13면.
41) 박상희,「동경조선인제단체역방기」,『조선사상통신』, 1927.12.13.
42) 평강산이, 앞의 책, 286면; 경북경찰국, 앞의 책, 163면.

으로 발전하였다. 이에 아나키즘 계열에서는 세력을 만회하기 위하여 장상중, 이홍근 등이 일본인아나키스트 팔태주삼, 신거격, 망월계 등과 1927년 2월 흑풍회사무소에 흑풍회의 별동대로 오우영으로 하여금 조선자유노동자조합을 조직하게 하는 한편 재일본조선노동총동맹 계인 동흥노동동맹을 흑풍회의 세포단체로 만들려고 시도하였으며 동흥자유노동조합을 산하에 설치하였다.43) 1927년 6월에는 동경조선인신문배달인조합을 결성하여 학생층의 세력확보에도 힘을 기울였으나44) 사실상 아나키즘활동은 침체기로 접어 들었다. 이 시기에 대해 평강산이도 '점차 공산주의운동이 발흥하여 민족주의자는 물론 무정부주의자도 공산주의로 가는 사람이 속출하였다'45)라고 지적하였다.

이와 같이 국내와 마찬가지로 일본에서도 1920년대 중반 신간회결성시기를 전후하여 아나키즘대 볼쉐비즘의 투쟁이 격화되었으며 이로 인해 양측에서 다수의 희생자가 발생하였다. 아나키즘운동의 침체원인이 공산주의자의 농간이라 인식한 아나키즘계열에서는 적극적인 대공산주의투쟁을 전개하였다. 그 대표적인 사건들은 1928년 2월에 동경의 상애회원이 구타당한 일이 발단이 되어 아나키스트대 상애회원의 충돌사건이 발생하였으며 1928년 5월에는 회원쟁탈의 건으로 분규가 있었고 1928년 5월 30일에는 아나키스트 이혁, 원심창이 공산주의자를 습격한 사건이 있었다. 또한 1928년 6월 원심창 등은 민족주의자와 공산주의자들이 연합하여 개최하는 동경유학생학우회의 운동회를 저지하기 위하여 운동회준비위원회가 있던 신간회 동경지부사무소를 습격하였다. 이후에도 흑우연맹은 극동자유노동조합을 결성하는 등 아나키즘운동의 만회를 기도하였으나 전체적으로는 공산주의세력에 점차 그 자리를 양보하지 않을 수 없게 되었다.46)

---

43) 평강산이, 앞의 책, 286면; 경북경찰국, 앞의 책, 163면.
44) 평강산이, 앞의 책, 286면.
45) 평강산이, 앞의 책, 286면.

일본내 한인아나키즘운동은 동경이외의 도시에서도 활발하였지만 특히 대판의 활동이 두드러 졌다. 대판에서는 조선노동공제회에서 활동하였던 고순흠이 1924년 3월 도일하여 대판의 유일한 사상단체였던 南興黎明社에서 활동하며 최선명, 김봉화와 함께 1924년 6월 2일 조선무산자사회연맹을 조직하였다. 그는 공산주의운동단체였던 대판조선노동동맹회와 연락하는 한편, 1924년 6월 28일 조선무산자사회연맹, 대판조선노동동맹회와 공동으로 조선인언론집회압박탄핵대회를 개최하였으며 민족주의단체였던 관서조선인삼일청년회, 대판조선유학생학우회와도 협력하였다. 또 1924년 7월 20일에는 조선무산자사회연맹, 대판조선노동동맹회, 관서조선인삼일청년회, 대판조선유학생학우회의 네 단체와 공동으로 조선인문제대회를 개최하는 등의 활동을 하였다. 1924년 대판의 조선인 노동운동이 대두될 때 각지에서 노동단체가 조직되었는데 고순흠은 대판노동동맹회를 통하여 조선인여공보호연맹회를 조직하고 한인 여자노동자의 권익보호를 위하여 노력하였다. 당시 대판의 한인여자노동자 대다수가 제주도출신이었기 때문에 고순흠의 세력은 계속 확대되어 1925년에는 조선자유노동연맹, 대판자유노동자연맹 등의 창립을 통하여 한인노동자의 사상계발에 주력하였다.47)

1920년대의 일본내 한인아나키즘운동은 1927년 신간회결성을 전

---

46) 이러한 열세를 만회하기 위하여 한하원, 이시우 등을 중심으로 한 소장파는 더욱 급진적 행동을 주장하였다. 그 밖의 활동으로는 1928년 9월 중국에서 개최된 동방연맹에 대표를 파견하려 하였으나 실현하지 못하였으며, 제주도인 고병희 등 6명은 1929년 5월 경 아나키즘실행의 준비단계로서 우리계를 조직하여 장래의 소비조합의 모체로 만들려고 하였다.(평강산이, 앞의 책, 287면; 경북경찰국, 앞의 책, 163면)
47) 대판의 아나키즘운동은 1927년 7월 도일한 제주도 신좌면 조천리 출신의 김문준이 활약하면서 공산주의운동에 잠식당하였다. 이를 한 저서에서 '고순흠의 시대는 가고 김문준의 천하'가 되었다고 표현하였다.(평강산이, 앞의 책, 289면)

후하여 공산주의계열과 이론투쟁에 접어 들고 국내에서와 같이 공산주의세력에 그 영향력을 잠식당하게 된다. 1926년 7월 이래 일본내 한인 아나키스트들이 국내로 귀국하는 추세에 있다고 한 일제의 보고는48) 이러한 일본내 운동의 한계를 극복하는 동시에 침체된 국내운동의 활성화를 위하여 귀국한 것이 아닌가 사료되며 이것은 이후 국내운동이 활발해 지는 것으로도 알 수 있다.

이상과 같은 1920년대 일본내 한인아나키즘운동은 유학생을 중심으로 국내보다 일찍 시작하여 주로 급진적 아나키즘이론에 집착하면서 일본내 한인들의 사상운동을 주도하였으나 1920년대 후반으로 접어 들면서 쇠퇴기를 맞이 하게 된다. 그러나 일본내 한인 아나키즘운동은 국내와 중국의 입장과 다른 순수 아나키즘이론으로 무장하여 국내에 직접적 영향을 주었으며 이것은 한국아나키즘운동사상 독특한 위치로 남아 있다.49)

2. 재일한인아나키즘의 대공산주의비판

1920년대의 재일한인아나키즘운동은 후술할 재중한인아나키즘운동과 비교하여 그 이론적 근거가 명백하다. 그것은 물론 이들이 대부분 학생신분이라는 특성과 함께 이해되어야 할 문제로서 일제하 한인 아나키즘운동의 이론에 대한 자료가 미흡한 현실에서 그 사상을 일정부분 조감할 수 있기 때문에 그 가치가 있다. 본 장에서는 주로 그들의 기관지에 나타난 대표적인 글을 중심으로 재일한인 아나키스트들

---

48) 박경식편, 211면.
49) 1929년에서 1930년사이 일본내 한인아나키즘운동은 약간 상승세를 보였다. 이 시기에는 동경에만 7개 단체 회원 약 500명이 활동하는 것으로 추산되었는데 동경의 조직은 흑우연맹, 자유청년연맹, 동흥노동동맹, 자유노동자조합, 극동노동조합, 신문배달인조합, 흑기노동자연맹 등이었다.(김정명, 『자료집』, 128면; 평강산이, 앞의 책, 292면)

의 대공산주의인식을 살펴 보고자 한다.

　재일한인 아나키스트들은 볼쉐비스트들의 사상과 운동 및 전략에 대하여 격렬하게 비판하였다. 특히 박열의 「조선의 민중과 정치운동 사기적 권력광을 함께 배척한다」에서는 이를 논리적으로 비판하였다. 박열은 일본의 山川均이 무산계급의 방향전환을 주장한 이래 일본 볼쉐비스트들이 프로레타리아의 정치운동과 무산계급적 정당의 필요성 그리고 정치적인 전권력의 탈환을 주장하자, 동경의 한인 사회운동자나 노동운동자들에게도 이러한 경향이 침투되고 있음을 지적하면서 일본볼쉐비키에 동조하는 한인을 '일본 볼쉐비키가 인분을 밥이라고 하면 밥인줄 알고 기쁘게 먹을 것인가'라고 표현하며 격렬하게 비판하였다.50) 정치나 권력은 "그 속성상 소수의 사람들이 자신의 지배적 지위를 옹호하고 다수의 정직한 사람들을 착취하고 압박하기 위한 무기인 이상, 또 옛날의 미개민족의 부락회의와 같이 사회구성원 전원이 정치에 참여하는 것이 불가능한 이상, 이러한 그들의 주장은 잘못되었다"고 주장하고51)

　　"그런데 일부 볼쉐비키의 권력광들이 맹렬히 '대중이 해방전쟁에 승리를 얻기 위해서는 무산계급적 정당의 지도하에 정치운동을 하지 않으면 도저히 불가능하다'라고 떠들고 있는 것은 거기에 무엇인가 크게 어긋난 魂膽이 있을 것이다. 그렇다. 이것은 결국 그들 볼쉐비키의 권력광적 야심가들이 현재의 부루조아를 대신하여 그들 자신들이 민중을 지배하고 착취할 새로운 특권계급이 될 수 있기 때문이다. 이것은 민중을 기만하고 현재의 자본가의 국가권력에 아부하는 비혁명가적 비굴한 수작에 지나지 않는다"52)

라고 비판하였다. 박열은 이를 러시아의 실례를 들어 설명하고 있다.

---

50) 박열, 「조선의 민중과 정치운동-사기적 권력광을 함께 배척한다」, 『현사회』 4호.
51) 위와 같음.
52) 위와 같음.

러시아에서는 노동자가 노동자를 위한 정치를 하고 자본가만 압박한 다지만 이것은 거짓말이며 러시아의 노동자는 제정시대의 로마노프가와 유사한 소수 권력광적 공산당원 및 비밀경찰의 학대와 압박하에 고통당하고 있다. 이러한 것은 노동자들이 볼쉐비키정부에 반항하고 있는 사실로도 증명된다고 역설하였다.53) 프랑스, 영국, 미국 등 자본주의제국의 사회당이나 노동당의원들도 마찬가지로 노동자를 위하는 것이 아니라 오히려 노동운동이나 사회운동의 사정을 잘 알고 있는 것을 빌미로 가장 비열하고 교묘한 수단으로 노동자의 운동을 邪摩하고 있다고 지적하였다.54) 이러한 상황에서 가장 피해를 받는 사람은 당연히 무산노동자로서 그들의 앞잡이가 되면 안된다고 강조하였다. 노동운동의 본질은 부루조아계급의 전통적 압박으로 부터 자유스럽기 위한 운동이고, 또한 복수하기 위한 운동이기 때문에 그들에게 속아 스스로를 속박당하면 안되며 한걸음 더 나아가 그들을 타도하지 않으면 안되는 적으로 인식하였다.55) 현재의 프로레타리아에 비하여 모든 방면에서 유리한 부루조아들은 공산주의자들이 주장하듯이 결코 무산계급에게 정권장악의 기회를 주지 않을 것이므로 제네랄스트라이크에 의한 자본주의의 분쇄도 공상적이기 때문에 직접행동을 통하여 실현해야 한다고 주장하였다. 박열은 더우기 아무 것도 소유하지 않은 조선인에게 직접행동은 가장 유효한 수단이라고 인식하였다.

육홍근도 공산당의 이러한 점을 「소위 다수의 정체」에서 지적하고 있다. 육홍근은 먼저 소위 공산당식의 '다수'라는 개념에 대해 신랄하게 비판하였다.

---

53) 위와 같음.
54) 위와 같음.
55) 위와 같음.

> "다수는 힘이라고 한다. 질은 아무래도 좋다. 오직 머리수로 모든 것을 결정지으려는 놈들이 있다. 공산당들이 그들이다. 그렇다면 마치 다수당의 횡포로서 떠들고 있는 지금의 정우회와 하등 다를 바가 무엇이냐. 다수는 힘이라고 한다. 그것은 혹 사실일 수도 있다. 그러나 그 다수는 반드시 민중이라고 말할 수는 없다. 정우회는 돈으로 의회의 절대다수를 점하고 전횡을 휘두르고, 공산당도 자기들의 야심을 만족시키기 위하여 돈과 교언으로 00을 표방하면서 민중을 기만하고 있다. 도대체 다수란 무엇을 의미하는가. 그들은 '우리 말은 전 무산계급의 의지다' 라고 말한다. 이 말은 '무산계급은 나의 말에 복종하라' 도 된다. 또 그들이 말하는 '협동전선에 서라' 는 것은 '꾸물꾸물하지 말고 내 말대로 하기만 하면 된다' 라는 의미로도 된다"56)

라면서 다수란 결국 뇌수술로 뇌가 제거당한 기계같은 인간의 집합을 뜻하며 이 뇌를 제거당한 다수가 소수의 뜻에 의해 맹목적으로 움직였을때 그것이 소위 다수의 힘이 되는 것이라고 비판하였다. 그는 결론적으로 다수의 힘이란 결코 참된 다수 민중의 의지에서 나온 힘이 아니며, 의식없는 동체의 무신경에서 나오는 힘은 아무리 용감한 것일지라도, 또 그것이 민중을 위한 것일 지라도 목이 없는 민중 자신에게 있어서는 확실히 비극이라고 비유하였다.57) 또한 공산당의 소위 대중을 위하여 무산계급의 해방과 대중운동을 주도하는 것에 대해 비판하기를

> "그리고 그 수단으로서 방향전환을 외치고 보통선거운동과 정당조직의 필요성을 주장한다. 이러한 것은 모두 빈곤한 대중을 위한 것이라고 말한다. 그러나 그것은 그들 민중에 있어서는 쓸데없는 보살핌이다. 그들이 장관이 되든, 국회의원이 되든 그것이 그들 가난뱅이에게 무슨 상관이냐. 그들의 지위가 높아지면 높아 질수록 그들은 점점 혹독하게 착취당하고 압박을 당할 뿐이며, 조금도 도움이 되지 않는다. 이렇게 생각할 때 그들이 다수 운운하고 맹렬히 외치는 것은 결국 그들 다수 민중의

---

56) 육홍근, 「소위 다수의 정체」, 『현사회』4호.
57) 위와 같음.

힘을 이용해서 권력을 장악하고 자기들의 야심을 만족시키기 위한 구실이다"58)

이에 대중은 결코 이러한 야심가들의 말에 넘어 가서는 안되며 대중에게는 대중들 자신의 길이 있고 힘이 있기 때문에 자본가계급과 야심가들을 매장시켜야 한다고 주장하였다.59) 이러한 사고는 기본적으로 아나키스트의 대공산주의 인식으로서 공산주의자들의 궁극적 목표를 정권찬탈에 있다고 보기 때문이다.

재일한인 아나키스트들은 따라서 이 사회가 필연적으로 아나키즘사회로 발전할 것이라고 주장하였는데 이는 한현상의 「욕구」에서 잘 표현되고 있다. 그는 현재의 모든 사회운동의 제 양상은 현실사회제도가 얼마나 모순되었으며, 점차 자기 자신의 진실한 실체를 파악하게 되면서 종래의 역사가 얼마나 잘못되었는가를 인식하고 '반역과 의분이 폭발'하는 과정이라고 설명하였다.60) 따라서 현재의 불령선인의 발호, 볼쉐비키의 항전, 아나키즘의 권력부정, 조선의 형평운동, 일본의 수평운동 등이 억압된 생존권착취의 질곡을 자르고, 보다 나은 자기 본위의 세계로의 비약과 폭발의 리듬의 한 발로에 지나지 않는다고 역설하였다.61) 결국 이러한 운동은 계속된 투쟁으로 나타나며, 고정적이 아닌 현실을 부정하며 전진하는 투쟁으로 나타난다고 설명하였다. 따라서 생에 대한 투쟁은 끊임 없는 영원한 반역으로 나타나고 이것은 인류역사의 장마다 찾아볼 수 있다고 주장하였다.62) 즉 현재의 사회운동은 이러한 권력을 부정하면서 자기본위의 개성을 존중하는 근성에서 부터 출발하는 것임에도 불구하고 공산주의는 이러한 개

---

58) 위와 같음.
59) 위와 같음.
60) 한현상, 「욕구」, 『현사회』4호.
61) 위와 같음.
62) 위와 같음.

성을 존중하지 않는다고 비판하였다. 그는 "부루조아의 귀신은 별도로 하고 자유, 평등, 우애를 말하면서 제일로 마르크스를 우상신으로 받들고 권력장악의 반 광인적 창녀노릇을 하고 있는 볼쉐비키들의 우편향적 타락을 축하할 일"이라고 조롱하였다.63) 덧붙여 그는 주장하기를

"결국 나는 나다. 그래서 나 자신은 자신의 문제이며 결코 제삼자에게서 용인받아야 할 이유는 없다. 따라서 나 자신의 생존권의 요구와 이 획득도 물론 나 자신의 권한 내에 있다. '자유를 달라, 아니면 죽음을 달라'라고 누군가가 말했지만 왠 어리석은 망언이냐. 자유란 결코 남에게서 가르침을 받고 제공받고 획득되는 것이 아니다."64)

라고 주장하였다. 그는 대표적인 아나키스트인 대삼영과 크로포트킨의 '자신의 권리와 동등하게 남의 권리도 존중하지 않으면 안된다', '인류사회의 각 단위에 대하여 최대 최량의 행복을 실현하여 자유, 평등, 우애의 인류사회를 만들지 않으면 안된다'라는 말을 인용하면서 "오직 생의 본연의 良能의 밑바닥에서 자연히 유출되는 최고명령에 따라서 그리고 최선의 전술에 따라서 우리 마음에 들지 않는 모든 것에 대해 단연코 파문의 선고를 해야만 한다"고 역설하였다.65)

1920년대 중반의 또 다른 아나키즘 기관지인 『자아성』의 공산주의 비판은 다른 여타의 독립운동자들, 사회운동자들, 노동조합운동자들과 운동방법이 다름을 선언하고 아나키스트들은 독자적인 입장과 주장하에 새로운 운동을 진행하고 있다고 주장하였다.

"소위 독립운동자들은 입을 열었다 하면 조선독립을 설득하고 조선의 일본으로부터의 해방을 외치고, 아울러 조선인의 단결과 그 전투적 행동

---

63) 위와 같음.
64) 위와 같음.
65) 위와 같음.

을 강요한다. 그들은 그 단결을 이용하여 그들의 야심과 권력적 만족을 충족시키려고 동분서주한다. 그들은 우리 조선인의 참된 친구가 아니다. 그들은 우리를 이용하여 그들의 뱃속을 채우려는 놈이며 우리 조선인 민중을 적의 함정에 집어 넣으려는 적이다"66)

라고 민족주의운동자들에 대하여 비판함은 물론 사회주의자, 노동조합운동자도 소권력적 야심을 충족시키기 위하여 결속을 방해하고 민중을 한 구덩이 속으로 하나의 이론하에 형식화시켜 그들 탐욕의 회생물로 삼으려는 자들이라고 인식하였다. 또한 이들을 같은 편이 아닌 적이라고 까지 강조하면서 결국 이런 인식은 그들 자신의 멸망과 파괴를 의미한다는 것을 알지 못하는 가련한 자들이라고 주장하고 아나키스트는 그들의 의식과 행위를 규탄하기 전에 그들의 잘못을 바로 잡아줄 수 있는 아량을 갖는 것이 옳다고 주장하였다. 그들의 잘못을 바로 잡는 것이 또한 아나키스트의 해야 할 하나의 목적이 되어야만 한다고 주장하면서

"더불어 특권계급, 국가, 운동자 등은 그들 자신이 하고자 하는 일을 뜻대로 투쟁하게 놔 두는 것이 좋다. 그것은 그들 자신에게 있어서는 정의이고 국가를 위한 봉사이며 인도에의 싸움인 것이다. 그러나 우리도 언제까지나 그들의 이기심의 노예가 되어 있어서는 안된다. 자진하여 그들의 최후를 빛내려고 하는 그들에게 손을 뻗어 그들을 올바른 길로 개척해 주어야 한다"67)

라고 공산주의자들의 운동방법이 잘못된 것을 시정해 주어야 한다고 주장하는 한편 아나키스트도 투쟁도상의 전투방법과 수단에서 다양한 형태와 양식을 취하여야 한다고 결론지었다.

재일한인아나키즘운동이 일정 부분 성숙한 시기인 1920년대 후반

---

66) 「선언」, 『자아성』5호, 1926.4.20.
67) 위와 같음.

의 이들의 한국운동 전체에 대한 인식은「조선의 운동」을 통하여 살펴볼 수 있다. 그들은 현대의 무산계급해방운동은 세계적으로 뻗은 동시에 약소민족의 해방 또한 세계적 현상으로 인식하였지만 약소민족의 해방을 두가지로 구별하였다. 그 하나는 구식의 독립운동이고 다른 하나는 현대사회주의가 요구하는 필연적인 해방운동인 뜻에서 민족해방이 중대한 의의를 지녔다고 인식하였다.

"원래 약소민족에 대한 강대민족의 지배목적은 경제적 착취로 시작하여 그 민족의 인간적 노예화로 이른다. 조선이 이런 의미의 입장으로 일본제국과 병합을 했던 안했던 간에 다른 약소민족은 자본주의적 제국의 착취대상으로 그 먹이가 되었던 것은 부정할 수 없다. 자본주의적 제국이 한번 식민지 경영에 고심하여 10년이 넘으면 그 나라의 전 경제력을 근본적으로 장악하는 것을 볼 수 있다. 이리하여 흡혈적 자본주의적 착취는 그 국민을 주객이 전도된 위치에서 눈물을 머금고 고향을 떠날 수 밖에 없도록 만든다"68)

라고 설명하였다.

위와 같은 인식하에 3.1운동 역시 평가절하하였는데 3.1운동은 십년간의 총독정치, 무단정치에의 첫 정치적 형태의 반항으로 파악하고 이것은 또한 마지막 정치적 운동이라고 인식하였다. 이 운동을 강자에 대한 약자가 갖는 단순한 감정의 발로, 또는 단순히 자치에의 순수한 동경으로 폄하하였다. 결국 3.1운동도 세계적인 새 조류에 따른 것인 동시에 봉건적 정치지배하에 있던 민중이 잠을 깬 시기였기 때문이라는 것으로서 단순한 정치운동으로 그 효과가 없었다고 평가하고 조선에 사회주의운동이나 노동조합운동이 시작된 것은 1919년의 독립운동이라고 이름지어진 정치운동, 아니 소동이후라고 생각한다면서 해방은 올바른 경제적, 사회적인 것이 아니면 안된다는 자각이 민

---

68)「조선의 운동」,『자아성』.

중사이에 생겨났을 때에 가능하다고 비판하였다.69) 원래 조선에는 자본주의가 발달되어 있지 않았다고 인식하고 민중을 착취하고 있었던 것은 양반계급이란 특권계급이었으며 조선이 경제적으로 억압당하고 있었을 때 이러한 빈곤의 늪에 빠져 있는 민중을 구출해 낼 민중자각의 신 사회주의적 이념, 즉 무산민중단결의 힘에 의한 해방운동의 외침이 출현하였다고 주장하였다. 물론 일제의 탄압이 혹독하지만 아나키즘운동은 존귀한 인간성의 자각과 사회적 진리에 의해 이루어진 운동이기에 협박이나 박해에도 불구하고 승리할 것이라고 주장하였다.70) 전장에서 살펴본 대로 아나키스트와 볼쉐비스트의 투쟁은 비록 그들이 범사회주의계열에 같이 속해 있으며, 사회개혁을 위한 노선과 이념에서 동일한 점이 있을지라도 근본적인 자유주의적 사회운영과 권위주의적 내지 중앙집권적 사회운영이라는 차이로 인하여 화합할 수 없는 이데올로기였다. 따라서 일본내 한인 아나키즘운동의 대공산주의투쟁도 여타의 다른 지역의 투쟁과 같이 비판적이었음은 당연한 것이라 생각된다.

3. 박열의 급진적 아나키즘혁명론

재일한인아나키즘운동을 주도한 박열의 사상은 재일한인운동의 이해에 중요하다. 그는 이론뿐만 아니라 실천에 있어서도 일본내 한인 아나키즘운동의 선구자로서 일본 및 국내운동에 큰 영향을 주었기 때문이다. 그는 또한 독립운동의 시각에서 일본제국주의의 상징이며 조선 식민지지배의 원흉인 천황을 암살하려 시도한 애국자라고 평가할 수 있다. 박열이 아나키즘을 수용한 것은 학창시절 일본고등사범학교

---

69) 위와 같음.
70) 위와 같음.

를 졸업한 심리학선생에게서 행덕추수의 대역사건을 들은 것이 계기가 되었다.71) 박열은 "나는 소위 사회주의나 공산주의에 흡족한 것을 느끼지 못하여 그 주의에 공명할 여지가 없었기 때문에 모든 개인이 무권력, 무지배의 自主自治의 세계평화를 동경하게 되었다. 즉 나는 당시 인류사회에서 절대로 권력을 행사하지 아니할 것을 목적으로 하는 무정부주의를 신봉하게 되었다. 모든 인간성은 다 추악하여 그 인간성에 신뢰하고 기대할 수 없다는 것을 깨닫고 그 추악한 인간성으로부터 무정부주의가 말하는 아름다운 서정시를 건설한다는 것은 곤란한 일이라고 인식하게 되어 허무주의사상을 갖게 되었다"72)라고 고백하였다.

그의 아나키즘은 대체적으로는 대삼영의 아나키즘을 따르고 있지만 일본인에 의한 식민지지배라는 특수한 환경이 그를 바쿠닌류의 테러리즘적 성향의 급진적 이론으로 무장하게 된 것이라 판단된다. 이것은 그의 이론에서 나타나는 바 특히 천황암살과 이에 관련된 그의 독특한 음모론에서 살펴볼 수 있다. 박열은73) 일본의 권력계급구조에 있어서의 천황은 실사회에서 격리되어 있는 점에 있어 그 정체가 명백하지 않으며, 민중을 절대로 가까이 하지 않는 점에서 자유를 속박

---

71) 포시진치, 앞의 책, 144~147면. 그 선생은 木下尙江, 小川未明, 竹越三叉, 岩黑淚香 등의 책을 읽어 주었다고 한다.
72) 포시진치, 앞의 책, 405면.
73) 박열에 대해서는 朴賀山, 『實記 朴烈評傳 鬪魂의 별은 살아있다-抗日思想家의 燦然한 鬪爭記』, 근대화출판사, 1965; 布施辰治(姜一錫역), 『朴烈鬪爭記』, 朝洋社, 1948년(원제 『運命의 勝利者 朴烈』이란 제목으로 1946년 12월 포시진치, 張祥重, 鄭泰成이 동경 世紀서방에서 출간한 것을 번역한 것으로 주로 포시진치가 기술한 것임)이 있으며 박열의 재판기록이 再審準備會, 『박열 김자문자 裁判記錄』, 동경, 黑色戰線社, 1977이 있고 박열, 『신조선혁명론』, 범우문고, 1989에 박열 자신의 사상을 정리한 저서가 있다. 또한 김삼웅, 『박열평전』, 가람, 1996이 있다. 박열은 문경군 店村 모정에서 朴英洙와 鄭씨 사이의 삼남으로 1902년 출생하였다.(박하산, 앞의 책, 34~35면)

당한 가장 불쌍한 희생자라고 지적하고, 천황의 본질을 일본민중이 깨달으면 이를 숭배하는 것을 치욕적으로 인식하게 될 것이라고 역설하였다.74) 박열은 1925년「소위 재판에 대한 나의 태도」에서도 "천황이란 무엇인가? 국가란 인간의 신체, 생명, 재산, 자유를 끊임없이 침해하고, 유린하고, 겁탈하고, 위협하는 조직적 대강도단이다. 대규모 약탈주식회사이다. 법률은 국가라는 대강도단과 약탈회사의 권력을 증오하고 반항하는 자에 대한 위협이다. 의회는 국가란 대강도단의 대표자회이다. 국가란 이 약탈회사 주주들의 대표자회이다. 천황과 국가란 이들 강도단과 약탈회사의 우상이며 신단이다"라고 규정하고 있다.75) 아나키즘이 가장 증오하는 국가라는 실체를 일본에서는 천황으로 대표되는 한 개인이 행사하고 있었던 것이다. 그는 "민중이 자유로이 될 때 국가는 멸망한다. 인민 각 개인이 계급의 종이 되지 않고 자기생활을 할 때 국가는 멸망한다. 그리고 민중이 계급의 허위를 인식하면 권력계급의 국가는 멸망한다. 국가의 옹호자라고 여긴 민중이 국가 자체의 속성을 깨달으면 국가는 멸망한다"면서76) 이렇게 민중이 천황의 본질을 깨달으면 민중은 일본권력자의 생명을 앗아가는 적이 되고 조선사람의 동지가 되는데, 현재 이것이 빠른 속도로 진행되고 있다고 주장하였다. 그 증거로서 일본의 사회운동과 노동운동이 왕성해지는 것과 경찰의 수가 증가해도 범죄가 많아지는 실례를 들었다.77)

박열의 영향을 받은 금자문자도 천황에 대해 자연적인 평등한 인간에게 존엄, 권력, 신성을 부여하여 날조한 것이 천황제로서 국법은 곧 신의 의지라는 관념을 우직한 민중에게 심어주기 위하여 가공적으

---

74) 김하산, 앞의 책, 124~125면.
75) 포시진치, 앞의 책, 403면.
76) 위와 같음.
77) 위와 같음.

로 날조한 전설을 만들어 민중을 기만하고 있다고 비판하였다. 또한 천황을 신성시하는 이유는 地上이 권력이라는 악마에게 독점, 유린되어 있기 때문으로, 천황이나 황태자는 소수 특권자가 사복을 채우려고 인민을 기만하는 인형이며 괴뢰에 지나지 않는다고 비판하였다. 따라서 충군애국사상도 사리를 탐욕하기 위하여 온갖 형용사로 타인의 생명을 희생하는 잔인한 욕망에 지나지 않는다고 비판하였다.[78] 금자문자는 결론적으로 '천황은 일본에 태어난 인간에게 최대의 모욕이며 천황의 존엄성을 입증하는 것은 국민의 노예를 의미하는 것'이라고 규정하였다.[79]

박열은 또한 그의 국가론에서 권력의 본질에 대해 신랄하게 비판하였다. 국가란 여하한 국가라도 힘의 국가라고 지적하고 국가는 조직적으로 훈련된 다수의 군대와 경찰을 갖고 있으며, 군사력과 경찰력이 곧 국가 그 자체라고 규정하고, 그것은 배타적인 권력으로서 국가의 권력이 배타적이라는 것은 복종하지 않는 모든 존재를 용인하지 않는다는 뜻이라고 해석하였다. 또한 자기의 예속하는 자 이외의 존재를 절대로 용인하지 않는 것이 국가권력의 배타적인 특색이라고 규정하였다. 그러므로 무권력자, 무산자의 노동자, 농민계급이 참정권을 얻어 현 권력자와 유산자를 타도하여 치명적 타격을 준다는 것은 절대 용인되지 않을 것이라고 주장하였다.[80] 따라서 권력자와 유산계급을 공격할 수 있는 새 방법을 무권력자와 무산자가 생각해 내어야 하는데 그것은 노동자와 농민이 단결하여 군대와 경관을 말살할 새로운 힘을 양성해야 한다는 것이다.[81]

박열의 이러한 아나키즘적 인식은 그의 혁명론에서 더욱 뚜렷하게

---

78) 포시진치, 앞의 책, 398면.
79) 포시진치, 앞의 책, 193면.
80) 포시진치, 앞의 책, 129~130면.
81) 포시진치, 앞의 책, 129~130면.

부각된다. 그에 의하면 국가가 무산계급에 참정권을 준다거나 그 운동을 용인하는 것은 국가가 위험하지 않은 한도내에서 부여하고 용인한다는 것이다. 오히려 이것이 국가에 대해 유리하다고 인정될 때에 실시한다는 것이다. 각국 무산계급이 정치운동으로 그 자유를 의회에 애원하고 있는 동안은 실은 국가가 안전한 때로서 서구제국에서 의회에 진출한 소수 무산자대표들은 이용당하고 있다는 것이다. 박열은 무산자정당이 정권를 잡을 수 없으며, 또 정권잡기를 기다릴 수도 없다고 역설하고 국가를 편드는 제 정당의 의회주의 운동보다 직접 힘으로 쟁취하는 것이 빠르다고 그의 지론인 직접행동을 주장하였다. 따라서 그는 '자유는 힘과 같이 온다. 나의 권리를 가져오게 하는 것은 오직 나의 힘이라는 것을 알아라. 권력을 미워하고 자유를 사랑하는 우리 무산자와 무권력자가 당연히 취할 행동은 직접행동이다'라고 역설하였다.82) 따라서 그 방법으로 제시한 것은 급진적 투쟁방법으로 주로 바쿠닌류의 폭동과 반란같은 직접행동이다. 그러나 그것도 어느 정도 민심이 동요되어 국가의 규율이나 권위가 이완되어 사회적 정세가 혼란해진 시대 또는 무대를 필요로 한다면서 적어도 그것은 당시의 일본같이 압제의 정도가 심한 단계에서는 불가능하다고 인식하고 조금이나마 무산자가 한숨을 쉴 수 있는 사회적 혼란과 국가의 규율이 문란해 졌을 때에만 폭동이나 반란을 행할 수 있다고 판단하고 있다. 그는 대삼영의 말을 인용하면서 경찰관과 같은 심리를 갖고 있는 국민이 많으면 그것은 불가능한 일이라고 주장하였다.83) 따라서 아나키즘이 투쟁방법으로 유용하다고 인식하는 생디칼리즘에 대해서도 비판적이다. 그에 의하면 모든 국가조직이 생산조직의 반영이라는 견지에서 노동조합운동이나 경제적인 직접행동으로서의 스트라이

---

82) 포시진치, 앞의 책, 130~131면.
83) 포시진치, 앞의 책, 130~131면.

크, 사보타지, 보이코트를 거쳐 제네랄 스트라이크(총파업)를 운동의 결정적인 수단으로 삼는 생디칼리즘 내지 아나르코 생디칼리즘은 국가권력으로 탄압하면 폭동화, 반란화까지 갈 수 없는 일본상황을 깨닫지 못한 偶像的 革命論이라고 비판하였다.84)

박열의 급진적 아나키즘혁명론은 그의 음모론에서 논리적 정당성을 주장한다. 그는 어머니 뱃속에서 태어나는 순간부터 죽을 때까지 항상 국가의 엄중한 감시와 제재속에서 생활하여 왔기 때문에 이를 피하기 위하여 자연스럽게 음모로 발전하게 되었다고 회고하였다. 이러한 음모는 역사속에서 진보의 큰 요소로 작용하였다고 인식하였다.85) 또한 일본권력자들이 가장 무서워하는 것은 음모라고 주장하고 그들이 경계하고, 증오하고 한인들을 추적하는 것은 한인들의 음모를 무서워하기 때문이라고 설명하였다.

"목적은 수단을 정당화한다. 항상 될수 있는 한 가장 유효한 수단을 선택해야 한다. 대체로 무엇이든지 가능한 한도 내에서 모든 것을 주저하지 않고 차례 차례 이용하는 것이 혁명투사의 취할 방법이다. 굽은 나무가 곱냐, 곧은 나무가 곱냐는 것은 모두 틀리다. 곧은 나무는 그 나무가 곧게 서 있을 장소에 있을때 아름답고, 굽은 것도 그것이 있을 장소에 있으면 아름다운 것이다. 그렇지 않으면 추하다. 음모를 도모하려면 음모를 실현할 모든 조건을 갖추는 것이 필요하다. 음모를 도모하려면 무엇보다도 교묘하게 그리고 민첩하게 가면을 쓰지 않으면 안된다"86)

라고 자신의 음모론을 정당화하고, 그 목적을 실현하는 방법은 폭탄, 총, 단도, 칼, 독약, 사람으로서 자신의 생명을 담보로 그 목적의 실현에 임하지 않으면 안된다고 주장하였다.87) 또한 결사에 대해서도

---

84) 포시진치, 앞의 책, 132~133면.
85) 그 실례로서 일본의 元祿시대 忠臣藏 47사의 快擧, 명치유신의 薩長의 유지 등이 京都에서 한 활동, 프랑스 혁명과 러시아혁명 초기에 음모가 가장 큰 역할을 하였다는 사실을 들었다(포시진치, 132~133면)
86) 포시진치, 앞의 책, 134~135면.

음모를 하기 위해서는 불필요하다고 판단하였는데 그것은 많은 희생이 따르고 비밀유지가 어렵기 때문에 개인의 희생으로 음모를 취하지 않으면 안된다고 주장하였다.

"우리들이 음모를 기도함에 당하여 항상 염두에 두고 잊지 말아야 하는 것은 結社이다. 특히 연속적인 결사는 금물이다. 다시 말하면 비밀결사는 소용이 없다는 것이다. 이것은 심각한 희생이 뒤따르기 때문이다. 그렇기 때문에 비밀결사는 대단히 경계하지 않으면 안된다는 것을 나는 체험적으로 실감하여 음모를 하게 되었다. 비밀결사를 조직하였다 하여도 도저히 그 결사를 영속적으로 보존해 나가기가 어렵고 오히려 희생을 초래하는 비밀결사는 소용이 없다."88)

그리하여 혼자의 힘으로 가장 효과적으로 국가의 규율을 동요시키고 전국민의 가슴을 두드려서 잠자는 영혼을 끌어 내는 대역사건을 결행하기 위하여 그는 음모를 도모하였다고 고백하였다.89) 이것은 천황암살기도에 중요한 역할을 수행하였던 김중한의 진술에서도 동일한 인식을 찾을 수 있다. '대우주의 존재를 부인하는 것이 대자연에 대한 준응이라고 한다면 부루조아계급을 죽이는 것도 사람에 대한 자비이며, 자기의 생을 부정하므로서 타인의 생을 부정하는 데서 대자연에 순응하고 다수의 사람을 구하는 결과가 된다면 타인을 죽여도 악이 아니고 도리어 선이라는 것'을 설파하고 한 개인의 행동이 가장 유효적절하게, 가장 많은 사람에게, 가장 크게 반향을 일으키는 방법은 가장 많은 사람이 존경하는 사람을 혼자 힘으로 타도하는 것이고, 또 그 타도하는 방법을 실현할 수 있는 것은 폭탄이라고 주장하였다.90) 박열은 동경지방재판소 예심판사인 立松懷淸이 박열에게 민족

---

87) 포시진치, 앞의 책, 133면.
88) 포시진치, 앞의 책, 140면.
89) 포시진치, 앞의 책, 140면.
90) 포시진치, 앞의 책, 161면.

인류의 공동평화를 위해 아나키즘사상을 변경할 의사가 없는가 묻자 "상호애니 평화니 하는 미명 아래 실은 약육강식의 더러운 투쟁을 벌이고 있다는 것은 이미 말하였다. 삶을 위해 모든 해악이 판치고 있는데 만약 사랑이라는 관념을 허용한다면 인류를 이 지구상에서 대청소하는게 진정한 사랑이 아니겠는가. 천황과 황태자와 같은 기생충을 살려둔다면 인류사회민족의 진정한 평화를 저해하는 것이 아닌가. 오히려 반성은 자네들이 해야 하지 않겠는가?"91)라고 그의 사상을 굽히지 않았으며 오히려 천황과 황태자를 기생충으로 매도하였다.

이상과 같이 1920년대 일본내 한인아나키즘운동은 일본아나키스트와의 연계하에 그 이론면에서 독자적 체계를 갖추고 일본국가 자체를 부정하는 운동으로까지 전개되었으나 식민지 지식인이란 한계로 인하여 이론에 머무를 수 밖에 없었다. 오히려 다수의 노동자층에 침투하여 국내와 중국에서 볼 수 없는 노동운동이 활발하였음은 특기할 만하다. 또한 일본내 운동에 대한 한계를 인식한 일부 아나키스트들이 국내에 귀국하여 뿌린 이념이 국내운동에 자양분이 되었음은 일본내 운동이 한국아나키즘운동 전반에서 차지한 위치가 중요함을 일깨워준다. 그럼에도 불구하고 일본내 한인아나키즘운동의 기저는 민족주의적이었다. 대표적인 일제의 기록에 의하면 재일 한인아나키즘운동을 '민족적 아나키즘운동'으로 규정하고 그 기원을 조선독립사상으로부터 발생한 것으로 인식하였다. 이후 아나키즘운동은 공산주의운동과 분파하며 진전되어 민족주의적 색채가 농후하였으며 3.1운동 이후 내외정세의 변화로 일부 급진적 한인사이에 독립은 민족주의만으로는 달성하기 곤란하므로 사회주의혁명의 실현으로서 민족의 완전한 해방을 기할 수 있다고 하는 경향이 농후해져 이러한 정세에 자극받아 사상이나 노동문제를 연구하는 경향이 생겼다고 보고하고 있다.92) 이

---

91) 포시진치, 앞의 책, 395~396면.

보고는 비교적 재일한인유학생들의 사상경향에 대하여 정확하게 인식한 사료라고 판단된다. 그것은 1920년대 이후 일본내 한인의 노동 및 사상운동이 활발하게 진행된 데에서 확인할 수 있다.

---

92) 경북경찰국, 앞의 책, 162면; 평강산이, 앞의 책, 284면.

제5장 1920년대 재중한인아나키즘운동

　19세기 이후 구미열강은 산업혁명의 급속한 진전으로 생산력이 비약적으로 증가하고 독점자본주의체제가 완성되어 소비시장으로서의 식민지경영에 심혈을 기울였다. 오랜 기간의 鎖國政策을 취해 왔던 淸朝도 서양제국주의의 무력에 무릎을 꿇었으며, 연이은 청일전쟁과 러일전쟁의 패배는 중국지식인에게 서양의 새로운 문물에 대한 학구열로 이어지게 되었고 이는 自强運動으로 나타났다. 초기 사회주의수용기의 중국도 일본과 마찬가지로 사회주의 제 조류에 대한 명확한 인식없이 거의 동시에 수용하였지만 전체적으로는 아나키즘이 볼쉐비즘보다 결코 간과할 수 없는 영향력이 있었음은 여러 학자가 지적하고 있다.[1] 중국의 아나키즘은 프랑스와 일본의 두 곳을 통하여 유입되었는데 특히 李石曾[2]으로 대표되는 프랑스 아나키즘의 선두주자는

---

[1] 「Report respecting bolchevism and chinese communism and anarchism in the Far East」, 『Documents on British Foreign Policy』First Series Vol.14, His Majesty's Stationery Office, London, p.415; Bernal Martin, 「The triumph of anarchism over marxism: 1906~1907」, 『Chinese in revolution: The first phase 1900~1913』, Yale University Press, 1968, p.97; Robert A. Scalapino and George T. Yu, 『The Chinese anarchist movement』, Berkeley, Califirnia, 1961, p.9 and p.60; 환산송행(김정화역), 『5.4운동의 사상사』, 일월서각, 1983, 13면 등 참고.

파리구룹을 형성하며 봉건적 중국에 근대적 급진 서양사조를 보급하였으며 이는 한국아나키즘의 탄생과도 밀접한 관련이 있다. 이들의 아나키즘으로의 경도는 중국의 고대철학, 다위니즘 그리고 푸르동, 바쿠닌, 크로포트킨 등의 영향이 주된 요인이었다.3) 이들은 그들의 기관지『신세기』를 통하여 기존의 중국의 모든 가치와 제도를 파괴하고 새로운 가치관에 의한 새 질서를 건설할 것을 주장하였다. 이것은 중국의 반식민지상태를 극복하고 봉건적 잔재를 청산하려는 그들이 처한 역사적 현실을 아나키즘의 진보적 요소들로 해결하려는 의도였다. 그러나 파리구룹의 아나키즘적 급진적 이론에도 불구하고 그들의 사상은 민족주의적 성격이 강하게 내포되었다. 따라서 이들의 영향을 받은 재중한인 아나키스트들은 다분히 민족주의적 성격이 강하였다.

1. 재중국 한인 아나키즘운동

중국내 한인 아나키스트들의 활동은 국내와 일본운동과 비교하여 가장 적극적이고 투쟁적인 활동을 하였다. 그들이 활동한 지역은 일본세력이 미치지 못하는 곳으로 국내와 일본보다 비교적 자유스러울 수가 있었으며 또한 중국에는 많은 한인혁명자들이 있었기 때문이었다. 따라서 이들의 운동은 1945년 광복때까지 민족주의와 공산주의 못지 않게 한국민족운동에 큰 영향을 끼쳤다. 그들은 1924년 재중국 조선무정부주의자연맹을 조직한 이래 운동상, 이론상 민족주의나 공산주의와 궤를 달리하였지만 필요에 따라 민족주의자와 손을 잡고 협동전선을 전개하며 일제세력구축을 위한 부단한 투쟁으로 중국내 민족운동의 한 지류를 형성하였다. 특히 이회영과 신채호를 비롯한 중

---

2) 오장환,「재불중국무정부주의운동(1903~1907)」,『한국사학논총』, 수촌박영석회갑기념논총위원회참고
3) Robert A. Scalapino, op., cit, p.5.

국내 대표적인 한인 아나키스트들은 민족주의에 아나키즘의 진보적 요소를 수용한 민족주의적 아나키즘을 발전시켰다.

중국내 급진적 한인혁명가들에게 언제부터 무정부주의사상이 수용되었는지는 정확하게 단언할 수 없지만 대략 3.1운동 직후인 1920년대 초라고 믿어진다. 중국내 한국독립운동의 양상은 상해임시정부의 수립으로 독립투쟁을 위한 민족적 역량을 집결하는 듯했으나 노선상의 차이로 인하여 강경파와 온건파간의 대립과 분열이 노정되었다. 또한 러시아혁명의 영향은 중국에 의지하고 있던 운동자들에게도 영향을 주어 사회주의사상은 급진적 성향의 한인들에게 빠르게 수용되어 갔다. 국내와 마찬가지로 초기의 이들 한인들은 사회주의의 노선을 분명하게 구별하지 못하고 마르크스레니니즘과 아나키즘을 동시에 수용하였다.4)

중국내 한인들이 아나키즘을 수용한 첫번째 요소는 민족주의진영의 분열과 이에 대한 회의를 들 수 있다. 민족주의계열의 대표적인 기관인 상해대한민국임시정부는 그 투쟁방법에 있어 外交論에 치중하였고 따라서 일부 武力鬪爭論을 주장하는 인사들은 반 임시정부의 입장으로 돌아서게 되었다. 주로 北京을 중심으로 활동하게 되는 1920년 9월의 軍事統一促成會, 1921년 4월의 軍事統一籌備會, 1922년 5월의 國民代表會籌備委員會, 1923년 1월의 國民代表會議 등의 일련의 과정은 중국내 한인 민족운동상의 분열을 보여주는 것이다. 이와 같은 상황에서 일부 민족주의자들 중에서 임정의 노선에 불만을 갖고 아나

---

4) 1920년대초 중국내 한인아나키즘운동은 신일철이 그들의 활동방법을 기준으로 신채호와 유자명중심의 의열단활동을 중심으로 한 개인적, 폭력적, 테러리즘파, 이회영 등의 이상촌건설을 위한 무정부공산사회실현파, 북경대학교 중심의 유기석, 심용해, 오남기, 정래동의 무정부공산주의 운동파의 세가지 조류로 구분하였으나(신일철, 「한국무정부주의운동」, 『한국민족독립운동사』4권, 국사편찬위원회, 1988, 516~528면) 국내에서와 같이 이 시기의 중국내 한인들도 사회주의내의 제 조류에 대한 정확한 인식을 하였다고 보기는 어렵다.

키즘사상으로 경도되었다. 3.1운동이 비폭력 무저항주의로 진행된 결과로 인한 반발심, 만주에서의 무장투쟁의 침체, 서구열강의 제국주의적 속성을 간과한 임시정부의 투쟁에 대한 거부감 등이 새로운 투쟁이론에 대한 모색으로 나타났다고 판단된다. 신채호나 이회영이 이 시기에 사상적 방황을 한 것은 이를 증명한다.5) 정화암은 아나키즘운동에 투신한 것은 일본제국주의를 벗어나겠다는 본능적인 민족의지의 발로라고 회고하였는데6) 이후 그의 정력적인 아나키즘활동으로 보면 그는 민족주의노선에 대한 한계를 인식한 것으로 볼 수 있다. 민족주의적 온건독립노선을 극복하고 아나키즘적 독립투쟁노선을 수용한 인물중에 신채호는 가장 대표적인 인물이다. 그를 민족주의자로 인식하는 논고도 있지만7) 그의 후기 사상, 특히 1920년대 중반 이후의 사상은 아나키즘사상임이 분명하다. 한 연구자도 그의 아나키즘으로의 전환이 민족주의에 대한 회의가 중요한 이유중의 하나라고 지적한 바와 같이8) 민족주의노선에 대한 중국내 한인들의 회의는 급진적인 서양사상으로의 전환에 중요한 한 요소로 작용하였다.

중국내 한인들이 무정부주의를 수용한 두번째 요인은 공산주의에 대한 거부감이다. 국내에서와 마찬가지로 다양한 사회주의 조류가 소개되었을 때 일부 한인들이 소위 마르크스레니니즘 내지 볼쉐비즘을 거부하게 된 이유는 무엇보다도 독재에 대한 거부감이다. 3.1운동직후 독립운동자들의 사회주의에 대한 관심은 세계 최초의 사회주의혁명을 성공시킨 소련에 대한 환상을 갖게 만들었지만 일부 반권위적

---

5) 이정규,『우관문존』, 국민문화연구소, 1984, 48면; 이정규, 이관식,『우당 이회영약전』, 을유문고, 1985, 70~76면.
6) 김학준편집 해설, 이정식면담,「정화암」,『혁명가들의 항일회상』, 민음사, 1988, 277면.
7) 안병직,「단재 신채호의 민족주의」,『한국근대사론』3, 지식산업사, 287면; 최홍규,『단재신채호와 민족사관』, 단재신채호선생기념사업회, 1983, 349면.
8) 신용하,『신채호의 사회사상연구』, 한길사, 1984, 271~294면.

성향의 운동자들이 접한 소련의 구체적인 실상은 독재와 탄압으로 상징되는 또 하나의 새로운 지배체제를 구축한다는 인상을 갖게 되었다. 이을규, 이정규형제와 정화암 등이 소련을 방문하려는 기도를 포기하게 된 것도 소위 권위주의적 사회주의 방식에 대한 거부감 때문이었다.9) 또한 유자명처럼 이론적으로 아나키즘에 매력을 갖게 된 경우도 있다. 유자명은 당시 조선에 민족해방투쟁이 계급해방보다 우선한다고 인식했기 때문에 아나키즘으로 경도되었다고 회고하였다.10) 이것은 중국내 한인아나키스트들의 민족주의적 성격이 강했음을 보여 주는 것이다. 이들 아나키스트와 공산주의자간의 투쟁은 제1인터내셔날에서 바쿠닌과 마르크스간의 투쟁이 보여준 것처럼 조직의 운영문제뿐 아니라 권력장악과 산업지배의 주체에 이르기 까지 본질적인 것으로서, 서로 융합될 수 없는 노선이다. 여기에 더하여 1920년의 자유시사변과 공산주의자의 상해파대 이르크츠그파간의 투쟁과 갈등, 그리고 임시정부 국무총리인 이동휘의 레닌자금전용문제 등이 공산주의에 대한 적대감을 더욱 증폭시켰으리라 판단된다.

　중국내 한인들의 아나키즘에로의 경도에 한인아나키스트의 논리에서 발견할 수 있는 또 하나의 중요한 요소는 한인독립운동과 아나키즘과의 사이에 이론상 모순이 없다고 인식한 것으로서 한국독립운동의 추진에 아나키즘이 장애요인이 되지 않는다고 이해한 것이다. 대표적인 민족주의자인 이회영이 자신을 아나키스트로 변신하였다고 하는 일부 주장에 대해 "내가 의식적으로 무정부주의자가 되었다거나,

---

9) 상해에서 이들은 소련을 배우기 위하여 러시아 치타의 원동대학에 입학하기로 하고 여운형에게 부탁하였으나 공산주의사상이 불확실하다고 거절당하였다. 이후 안병찬의 소개로 김만겸이 주선하여 갈 수 있게 되었다. 이들은 이르크츠크에서 개최될 극동노동자대회에 참석후 입학할 생각으로 상해를 출발하였으나 북경에서 유자명에게서 조소앙의 러시아 여행경험을 전해 듣고 1921년 10월경 북경에 남게 되었다.(정화암, 앞의 책, 32~33면)
10) 유자명, 앞의 책, 50면.

무정부주의로 사상을 전환하였다고는 생각할 수 없으며, 다만 한국의 독립을 위하여 생각하고 실현하고자 노력하는 나의 사고와 방책이 현대적인 사상적 견지에서 볼 때 무정부주의자들이 주장하는 것과 상통될뿐 覺今是而昨非式으로 본래는 딴 것이었던 내가 새로이 방향을 바꾸어 무정부주의자가 된 것은 아니다"라고11) 설명한 것은 이회영이 평소 독립운동의 방법에 대하여 막연하게 구상했던 것을 아나키즘이론에서 그에 대한 구체적이고 과학적인 논리를 발견한 것이 아닌가 사료된다.

이회영은 반권위주의적 성향의 인물로서 유년시대에 보여준 그의 근대적 사고는12) 그의 아나키스트로의 변신이 결코 우연이 아님을 보여 준다. 이회영의 가계는 일제에 합병직후 형제들 모두가 만주로 이주하여 독립운동에 헌신한 대표적인 독립운동가 집안으로 한국독립운동사에 뚜렷한 족적을 남겼다. 이회영은 자신이 의식적으로 아나키즘을 추구한 것이 아니고 독립운동의 사고와 방책을 쫓은 것이 자연스럽게 아나키즘노선과 같게 되었다고 설명하였다. 이정규에 따르면 1923년 9월 경 그가 중국인아나키스트 陳偉器와 湖南省 漢水縣 洞庭 湖畔에 위치한 洋濤村을 이상촌으로 개발하기 위해 만주에서 농장개발의 경험이 있었던 이회영을 찾아가서 의논했을때 이회영은 처음으로 아나키즘이론을 듣고 관심을 표명한 후 사상이 점차 변신하였다고 한다.13) 대표적인 아나키스트인 정화암도 이회영과 동류의 인식을 하였다. 즉 그가 무정부주의자가 된 것은 어떤 특별한 목적이나 사상적 전환없이 자연스럽게 이루어진 것을 보여 주고 있다. 그는 종교를

---

11) 이을규, 앞의 책, 42면.
12) 이회영은 弱冠시절에 이미 전통적인 한국의 차별적 신분제도에 대한 거부감을 표시하였는데 奴婢, 吏胥, 적庶의 철폐를 직접 실천하였으며 언어에서도 신분에 관계없이 경어를 사용하고 改嫁再婚을 장려하였다.(이정규, 앞의 책, 69면)
13) 이정규, 앞의 책, 48면.

예를 들면서 예수의 사랑을 통해 좋은 세상으로 가든, 석가의 대자대비를 통해 인간의 궁극적인 사회로 가든, 공자의 인을 통해 낙원으로 가든 최종 목적지로 가는 과정에서 수단과 방법이 다를 뿐 궁극적인 목표와 이상이 같은 것처럼 아나키즘운동도 궁극적인 목표가 항일독립이므로 아나키즘사상을 수용했다고 회고하였다.14) 이것은 그가 특별한 사상적 갈등없이 아나키즘을 수용한 것을 보여 주고 있다. 신채호의 경우에 있어서도 아나키즘을 '기성국체를 변혁하여 다 같이 자유로서 잘 살 자는것'이라고 이해한 것처럼15) 중국내 일부 한인들에게 아나키즘사상은 자본주의적 병폐도, 공산주의적 독재도 없는 자유, 평등, 박애의 정신이 구현될 수 있는 이상적인 사상으로 인식하였으며 외세의 지배에서 벗어날 수 있는 가장 효과적인 사상이라고 생각한 것이다. 김성숙도 3.1운동후 출옥하니 사회주의사상이 확 퍼져 있었고 '무정부주의 이론을 들으니 그럴 듯하다'라고 느낀 것은 당시의 독립운동자들의 아나키즘에 대한 이해를 보여 주는 실례로서 당시에는 아나키즘이 가장 인기있는 사상이었다고 회고하였다.16)

중국내 한인독립운동자들이 아나키즘에 거부감을 느끼지 않은 또 다른 이론은 아나키즘의 '자유연합'이다. 이들이 말하는 소위 '독립운동의 사고와 방책', '새로운 수단과 방법', '다 같이 자유로서 잘 살자는 것'의 요체는 아나키즘의의 自由聯合이다. 이회영은 이에 대하여

"독립운동자의 견지에서 나는 가장 적절한 이론이라고 생각한다. 현실에서 모든 운동자들이 자기 사상은 어떻든 간에 실제에서 무정부주의의 자유연합의 이론을 그대로 실행하고 있는 것이며 己未 이전은 말할

---

14) 김학준, 앞의 책, 51면.
15) 「신채호공판기사」, 『동아일보』, 1929.10.7.
16) 김학준, 앞의 책, 40면, 49~51면. 김성숙 자신도 크로포트킨의 『고해』를 읽고 감명을 받았음을 밝히고 있다.

것도 없고 기미 이후 지금까지 수 많은 단체와 조직이 생겼지만 그들 사이에 단원 자신들의 자유의사에 의하지 않고 강제적인 명령에 맹종하여 행동한 사람이 누가 있으며 그러한 단체가 어디에 있는가?"17)

라고 인식하였다. 실제적으로 모든 정치운동은 자발적인 참여로 이루어지고 있음은 주지의 사실이다. 이러한 이회영의 사고는 소련에서도 공산정권이 수립되기까지의 운동은 당연히 아나키즘의 자유연합방식으로 진행되었다고 인식하였는데 "남들이 강철의 조직이라 하고 강제와 복종의 기율을 생명으로 하는 공산당이라 하더라도 그것은 赤露와 같이 자기들의 정치권력이 확립된 후의 말이지, 그들도 혁명당으로서의 혁명과정에서는 운동자들의 자유합의에서 행동하였던 것이다"라고18) 자유연합이론에 호감을 표시하였다. 이에 대하여 이회영이 김종진에게 설명한 구체적 내용은

"목적이 방법과 수단을 규정하는 것이지 방법과 수단이 목적을 규정할 수 없다는 번연한 이 논리로 볼 때에 한 민족의 독립운동이란 것은 그 민족의 해방과 자유의 탈환일진대, 더우기 이런 해방운동, 혁명운동이란 자각과 목적의식이 투철한 사람들이 하는 것인 까닭에 운동 자체가 해방과 자유를 의미하는 것이요, 자의식이 강한 이 운동자들에게 맹목적인 복종과 추종이란 있을 수 없으며, 있다면 거기에는 오직 운동자들의 자유합의가 있을 뿐이니 이것이 이론으로도 당연한 것이다. 그러니까 강권적인 권력중심의 명령조직으로서 혁명운동이나 해방운동이 이루어진 예는 없는 것이다. 많은 사람이 모인 집단에서 수행되는 운동인 까닭에 설혹 합의되지 않는 사람들이 있다 치더라도 공통된 동일한 목적을 가지고 있는 만큼 양보 관용하여 소수인 자기들의 의견을 양보하거나 보류하고 협력하는 것이 일반적인 예인 것이다. 만일 강제로 일을 한다면 효과가 없을 뿐 아니라 그 일은 실패로 돌아갈 것이다. 그러니까 동서를 통하여 소위 해방운동이나 혁명운동은 자유와 평등을 추구하는 운동이고 운동자 자신들도 자유의사, 자유결의에 의한 조직운동이었으니까 형식적

---

17) 이을규, 앞의 책, 43면.
18) 이을규, 앞의 책, 43면.

인 형태는 여하튼지 사실은 다 자유합의의 조직적 운동이었던 것이다"19)

즉 이회영이 영향받았던 아나키즘의 이론중 중요한 하나가 자유연합이라는 것을 알 수 있다. 그는 모든 헌신적이고 희생적인 운동이 자발적인 참여로 이루어 져야만 성공할 수 있다고 확신하고 그 정신을 아나키즘이론에서 발견한 것이다. 또한 중국내 한인들이 소위 '無政府主義'라고 하는 단어에서 받을 수 있는 어감은 '정부를 없애는 주의'라는 것으로 식민지민족으로서 민족해방을 추구하는 이들에게는 일본정부를 없애자는 것으로 받아 들였다고 믿어진다.

이들 중국내 한인들이 아나키즘을 수용하는데 촉매제역할을 한 것은 중국 아나키즘과의 직, 간접적인 교류였다. 전술한 것처럼 중국내 아나키즘운동은 초기 사회주의수용기에 결코 과소평가될 수 없는 운동이었기 때문에 중국에 의존하고 있던 한인들이 영향을 받은 것은 자연스런 현상이었다. 대부분의 중국내 한인아나키스트들이 그들의 아나키즘수용에 중국아나키즘과의 직, 간접적 교류가 중요한 원인이 었는데, 예를 들면 이을규, 이정규형제는 이석증, 채원배 등의 대표적인 파리구룹의 아나키스트에게 영향을 받았다. 이들은 북경에 머물면서 당시 북경대총장이었던 채원배, 동 대학의 생물학과 교수였던 이석증의 도움으로 1922년 북경대학 경제학부에 편입하여 재학중 북경거주 아나키스트와 교류하면서 아나키즘에 영향을 받았으며20) 그중 에로셍고란 러시아 맹인시인과의 교류도 영향을 주었다. 에로셍고라는 인물은21) 일본에 체류하다 중국으로 와서 북경대학교에 근무하며

---

19) 이을규, 앞의 책, 43~44면.
20) 이정규, 앞의 책, 4면.
21) 김삼수, 전게서, 99~100면의 연보에 의하면 에로셍고(Vasilj Yakovwitz Erosenko:1889~1952)는 우크라이나에서 중농의 아들로 태어나 4세에 실명하였고 1914년부터 일본, 태국, 인도를 여행했으며, 1921년 5월 일본에서 추방되

한인들의 아나키즘사상형성에 영향을 준 인물이다. 이정규가 그에게 감화를 받아 무정부주의자가 되었다고 진술하였다든지[22] 이회영이 그와 자주 토론하였다고 한 사실로[23] 미루어 에로셍고가 북경거주 한인의 무정부주의수용에 중요한 기여를 한 것으로 짐작되지만 현재로서는 구체적인 그의 사상을 확인할 수가 없다.[24] 이을규, 이정규 형제는 중국내 한인아나키즘운동의 대표적인 이론가로 발전하는데 이정규는 다수의 서양 아나키즘관련논문을 번역, 소개하고 특히 아나키즘의 국제운동에 기여하였으며[25] 이을규도 '한국의 크로포트킨'이라고 칭할 만큼 이론에 해박하였다.[26] 신채호도 파리구룹의 이석증, 오치휘 등과 교분이 두터웠음은 1921년 신채호가 북경에서 한문잡지 『천고』를 발행할 때 이석증이 재정지원을 하였으며,[27] 고대사연구에 사고전서를 이용할 수 있었던 것도 이들이 도와주었기 때문에 가능하였으며, 일본 패망직후 이석증, 오치휘의 후원으로 신채호의 업적을 기리기 위한 신채호학사가 설립된 것으로도 알수 있다.[28] 정화암도

어 1922년 2월 북경에 도착하여 이후 노신 및 주작인과 협력하여 에스페란토운동에 진력하며 북경대 강사로 일하다 1924년에 러시아로 귀환하였다. 북경대 강사로 일한 것은 김학준, 앞의 책, 272면에서도 나타난다.

[22] 「이정규공판기사」,『동아일보』, 1929.2.16.

[23] 李圭昌증언, 1994.9.16. 國民文化硏究所.

[24] 중국에서 활동한 한인무정부주의자와 면담한 이정식은 한인들이 어떤 경로로 무정부주의를 접했는가에 의문을 제기하고 1. 에로셍고는 누구이며 2. 그는 볼쉐비키혁명을 어떻게 파악하였으며 3. 한인들이 노신과 에로셍고와 어떤 수준에서 교류하였으며 4. 그들이 한인에게 소개한 책이나 이론은 무엇이었는가의 중요성을 지적하였다.(이정식편, 앞의 책, 273면)

[25] 이정규는 주로 영국의 아나키즘출판사인 Freedom Press간행의 소책자를 번역하였다.

[26] 「The post-war Korean anarchist movement」,『Libero International』 No.3, 1975.11, Kobe, p.25.

[27] 이규창증언. 국사편찬위원회, 1990.11.27. 신용하는 신채호가 유자명을 통하여 이석증을 소개받고 또 아나키즘을 알게 되었다고 하였다.(신용하, 앞의 책, 62면)

북경에서 에로셍고나 魯迅과의 교류로 영향을 받았음을 밝히고 있으며29) 특히 중국의 대표적 문학자의 한사람인 파금의 작품속에 한인 아나키스트가 등장하는 것으로도 파금과 한인아나키스트의 관계를 엿볼 수 있다.30) 기타 다른 아나키스트들도 아나키스트들과의 교류에 대해 회고하고 있음은 이들이 아나키즘으로의 사상변화에 아나키스트와의 직접적인 교류가 계기가 되었음을 보여준다.

중국내 아나키스트와의 교류와 함께 간과할 수 없는 중요한 요소는 중국에 풍미하던 아나키스트 서적의 영향을 들수 있다. 그중에서도 특히 러시아 크로포트킨의 저작이 큰 영향을 주었다. 유자명은 크로포트킨의 영향이 절대적이었음을 고백하면서 그의 『한 혁명가의 회억』이 큰 영향을 끼쳤다고 한다. 또한 일본어로 번역된 러시아소설 『처녀지』, 『아버지와 아들』, 『새 폭군』과 톨스토이의 『부활』, 『전쟁과 평화』를 읽었다고 한다.31) 탈환이 크로포트킨의 『빵의 탈환』에서 제목을 따왔다는 사실이나32) 신채호가 일본인아나키스트 행덕추수를 높게 평가하고 그의 「基督抹殺論」을 번역하였으며33) 조선청년들은 크로포트킨의 「청년에 고함」의 세례를 받아야 된다고 역설하고34) 세계 5대사상가로 크로포트킨을 지목한 것은35) 아나키스트의 서적이

---

28) 『운동사』, 393면.
29) 정화암, 앞의 책, 277~278면; 김학준, 앞의 책, 272면.
30) 嶋田恭子, 「파금과 한국인아나키스트들」, 『한국아나키즘운동의 궤적과 21세기 전망』, 자유사회운동연구회 국제학술회의요약문. 이것은 유자명, 앞의 책, 156~163면의 파금과 「머리칼의 이야기」에서도 확인할 수 있다.
31) 유자명, 앞의 책, 53면.
32) 『운동사』, 319면.
33) 신일철, 앞의 책, 173면.
34) 신채호, 「낭객의 신년만필」, 『동아일보』, 1925.1.5.
35) 위와 같음. 그는 5대 사상가로 석가, 공자, 예수, 마르크스, 크로포트킨을 열거하였다. 김성숙도 신채호가 아나키스트서적을 통하여 아나키즘을 수용한 것에 대해 서술하고 있다.(김학준, 앞의 책, 79면)

한인들에게 영향을 주었음을 보여 주고 있다. 상해에서 한때 아나키스트로 경도되었던 김산이란 가명의 장지락도 러시아소설의 영향으로 아나키즘적 테러리스트가 되는 한인에 대해 묘사하고 있다.36)

북경의 아나키즘적 성향의 한인혁명자들은 이 시기 자주 회합하며 함께 거주한 것으로 미루어37) 이들간에 아나키즘에 대한 어느 정도의 합의가 이루어진 것으로 보여진다. 이들 급진적 성향의 민족주의자들은 1924년 4월 말 북경에서 재중국조선무정부주의자연맹을 결성하였다.38) 장소는 기록된 바가 없으나 이회영의 숙소가 아니었나 짐작된다. 왜냐하면 당시 여러 사람이 이회영을 중심으로 그의 숙소에서 모이고 있었기 때문이다. 이들은 당시의 임시정부의 조직형태에 대하여 비판적이었으며 이것은 이회영의 아들인 이규창의 회고에서도 확인할 수 있다. 당시 이회영은 정부라는 조직형태보다 아나키즘의 연합조직을 선호하였으며 그의 이러한 주장에 참석자가 동의한 것 같다.39) 창립시의 모인 사람은 이회영, 이을규, 이정규, 정현섭, 백정

---

36) Kim san and Nym Wales, 『Song of Arirang』, John Day Company, 1941, p.61.
37) 이을규, 이정규, 백정기가 이회영숙소에서 함께 거주하고 심창숙, 신채호가 자주 이회영숙소를 방문하였으며(이규창증언, 1990.11.27., 국사편찬위원회; 이정규, 앞의 책, 49면; 이은숙, 『민족운동가 아내의 수기』, 48면), 유자명이 1923년 여름에 신채호와, 가을에 이회영과 함께 거주한 것은(유자명, 앞의 책, 60면) 북경한인 아나키즘운동의 효시로 볼 수 있다.
38) 조직결성의 직접적인 동기에 대한 정화암의 회고는 독립운동을 이론적 기반을 갖춘 사상적 토대위에서 추진하여 세계적 호응을 얻고 일본지진시 한인에 대한 일제의 만행에 대한 보복심리로 조직하였다고 한다.(정화암, 앞의 책, 62면) 일부 일제측 사료에 조직연대와 장소에 대한 이견이 있으나 1924년 4월이 정확하다. 김정주, 앞의 책, 870면; 평강산이, 앞의 책, 119면 등에는 1928년 상해로 기록되어 있다.
39) 이규창, 『운명의 여진』, 50면. 임시정부의 조직문제시에 이회영은 정부라는 조직형태를 반대하지는 않았으나 운동조직은 행정적인 형태로 해결할 것이 아니라 실지 운동에 있어 각 방면과 연락하여 상호 중복과 마찰없이 진행되게 지도할 수 있고, 협동과 협력할 수 있는 방법과 조직을 세우자는 것이니 이런 운동

기, 유자명 등 6명이었다.40) 정화암의 회고에 따르면 신채호는 북경 순치문내 석등암에 칩거하며 역사편찬중이라 참석하지 못하였고 유림은 성도대학에 재학중이라 참석하지 못하였다.41) 조직결성에 대해 정화암은 독립운동을 이론적 기반을 가진 사상위에서 추진함과 아울러 관동대지진에서의 일제만행에 대한 보복심리로 조직하게 되었다고 회고하였다.42) 이들 한인 아나키스트들은 『정의공보』란 제하의 기관지를 발행하였다. 이 기관지는 석판으로 순간이었으며 이회영이 자금을 부담하여 9호까지 발행하였다.43) 이정규의 회고에 따르면 『정의공보』의 내용은 이회영의 편집방침에 따라 아나키즘선전, 독립운동이론제공, 공산주의와 이론대결, 독립운동진영 내부의 불순면 등을 비판하였는데 홍사단의 무실역행론이나 국민대표회의 등에 대해서도 비판한44) 사실에서 당시 아나키스트들은 민족주의나 공산주의 양쪽에 대해 적대감을 보였음을 짐작할 수 있다.

이들 중국내 독립운동자와 별도로 1924년 10월경 북경국민대학 유기석, 심용해는 향배량, 이패감, 고장강, 곽동헌, 파금, 방종의 등의 중국학생과 흑기연맹을 조직하고 아나키즘의 연구와 선전활동을

조직이란 근본적으로 정부라는 행정적인 조직과 달라야 한다고 주장하였다.
40) 백정기는 1922년 북경으로 망명한 후 곧 1923년 동경으로 건너가 조천수력발전소에서 노동자로 은신중 동경지진후인 1924년 재차 북경으로 귀환하여 이회영과 함께 지내는 사이 아나키즘을 수용하게 되었다.(박기성, 『나의 조국』 참고)
41) 정화암, 앞의 책, 61면;『운동사』, 129면.
42) 정화암, 앞의 책,
43) 이 기관지는 중국내 한인 아나키스트의 초기 사상을 이해하는데 중요한 자료라고 판단되지만 현재 전해지지 않는다. 경상도인 池명대가 상해에 거주하다 미국에 가서 『흑선풍』이란 아나키즘경향의 잡지를 발간했다는 보도를 접한후 자극을 받아 조직을 만들고 기관지를 발간하게 되었다는 회고도 있다.(이정식편, 앞의 책, 274면)
44) 이정규, 앞의 책, 50면; 정화암, 앞의 책, 62면. 정화암도 민족진영내 파벌주의 지양, 자유연합적 조직원리로 독립단체의 결집을 호소, 프로레타리아공산주의비판을 열거하였다.

하였다. 이들은 1925년 봄부터 채원배, 장계, 이석증, 오치휘 등의 지원으로 방종의가 주간한 중문『동방잡지』를 발간하고 1926년 9월 심용해, 유기석, 정래동, 오남기 등은 크로포트킨연구모임을 조직하고 방미예란 가명으로 북경중앙우체국 사서함을 통해 각국 아나키즘단체와 교류하였다.45) 이들이 재중국한인무정부주의자연맹원들과 1924년 이전 상호 교류가 있었는지는 현재로서는 불명확하지만 전자가 주로 혁명운동자였으며 후자가 학생이었기 때문에 교류가 없었을 가능성이 많다고 여겨진다.

1924~1927년간의 재중국조선무정부주의자연맹의 활동은 전체적으로『정의공보』에 의한 선전활동과 각 개인의 친일분자에 대한 테러활동, 그리고 중국과 일본아나키스트와의 국제주의활동에 국한되는 부진한 상황이었는데 그것은 기본적으로는 재정적 어려움때문이었으며 다른 이유는 조직을 배제하는 속성으로 인하여 개인활동에 머물렀기 때문이다. 따라서 일부는 상해로 진출하여46) 曹家渡의 영국인이 경영하는 공장에서 폭탄제조기술을 습득하고47) 중국노동운동에 참여하고48) 이을규와 이정규는 1927년 4월 중국아나키스트의 요청으로 상해노동대학설립과 복건성농민자위운동 등의 국제적 활동에 참여하

---

45)『운동사』, 296~297면. 산전공자에 따르면 파금은 심여추와 유서를 1925년 8월 북경대학에서 처음 만났다고 한다.(산전공자, 앞의 글, 26면)
46) 이정규, 이을규, 정화암, 백정기가 9월과 10월에 상해로 갔으며(이정규, 앞의 책, 50면) 또한 이 시기에 帽兒胡洞의 한 한인에게서 자금을 탈취하였다.(정화암, 앞의 책, 59면)
47) 정화암, 앞의 책, 63~64면. 공장에서 독일계 유태인 마첼(Machall)에게서 이을규, 이정규, 백정기, 정화암, 의열단원 이기연이 폭탄제조기술을 배웠으며 이 사실은 박태원,『약산과 의열단』, 백양당, 1947, 96면에서도 김원봉이 마첼에게서 폭탄을 공급받은 사실로 미루어 마첼은 재중국 한인들에게 큰 도움을 준 인물임을 알 수 있다.
48) 정화암, 앞의 책, 66~67면. 이들은 중국아나키스트조직인 노검파, 진위기, 범본량, 장홍수 등의 남화연맹, 육불여, 모일파 등의 李立三노선을 반대하는 상해공단연합회에 참가하여 5월 30일 對日英총파업에 가담하였다.

였다.49) 1927년 후반부터 중국내 한인아나키스트들은 아나키즘운동의 활력을 위해 기존에 표방했던 아나키즘을 크로포트킨의 아나르코 코뮤니즘으로의 입장을 보다 분명히 천명하고 연맹의 명칭도 재중국조선무정부공산주의자연맹으로 개칭하고 자금난으로 발간을 중지하였던 기관지를 『탈환』으로 개칭하여 1928년부터 발간하였다.50)

1928년 6월 재중 한인아나키스트는 운동의 국제적 연대를 위하여 상해에서 동방무정부주의자연맹에 가맹하였다. 1928년 6월 14일 상해 프랑스조계 李梅路에 위치한 華光醫院에서 조선인 유서, 일본인 강희동(적천계래), 중국인 모일파, 왕수인, 등몽선, 역자기, 오극강 등이 협의후51) 상해에서 한국, 중국, 일본, 대만, 안남, 인도, 필리핀 등 7개국 대표 200여명이 회합하여 연맹을 결성하고 서기부위원에 이정규, 적천계래, 모일파, 왕수인을 임명하였다.52) 연맹은 동방각국의 아나키스트들이 단결하여 국제적 유대를 강화하고 자유연합의 조직원리아래 각 민족의 자주성과 각 개인의 자유를 확보하는 이상적 사회건설에 매진할 것을 결의하였다. 이회영은 이 대회에 「한국의 독

---

49) 이 시기에 이회영은 형인 이석영의 아들인 이규준이 다물단이란 직접행동단체를 조직하자 이를 지도하고 1925년 봄 유자명과 협의하여 의열단과 합작으로 김달하를 암살하는 등의(이정규, 앞의 책, 50면) 테러활동을 하였다.(정화암, 앞의 책, 68~69면)
50) 동 연맹은 1927년 10월 발기문을 만들고 1928년 3월 강령의 초안을 만든 후 1928년 6월 1일 『정의공보』이후 중단되었던 기관지를 『탈환』으로 개칭하여 창간호를 간행하였다.(정화암, 앞의 책, 62면) 이 연맹을 유기석, 한일원, 윤호연 등이 주도하였다는 기록이 있지만 이을규, 이정규형제와 정화암, 유자명, 이회영 등이 각지에 있었기 때문에 이들이 작성한 것 같다. 조선총독부경무국보안과, 『고등경찰보』2호, 62면; 김정주편, 『조선통치사료』10권, 870면; 평강산이, 앞의 책, 119면 등의 자료에 기록된 것은 부정확한 것이다.
51) 「이정규공판기사」, 『동아일보』, 1929.2.16.
52) 「이정규공판기사」, 『동아일보』, 1929.2.16; 김정주편, 앞의 책, 870면. 이정규와 이관식의 『우당이회영약전』, 96면에는 1928년 7월 남경에서 전기한 나라에서 인도를 제외한 6개국이 결성하였다고 기록한 것은 착각인지 아니면 다른 아나키즘대회였는지 불확실하다.

립운동과 무정부주의운동」이란 논문을 제출하여 '한국의 무정부주의 운동은 진정한 독립운동이며 한국에서의 진정한 해방운동, 즉 무정부주의운동은 곧 독립운동'이라고 역설하고 각국의 지원을 호소하여 이회영의 논문이 결의안으로 채택되었다.53) 국내에서도 이석규가 조선의 국내대표로 상해까지 갔으나 이미 폐회된 뒤였으며54) 일본에서도 대표를 파견하려 하였으나 무산되었다. 이 연맹은 이석증이 배후에서 조정하고 지원하였으며55) 두 차례에 걸쳐 대회를 개최하였고 이석증, 호한민, 오치휘, 노신 등이 참석하였다.56) 화광의원은 상해아나키즘운동의 중심으로 사천인 등몽선이 일본유학시 아나키스트가 되어 귀국후 개원한 곳으로57) 같은 이매로에 위치한 진광국이 운영하는 화폐로서점과 함께 각국 아나키스트들과의 연락처로서58) 대삼영, 암좌작태랑, 山鹿泰治, 유자명, 金光洲, 李慶孫, 金明水, 安偶生 등이 자주 드나 들었다.59) 서기국에서는 제1차사업으로 『동방』이란 기관지를 발간하였다. 이들의 기관지인 『동방』은 현존하지 않아 자세한 내용은 알려지고 있지 않지만 이정규가 1928년 8월 20일 간행한 『동방』창간호에 「동방무정부주의자에게 고한다」란 논문을 게제하였으며60) 이회영은 『동방』창간호에 묵란을 게제하였다.61) 이 연맹은 한국아나키즘운동뿐만 아니라 동양아나키즘의 성격을 파악하는데 중요한 단체이다. 이들 동방 각국의 아나키스트들은 일본의 조선지배, 프

---

53) 이정규 이관식, 『우당이회영약전』, 을유문화사(을유문고 263), 1985, 96면; 이정규, 『우관문존』, 57면.
54) 이석규, 「우관이정규와 나」, 『우관문존』, 440면.
55) 신일철, 앞의 책, 171면.
56) 이규창증언, 1991.3.30., 국사편찬위원회.
57) 유자명, 앞의 책, 121면.
58) 이정식편, 「정화암」, 278~279면.
59) 산전공자, 앞의 글, 26면.
60) 「이정규공판기사」, 『동아일보』, 1929.2.16.
61) 이정규, 『우관문존』, 57면.

랑스의 안남지배, 미국의 필리핀지배, 영국의 인도지배 그리고 서양 각국의 중국침략에 공동으로 대처하기 위한 목적으로 단결하였다고 판단된다.

동방무정부주의자연맹에 대해서는 한국아나키즘운동상 중요한 위치를 차지함에도 불구하고 기록이 희소하여 그 구체적 내용은 알려지고 있지 않다. 이 시기에 중국의 남경과 천진 등에서도 아나키스트들의 모임이 개최되었는데 이로 인해 아나키스트조직과 모임에 대한 약간의 혼란이 야기되고 있다.62) 정화암은 동방연맹에 대하여 1927년 9월 광동의 중국인 아나키스트 秦健이 발의하여 6개국대표 120여명이 조직한 것으로 A동방연맹이라고 칭하기도 하였으며 한국대표로 신채호와 이필현이 임병문이란 대만아나키스트의 안내로 참가하였다고 한다. 본부는 상해에 두기로 결의하고 남경에서 대회를 개최하였다고 한다.63) 정화암에 의하면 신채호는 남경에서 대회참석후 북경으로 귀환하여 연맹의 잡지를 발간하기로 계획하고 자금조달을 위하여 북경우편관리국 外國爲替系에 근무하는 임병문과 위폐 2백매를 위조하다 피포되었다고 한다.64) 신채호는 1926년 여름 임병문의 소개로 동방연맹이란 아나키즘단체에 가입하였다고 하나65) 신채호가 동방연맹의 목적, 본부, 가입수속, 강령, 규약, 회원수, 회의참석자를 모른다고 공판에서 진술한 것으로 미루어66) 1926년의 동방연맹은

---

62) 정화암의 회고록에는 남경의 유자명이 상해에서 東方被壓迫民族聯合會를 조직하니 참석하라는 연락이 왔으며 이것이 1928년 5월 말경 남경에서 한국, 중국, 일본, 대만, 안남, 인도 등의 대표가 모여 조직한 동방연맹이라고 회고하였다. 그러나 이부분에 대한 유자명의 기록은 무한에서 동방피압박민족연합회가 열려 중국, 인도, 조선대표가 참석하였고 조선은 유자명, 김규식, 리검운이 참석하였다고 한다.(유자명, 앞의 책, 101면) 정화암과 유자명의 회고를 종합하면 동방피압박민족연합회는 아나키즘의 동방연맹과 관계없는 단체임을 알 수 있다.
63) 이정식편, 「정화암」, 278~279면.
64) 이정식편, 앞의 책, 280면.
65) 「신채호공판기사, 『동아일보』, 1929.2.12.

구체적인 조직은 아니었던 것으로 판단되나 1928년 4월 천진에서 동방무정부주의자대회라 칭한 아나키스트들의 모임은 이들이 주도했다고 판단된다.67) 이 시기의 신채호는 아나키즘운동에 대단한 열정을 바치고 있었다. 그는 곧 북경에서 조선무정부주의자 북경회의를 개최하고 그「선언문」을 직접 기초하였다. 이 북경회의도 자세하게 알려지고 있지 않지만 기록에 나타난 아나키즘대회에서의 결의문은 1928년의 한인아나키즘의 성격을 보여주는 것으로 주목된다. 결의문은 다음과 같다.

- 불순을 극한 현하의 조선민족운동반대
- 일절의 정치운동부정
- 사이비혁명의 허식인 공산전제의 배척
- 공산당 이용주의자의 애매한 사대주의사상의 청산68)

이것은 당시 국내에서 조직된 신간회를 비롯한 통일전선, 임시정부를 비롯한 상해에서의 정당활동 등 민족주의계열의 운동을 비판적으로 인식하였음을 보여 주고 있고 특히 공산주의에 대하여 극도의 불만을 갖고 있음을 알 수 있다. 이후 1920년대의 활동은 선전활동과 테러활동을 제외하고는 특별한 운동이 없었지만 만주에서는 아나키즘운동사상 소수 엘리트가 아닌 대중을 상대로 한 직접운동이 전개되었다.69)

1920년대 중국내 한인 아나키즘운동에서 간과할 수 없는 중요한 것은 만주에서 한인들을 기반으로 이상사회건설을 시도한 일이다. 이

---

66)『동아일보』, 1929.10.7.
67)『동아일보』에 보도된「무정부주의연맹공판기사」(1928.5.10; 1929.2.12)로 미루어 천진에서 한국, 중국, 인도, 안남, 대만대표가 참석한 대회가 있었다는 사실을 확인할 수 있다.
68) 조선총독부경무국보안과,『고등경찰보』2호, 62면.
69)『운동사』, 297면.

들이 추구한 진정한 이상사회는 식민지치하에서는 불가능한 것이다. 그러나 만주의 상황은 당시의 특수한 상황으로 인하여 수십만의 교민과 다수의 한국독립운동단체, 그리고 일제의 간접적인 통치로 인하여 어느 정도 활동의 자유가 보장될 수 있었다. 이를 시도한 김종진은 이회영의 영향을 받아 아나키즘을 수용한 후 만주에서 아나키즘적 이상사회를 직접 실현하고자 하였다. 그는 시종일관 진정한 독립운동의 성공을 확신하고 있었기 때문에 그의 모든 활동은 그 목표를 위한 수단이 되었다. 김종진의 활동에 대해서는 다행히 같이 활동하였던 이을규가 기록을 남겨 어느 정도 자세한 활동을 파악할 수 있다.

김종진은 충남 홍성출신으로 1923년 중국의 雲南강무당을 16기로 입교하여 1925년 4월 졸업하였다.70) 1925년 12월 상해에서 임시정부의 지도급 인사들과의 교류를 통하여 임시정부 내부의 분쟁이 심각한 것을 알고 만주를 근거지로 할 것을 주장하였다. 만주에서 활동할 동지를 구하기 위하여 유자명을 통하여 의열단과도 접촉하였고 황훈을 통하여는 다물단과도 접촉하였다.71) 김종진이 아나키즘을 수용한 직접적 계기는 상해에서 한인아나키스트를 만난 것이 계기가 되었다. 그는 민족주의자와 공산주의자와의 교류중 백정기를 통하여 이을규, 이정규, 정화암 등의 아나키스트들의 독립운동에 대한 의견도 듣게 되었다. 그는 그들 아나키스트들을 '직접행동파'로 묘사하면서 공산주의자들이 그들을 극단의 자유주의자라 비판하는 것에 대하여 그들은 조직을 부정하지 않고 단지 독재적 강권을 배격하고 권력집중을 거부하고 자치적인 연합적 합의체으로서의 자유연합조직을 주장하는 것으로 이해하며 긍정적 평가를 하였다.72) 소위 혁명운동자들이 권력과 명예와 이해 때문에 투쟁하는 것에 환멸을 느끼고 있던 그에게

---

70) 이을규, 앞의 책, 22~24면.
71) 이을규, 앞의 책, 28면.
72) 이을규, 앞의 책, 29면.

는 아나키스트들이 담백한 청류파적 인사로 보였으며 이후 인간적으로 친하게 되자 재만교포를 계몽, 조직화하여 둔전양병의 기반을 조성하고 공산주의를 경계하는 것 등에 대한 의견을 교환하였다.[73]

김종진은 자신의 계획을 도와 줄 한인청년을 규합하기 위하여 1926년 4월 상해를 떠나 南京, 漢口, 武昌, 成都 등지를 여행하였지만 큰 성과를 얻지 못하고 9월 만주로 향하던중 천진의 이회영을 방문하였다. 김종진이 이회영을 방문하게 된 동기는 1926년 4월 이을규를 방문하였을때 평소 존경하던 이회영이 아나키스트란 사실을 듣고 충격을 받았는데[74] 이것이 아나키즘에 대한 학문적 욕구로 이어진것 같다. 이 방문에서 김종진과 이회영은 장시간 한국독립문제와 신사회구조에 대한 토론을 벌였다. 이 '아나키즘문답'을 통하여 김종진은 아나키즘을 수용하게 되었고 문답에서 제기된 원칙이 그의 만주운동의 기본적인 사상적 토대가 되었다. 또한 잘 알려져 있지 않던 중국내 한인 아나키스트원로인 이회영의 아나키즘사상도 확실하게 알게 되었다. 그 가장 중요한 핵심은 정치적으로는 자유평등의 사회적 원칙에 따라 국가와 민족간에도 민족자결의 원칙이 섰으면 그 원칙하에 독립된 민족 자체내부에서도 자유평등의 원칙이 실현되어야 하며 국민상호간에도 일절의 불평등, 부자유의 관계가 존재해선 안된다는 것이다. 독립후의 정치구조는 자유합의로서 운동자의 조직적인 희생으로 독립을 쟁취한 것이므로 권력집중을 피하고 지방분권적인 지방자치제의 확립과 지방자치체의 연합으로서 중앙정치구조를 구상하여야 한다는 것이다. 경제적으로는 재산의 사회성에 따라 일절의 재산을 사회화하고, 경제는 사회적 계획하에 관리되어야 하며 이것은 사회적 자유평등의 원리에 모순되지 않게 관리와 운영이 합리화되어야

---

73) 이을규, 앞의 책, 29~30면.
74) 이을규, 앞의 책, 31면.

한다는 것이다.75) 이 원칙은 아나키즘사상의 핵심이론으로서 이회영의 아나키즘인식은 당시 상당한 정도의 수준이었다고 믿어 진다. 이후 김종진은 이회영과 같이 독립운동자체를 아나키즘운동과 동일시하였고 더 나아가 아나키즘적 독립운동방법이 최선의 독립운동이라는 논리로까지 생각하게 되었다. 그는 독립운동의 목적에 대해서

"독립운동은 온 국민이 다 같이 잘사기 위해서이다. 일제에 빼앗긴 민족적 자주권과 개인의 정치적, 경제적 자유인권을 되찾아서 억울함과 착취가 없는 사회를 만들자는 운동이다. 그런 까닭에 우리가 민족으로서의 자주권과 개인이 가져야 할 자유인권의 침해는 누구에게서도, 즉 이족에게는 물론 동족 상호간에도 용인할 수 없는 생명적 침해라고 우리 독립운동자들은 생각하여야 할 것이다. 독립운동자가 목적하는 사회나 국가는 특권과 차별이 인정되지 않는 만민평등한 사회, 전국민이 완전한 모든 자유를 향유하고 자유발전할 수 있는 국가가 되어야 한다"76)

라고 독립운동 자체가 자유, 평등, 박애를 실현하는 운동이라고 주장하였다. 김종진은 이회영을 방문한후 1927년 10월 말경 만주에 도착하여 族兄 김좌진을 만났다. 김좌진은 신민부를 지도하고 있었으며 신민부는 1920년대 후반 북만지역에서 가장 규모가 큰 독립운동단체로서 남만주의 정의부, 참의부와 함께 중요한 단체였다.77) 김종진은 북만지역을 시찰한후 김좌진에게 만주운동은 교포의 권익옹호를 통하여 교포가 단결, 자주 자치하는 생활환경을 조성하도록 지도하여야 하고, 그후 교육과 훈련을 실시해야 한다고 제안하였다. 또한 신민부

---

75) 이을규, 앞의 책, 44~45면.
76) 이을규, 앞의 책, 78~79면.
77) 만주의 독립군은 1922년말부터 독립운동단체의 통합을 추진하여 1925년 1월 穆陵縣에서 부여족통일회의를 개최한후 3월 10일 寧安縣 寧安城에서 대한독립군단, 대한독립군정서, 중동선교육회 및 16개 지역 민선대표와 10개 국내단체 대표가 참가하여 신민부를 조직하였다(박환, 「신민부」, 『만주한인민족운동사연구』, 일조각, 1991, 156~158면)

를 재만한인 자신들의 조직으로 개편하여야 공산세력의 침투를 방지하고 사상적으로 공산주의를 극복할 수 있다고 설득하였다. 이 방법만이 일제와의 장기적인 항전이 가능하며 정신력의 강화가 가능하다고 역설하였다. 당시까지의 조직은 민중자신의 자발적 조직이 아닌 일부 지도자와 권력분자의 지배조직, 민중의 부담으로 유지되는 권력조직으로서, 민중위에 군림하는 관료화된 기관임을 지적하였다.78) 또한 김종진은 김좌진에게 아나키스트들이 공정하고, 독립운동자로서의 양심과 정열이 탁월함을 내세워 협력할 것을 권유하였다.79)

신민부는 1927년 12월 25일 石頭河子에서 개최된 총회에서 군정파와 민정파로 양분되어 군사부위원장겸 총사령관인 김좌진은 이를 계기로 적극적인 무장투쟁을 주장하였고 민사부위원장인 최경은 교육과 산업을 우선 발전시켜야 된다는 이유로 이에 반대하였다.80) 김좌진은 군정파의 강화를 위하여 서로군정서의 참모장이었던 黃學秀를 참모부위원장에 임명하고 김종진을 군사부위원에 참여시켰다. 이 조치는 김좌진이 전술한 김종진의 아나키즘이론을 부분적으로 수용한 것이다. 김종진은 만주에서 활동하던 유림과 1929년 3월 남경에서 도착한 이을규와 함께 해림에서 각지의 독립운동자들을 소집하여 만주운동전반에 걸친 토론회를 개최하였다. 이 토론에서는 김종진이 제시한 '만주의 독립운동계획안'이 주요한 토의주제로 선정되어 주로 대공산주의 정책수립에 대한 방책이 논의되었다. 유림은 이 토론에서 사상은 사상으로 방어해야 하므로 공산주의는 아나키즘으로만 방어할 수 있다고 주장하였다. 결국 김좌진, 김종진, 이을규는 별도로 신민부개편건과 대공산주의 방책건을 논의한 후 신민부개편을 김종진에게 위촉하였다.81) 이는 김좌진과 김종진 사이에 아나키즘에 대한 이해

---

78) 이을규, 앞의 책, 79~80면.
79) 이을규, 앞의 책, 80~81면.
80) 박환, 앞의 책, 176면.

가 이루어 졌음을 보여 주는 것으로서 이후 신민부가 한족총연합회로 개편되고 아나키즘적 원리에 따라 운영되는데 중요한 요소가 되었으며 민족주의와 아나키즘이 연합한 대표적인 사례의 하나가 되었다.

김종진을 주축으로 한 만주의 한인 아나키스트들은 1929년 7월 北滿洲 海林의 한 소학교에서 재만조선무정부주의자연맹을 조직하였다. 연맹원은 李俊根, 李康勳, 李鵬海, 李德載, 李達, 金野蓬, 金野雲, 嚴亨淳 등 17명이었으며 만주의 아나키즘단체로는 최초의 것이었다. 연맹의 강령은 다음과 같다.

1. 우리는 인간의 존엄과 개인의 자유를 완전보장하는 무지배사회의 구현을 기한다.
2. 사회적으로 모든 사람은 평등하므로 각인은 자주창의로 또는 상호부조적 자유합작으로써 각인의 자유발전을 기한다.
3. 각인은 능력껏 생산에 근로를 바치며 각인의 수요에 응하여 소비하는 경제질서확립을 기한다.[82]

강령에서 표현한 무지배의 사회는 중국의 군벌과 일제의 탄압 그리고 각 독립운동단체의 압력에 시달리고 있던 한인들에게 절실한 과제였으며, 상호부조적 자유합작의 정신은 이국땅에서 생존해야 하는 그들에게 무엇보다 필요한 생존방법으로 부각될 수 있었고 특히 생산과 소비에 대한 각 개인에 대한 규정은 중국내 한인아나키즘운동에서 처음으로 경제문제에 대한 원칙을 천명한 강령으로서 이는 이론만이 아닌 실천운동으로서의 아나키즘으로 한단계 발전한 것을 의미한다. 그 當面綱領은 다음과 같다.

1. 우리는 재만동포들의 항일, 반공사상의 계몽 및 생활개혁의 계몽에 헌신한다.

---

81) 이을규, 앞의 책, 86~87면.
82) 이을규, 앞의 책, 88면.

2. 우리는 재만동포들의 경제적, 문화적 향상발전을 촉성키 위하여 동포들의 자치합작적 협동조직으로서 동포들의 조직화에 헌신한다.
3. 우리는 항일전력의 증강을 위하여 또는 청소년들의 문화적 계발을 위하여 청소년교육에 전력을 바친다.
4. 우리는 한 농민으로서 농민대중과 같이 공동노작하여 자력으로 자기 생활을 영위하는 동시에 농민들의 생활개선과 영농방법의 개선 및 사상의 계몽에 주력한다.
5. 우리는 자기사업에 대한 연구와 자기비판을 정기적으로 보고할 책임을 진다.
6. 우리는 항일독립전선에서 민족주의자들과 우군적인 협조와 협동작전적 의무를 갖는다.[83]

　상기 당면강령에 표현된 재만조선무정부주의자연맹의 성격은 크게 두가지로 요약할 수 있다. 첫째는 크로포트킨의 농업론을 바탕으로 한 이상적 농촌을 건설하는 것이고 둘째는 항일운동에서 공산주의를 배격하고 민족주의와 협동전선을 펼치겠다는 것이다. 4항에 표현된 것은 모든 사회구성원이 공동경작, 공동소비하는 코뮨식의 사회를 구상하고 있다.
　전술한 대로 신민부개편안을 김종진에게 위촉하였는데 교육, 사상계몽, 생활개선지도를 연맹이 책임을 지고, 개편될 조직에 재만조선무정부주의자연맹원이 전원 참가하는 안이 연맹의 월례회의에서 가결되어, 김좌진은 이를 산시와 해림 중간의 石河驛前의 한 교포의 농가에서 신민부 주요간부회의를 개최하여 토의한 후 재만한족총연합회를 조직하게 되었다. 이로서 만주한인독립운동상의 중요한 단체였던 신민부는 공식적으로 해체되고 아나키즘적 성격이 강한 새로운 단체로 재출발하게 되었다. 1929년 8월 초 임원을 선임하여 한족총연합회 위원장에 김좌진, 부위원장에 권화산, 농무 및 조직선전위원장에 김종진과 부위원장에 한청암, 정신, 교육위원장에 이을규와 부위원장에

---

[83] 이을규, 앞의 책, 89면.

박경천, 군사위원장에 이붕해와 부위원장에 강석천을 임명하고 각부 차장에는 이달, 김야봉, 김야운, 이덕재, 엄형순 등을 임명하였다.84) 임원명단을 보면 대부분의 중요 간부에 아나키스트가 포진하고 있음을 알 수 있다. 임원결정후 지방조직은 조직선전부에서 대원을 파견하여 적격자를 임명하는 방법으로 진행하였으며85) 그 조직은 3대로 나눠 제1대는 海林以西에서 一面波까지, 제2대는 해림以東에서 五站까지, 제3대는 吉林에서 敦化까지(沿線一帶)86) 정하였다.

한족총연합회의 조직대강에 의하면 이 단체의 성격을 분명하게 추출할 수 있다. 그 목적과 사업에서 재만한교의 정치적, 문화적, 경제적 향상발전을 도모하고 동시에 항일구국의 임무를 완수하기 위하여 재만동포의 총력을 결집한 교포들의 자주자치적 협동조직체임을 천명하여87) 아나키즘적 자주자치의 방법으로 재만 한인의 생존권과 독립운동을 수행하는 기관임을 분명히 하였다. 이를 위하여

1) 교포들의 집단정착사업, 교포의 유랑방지, 집단부락촉성
2) 영농지도와 개량, 공동판매, 공동구입, 경제적 상조금고설치 등을 목적으로 하는 협동조합사업
3) 교육 문화사업, 즉 소학 중학의 설립운영, 각지조직의 연락 및 교포들의 소식, 교포들의 생활개선, 농업기술지도 등을 위한 정기간행물간행, 순회강좌, 순회문고설치, 성인교육과 장학제도
4) 청장년에 대한 농한기의 단기군사훈련
5) 중학출신자로서 군사간부양성을 위한 군사교육기관의 설립운영
6) 항일 게릴라부대의 교육훈련, 계획, 지휘를 맡으며 지방치안을 위한 지방조직체의 치안대 편성지도 등을 위한 통솔부설치88)

---

84) 이을규, 앞의 책, 92면; 『운동사』, 327면.
85) 이을규, 앞의 책, 92면.
86) 이을규, 앞의 책, 92~93면.
87) 이을규, 앞의 책, 90면.
88) 이을규, 앞의 책, 90~91면.

등의 사업을 계획하였다. 또한 구체적인 의사기관과 집행부에 대해서 각 부락 자치반은 班民總會를 결의기관으로 하여 사업계획, 예산과 결산의 심의 및 책임자와 대표자의 선거를 행하며, 區分會에서는 각 반 대표자회의를, 지역연합회에서는 구분회대표자회를, 총연합회에서는 지역대표자 및 구분회대표자총회를 의결기관으로 하여 사업계획, 예산과 결산의 심의결정 및 각 조직과의 연관사항에 대한 심의를 하고 동시에 각 부서책임자의 선거를 행한다고 정하였다. 집행부의 부서는 총연합회에 위원장, 부위원장, 농무, 교육, 군사, 재정, 조직선전, 사회보건, 청년, 총무의 각부를 설치하고 각부에는 부위원장과 차장을 임명하고 섭외는 총무부가 담당하도록 하였으며 각 지역연합회 이하 조직의 집행부서는 총연합회의 부서에 준하여 그 지방실정에 맞도록 적절하게 둘 것을 정하였다.89) 아나키즘논리에 따르면 모든 조직은 하향식이 아닌 자발적인 참여로 상향식 조직이 되어야 하는데 당시의 실정상 하향식으로 임명한 뒤에 다시 선거를 통하여 상향식으로 재조직하기로 하였다.90)

한족총연합회는 중앙집권조직을 부인하고 자유연합주의적 지방합의제에 의한 완전한 지방자치체를 만들려고 각 지방에 한족농무협회를 조직하고 이것을 기초로 연합기관으로서의 한족총연합회를 조직하였는데 이것은 조선해방운동선상 이러한 유형으로는 최초의 단체였다.91) 만주한인 아나키스트에 의하면 "마르크스 레닌주의가 조선운동에 적합하지 않은 것을 철저하게 자각한 북만민중이 수년전부터 자유연합주의 기치하의 중앙집행위원회의 독재와 전제를 단연코 배척하고 지방의회제로서 완전한 농민자치를 뜻하는 북만 각지방의 농무협회를 망라한 한족총연합회를 조직하였다. 아마도 4천년 조선역사이래

---

89) 이을규, 앞의 책, 91~92면.
90) 이을규, 앞의 책, 92면.
91) 「김좌진동지의 약력」, 『탈환』9호(『아나키즘연구』창간호소수)

새로운 방식에 의한 농민자체의 조직체"92)라고 한 표현에서 이들의 자부심이 대단하였음을 알 수 있다.

한족총연합회를 통하여 아나키즘사회를 구현하려한 재만조선무정부주의자연맹은 1929년 11월 중순 발표한 북만한인청년연맹선언에서 "강도 일본은 조선에서 무장한 군대와 경찰을 선두로 하여 경제적으로 야전적 약탈을 계획 실행하고, 정치적으로 절대 전제적 폭압을 가하고 있다. 그리하여 또 다시 만주와 몽고를 적극적으로 침략하려는 야망을 가지고, 모든 수단을 동원하여 그 정책의 실현에 분주하다. 이러한 현실에 당면한 조선민중의 결정적 진로는 적과 최후의 결전을 시도하는 길 뿐이다"라고93) 일제에 대한 투쟁의 지속을 목표로 하였다.

한족총연합회의 활동은 특히 공산주의세력으로 부터 심한 견제를 받았다. 그 이유는 물론 김좌진이 기본석으로 반공입장에 있었으며 일본의 간도출병시 자유시참변의 와중에 공산주의에 반감을 갖게 되었기 때문이다. 이로 인해 공산주의나 한족총연합회 각자의 세력권 밖은 상호 쉽게 침범하지 못하게 까지 되었다. 정화암의 회고에 해림중심의 한족총연합회지역과 寧安縣중심의 공산주의세력이 서로 극심하게 대립하였다는 것은 이러한 사정을 설명한 것이다.94) 특히 조선공산당 만주총국은 북만청년총동맹 등의 하부조직을 통하여 이전의 신민부시기에도 활동에 지장을 주었다.95) 이러한 상황에서 김좌진의 의욕적인 활동도 1930년 1월 24일 공산주의자인 김종환의 지시로 박상실이 그를 저격하여 위기를 맞게 되었다. 김좌진의 피살후 石河

---

92) 「산시사변의 진상」, 『탈환』9호.
93) 「북만한인청년연맹선언」, 『탈환』7호(외무성경찰국, 『조선민족운동사』6, 고려서림영인본, 561~3면소수).
94) 정화암, 앞의 책, 124면.
95) 유영구, 앞의 논문, 66~67면.

의 임시총회에서 권화산부위원장이 위원장을 맡게 되었다.96)

이 시기 재중국조선무정부주의자대표자회의가 북경에서 개최되었다. 이을규와 김종진이 재만조선무정부주의자연맹 전체회의에서 대표로 선출되어 파견되었다.97) 이 회의는 국내에서 신현상이 자금을 획득해 오자 이 자금사용문제를 논의하기 위한 회의였다. 북경국민대생 정래동, 오남기, 국순엽 등이 연락책임을 맡아 상해의 백정기, 김지강, 황웅, 복건의 정화암, 왕해평, 양여주, 김동우 등에게 연락하여 중국내 한인 아나키스트 전체회의를 개최하였으며, 이 회의에서 김종진의 만주아나키즘운동에 재정적, 인적 지원을 결의하였다.

회의중에 일본경찰의 급습을 받아 김종진, 이을규, 신현상, 최석영, 정래동, 오남기, 국순엽, 차고동 등이 구속되었으나 유기석의 노력으로 최석영, 신현상을 제외한 전원이 석방되어 장소를 변경하면서 회의를 계속하였다.98) 그러나 자금을 경찰에 압수당하여 운동전망이 불투명하여졌다. 이 때문에 자금모집을 위해 이을규가 천진까지 갔으나 피포당하였고99) 또한 당시 한인비행사인 안창남이 사고사한 것을 계기로 그 위자료를 끌어 들이려고도 시도하였다. 결국 일본조계 안에 있던 正實銀行에서 김지강, 양여주, 장기중, 김동우가 약간의 자금을 강탈하여 이를 정화암이 북경으로 갖고 왔다.100)

결국 회의에서 결정한 대로 만주운동의 지원을 위하여 대원을 3개조로 분산시켜 만주로 이동시키기로 하고 1조에 장기준, 이회영의 딸 규숙, 현숙, 2조에 백정기, 양여주, 3조에 정화암, 김지강 등이 출발하였다.101) 그러나 전술한대로 공산주의자와 아나키스트의 분규로

---

96) 대종교가 아나키스트의 주도권장악에 반발하였다는 기록도 있다.(이강훈,『무장독립운동사』, 128~129면)
97) 이을규, 앞의 책, 104~105면.
98) 이을규, 앞의 책, 107~109면; 정화암, 앞의 책, 101~103면.
99) 이을규, 앞의 책, 111~112면;『동아일보』, 1931.12.17.
100) 정화암, 앞의 책, 107~116면;『운동사』, 334면.

1931년 7월 초 이준근, 김야운이 石頭河子의 김동진의 집에서 피살되고 김종진도 해림역전 조영원의 집에서 행방불명되었다.102) 아나키스트들은 '역사이래 최초의 자유조직체가 일년 미만에 왕성해지자 강압적인 중앙집권적 공산주의는 민중의 신임을 완전히 잃어 버리게 되었는데 이것은 동지 김좌진이 한족총연합회 일원으로 분투노력한 결과이고 동연합회의 기초가 점차 공고하여지자 이에 대한 공산당의 시기와 질투는 날로 누적되어 최후수단으로서 동지 백야를 암살한 것'이라고103) 공산주의자의 아나키스트에 대한 공격이라고 주장하였다. 이 시기는 남만철도의 폭파원인을 규명하고 마적과 공산당세력을 소탕한다는 이유로 일본이 만주일대에 대규모 군사작전을 수행중이었기 때문에 만주의 한인 아나키스트들은 일제 및 공산세력과의 대결에서 전력을 소모하는 것보다 차후를 기약하기로 결정하고 마침내 1931년 8월 하순 중국관내로 철수하여104) 2년여에 걸친 만주에서의 아나키즘운동이 실질적으로 종결되었다.

 1920년대 중국내 한인아나키즘운동에서 간과할 수 없는 중요한 것은 대표적인 민족주의적 항일독립운동단체였던 의열단에 끼친 영향이다. 의열단은 1929년 11월 만주의 길림에서 밀양출신 김원봉에 의해 조직된 급진적 단체였다.105) 김원봉의 독립을 위한 투쟁방법은 주로 테러였으며 이것은 그의 "우리가 광복운동을 시작한 이래 임시정부를 조직하고, 군대를 조직하고, 혹은 공산당과 제휴하고 혹은 국민회의를 개최하는 등 여러가지를 강구해 보았으나 얻은 바가 무엇이냐? 조선총독을 죽이기를 5~6명에 이르면 후계자가 되려는 자가 없을 것

---

101) 이을규, 앞의 책, 113면; 정화암, 앞의 책, 118면.
102) 이을규, 앞의 책, 117면; 정화암, 앞의 책, 129면;『동아일보』, 1931.9.11.
103)「산시사변의 진상」,『탈환』9호.
104) 정화암, 앞의 책, 130면.
105) 박태원,『약산과 의열단』, 26면.

이고 동경에 폭탄을 터트려 매년 2회이상 놀라게 하면 그들 스스로 한국을 포기하게 될것이다"란 그의 말에서 의열단의 테러의지를 알 수 있다.106) 김원봉의 의열단은 유자명의 영향으로 아나키즘을 수용하고 그들의 민족주의적 테러활동에 아나키즘적 논리를 갖추게 되었다. 유자명은 1921년 천진에서 의열단에 가입한 이래107) 의열단의 투쟁에 아나키즘적 급진적 투쟁이론을 제공하는 지주로서 활약하였으며 『의열단간사』를 저술하여 의열단의 활동을 기록으로 정리할 만큼 의열단과 밀접한 관련을 맺고 있었다.108) 의열단은 창설초기부터 급진적 테러투쟁으로 민족주의일각에서조차 비판을 받고 있었기 때문에109) 의열단의 행동에 정당성을 부여할 필요성을 절감하였는데 이것은 '암살과 파괴만이 능사가 아니다. 행동뒤에 선전이 따르지 않으면 일반민중은 행동에 나타난 폭력만 보고 폭력속에 있는 정신을 이해하지 못할 것이다. 끊임없는 폭력과 함께 꾸준한 선전, 선동, 계몽이 필요하다'는 김원봉의 언급에서 잘 알수 있다.110) 이러한 의열단의 이론적 요구로 1922년 겨울 유자명이 김원봉과 신채호를 연결하여 「의열단선언문」이 탄생되게 되었다. 선언문은 유자명과 신채호가 아나키즘적 경향을 보인 시기의 글로서 아나키즘적 논리로 일제타도와 신조선건설을 역설한 일제시대의 대표적 항일선언문이 되었다. 김원봉은 선언문에 크게 만족해 하였으며111) 김산도 아나키즘이 의열단의 정신적 요소라고 지적한 바 있고112) 김성숙도 의열단을 이념적

---

106) 경북경찰국, 앞의 책, 97면.
107) 박태원, 앞의 책, 205면. 정화암, 『나의 회억』, 63~64면에서는 1924년 가입하여 의열단의 통신연락과 선전을 책임맡았다고 기술하고 있다.
108) 박태원, 앞의 책, 210면.
109) 신용하, 앞의 책, 239면.
110) 박태원, 앞의 책, 104면.
111) 박태원, 앞의 책, 120면.
112) Kim San, op., cit, p.58.

으로 이끈 사람은 신채호로서 그 기본적인 이념은 항일독립과 무정부 였다고 한 사실로 미루어113) 아나키즘은 김원봉과 의열단의 투쟁을 이끈 정신적 지주였다고 말할 수 있다. 김원봉은 일본의 대표적 아나 키스트였던 대삼영과 회담하고 의열단의 동경지부설치에 합의하는 등114) 적극적인 아나키즘운동에 관심을 가졌으나 점차 공산주의의 정치운동으로 경도되면서 1929년 의열단 상해지부의 해단성명 시기 에 실질적인 의열단활동이 중지되었다. 상해지부의 해단에 대한 이유 에서 의열단이 민족주의, 공산주의, 무정부주의로 분열하여 통일을 기할 수 없기 때문이라고 발표한 것으로 미루어115) 단원중에 아나키 스트가 다수를 점하고 있었다는 것을 알 수 있다.

이상과 같은 1920년대 중국내 한인아나키즘운동은 1920년대말에 는 대표적 아나키스트인 신채호, 이정규, 이을규, 유림 등의 대표적인 인물들이 피포되고 유기석 등의 아나키스트들이 전열에서 일시 이탈 되어116) 『탈환』을 간행하는 등의 소극적 활동 이외에는 특별한 운동 이 없는 침체기를 맞게 되었다.

2. 재중 한인아나키스트의 탈환론

재중 한인 아나키스트의 급진적 독립운동은 그들의 기관지인 『탈

---

113) 이정식편, 앞의 책, 77면.
114) 국회도서관, 『한국민족운동사료:중국편』, 1976, 43면.
115) 국회도서관, 앞의 책, 636면.
116) 유기석은 북평에서 시정부비서로 일하면서 중국인아나키스트와 일하고(국회도 서관, 『한국민족운동사료:중국편』, 646면; 평강산이, 앞의 책, 119~120면) 유 자명은 1928년 3월부터 6개월간 무한경비사령부에서 옥고를 치루고 남경피압 박민족연합회의 일을 하던중 교육계에 발을 들여놓아 천주 黎明중학교에서 생 물학을 가르치고 1930년 1월 중국아나키스트 匡互生이 세운 상해의 입달학원 으로 옮겼다(유자명, 『나의 회억』, 료녕인민출판사, 1984, 111~118면)

환』을 통하여 그 성격을 분명히 알 수 있다.117) 즉 제목에서 보여주듯이 민족독립투쟁이론으로서의 '탈환론'을 주장하였다. 이들은 탈환론에서 일제의 조선수탈을 논리적으로 규명하고 조선을 원위치 시켜야만 하는 당위성을 주장하였다. 이 논리를 뒷받침하기 위하여 아나키즘의 국가와 정부자체를 부정하는 이론을 차용한 것이다. 즉, 조선은 일제가 선전하듯이 소위 문화정치의 혜택을 받은 것이 아니라 조선민족은 노예의 상태하에 있음을 규정하고 이를 극복하고 자유, 평등, 박애, 상호부조의 생존권이 있음을 주장하였다. 이것은 이전의 3.1운동과 같은 타협적 투쟁방법이 아닌 혁명적 투쟁방법을 제시한 이론이었다. 아나키즘이론을 원용하여 식민지 지배하의 조선을 '되빼앗자'는 탈환과 이후 신채호가 주장한 그 탈환의 방법으로서 한인이 모두 혁명운동에 참여하는 민중직접혁명론을 제시한 것이다. 이것은 공산주의의 프로레타리아혁명이나 민족주의의 무력투쟁론과는 성격을 달리 하는 것이다. 이것은 공산주의의 독재적 방식의 조직과 투쟁을 거부하면서도 일부 민족주의 일각의 타협적 요소도 배제한 아나키즘의 논리이다. 물론 식민지 상황에서 조국을 광복하고자 하는 노력은 모두 탈환이라고 할 수 있겠으나 이들이 주장한 탈환론은 아나키즘논리에 따른 급진적 되빼앗기의 이론이었다. 즉, 일제의 강점이래 조선민족이 처한 상황을 '노예'라 규정하고

"우리들의 요구하는 바는 노예가 아니며, 압제와 속박이 아니며, 궁핍과 비참이 아니다. 그렇다. 우리들의 요구하는 바는 자유이며 평등이며 행복이며 희망이다. 우애이며 상호부조요, 상호학대 상호살상하는 것이

---

117) 『탈환』은 1928년 6월 1일 창간호를 발간하고 6월 15일 창간호 증간호를 발간하였다. 1929년 6월 6호를 발행하고 1930년 1월 1일 7호를 발간하였다.(김정명, 『조선독립운동』2권, 334면, 346면) 1930년 4월 20일 9호가 발간되었다. 창간호와 창간호증간호는 현재 영인되었으며(국민문화연구소 고전간행회, 1984) 9호는 『아나키즘연구』창간호에 일문으로 번역된 요약문이 실려 있다.

아니다"118)

일제의 병합 이래 조선은 노예로 전락하였으며 이런 상황의 조선민족의 염원은 '자유'에 있음을 역설하고 이 자유는 식민지지배를 벗어나는 의미와 함께 아나키즘에서 주장하는 완전한 개인의 자유가 보장되는 인간의 자유를 의미하고 있다. 또한 인간이하인 동물들도 자유가 있음을 환기시키고

"그러나 야수는 오히려 질병이나 기타 사고가 있을 때에 그 주인의 보호를 받지마는 우리는 다만 방축이 있을 뿐이며 참사가 있을 뿐이다. 나무가지에서 노래하는 새도 연애하는 자유가 있으며 산야에 OO하는 짐승도 먹는 자유가 있다. 그러나 인간인 우리는 법률과 질서라는 제도에 속박되어 그만한 자유도 없다"119)

선언에서는 동물들도 자유가 있음을 지적하고 '우리는 실로 잠을 깨고 눈을 떠야 할 때'라고 한국민중의 일제의 지배에 대한 각성을 촉하고 있다. 이들의 탈환론에서 일제가 선전하는 것과는 달리 조선지배의 실상은 특히 사회경제적으로 그 모순이 심각하며 인간으로서 누려야 할 최소한의 경제적인 권리가 박탈당한 상황은 오로지 탈환외에는 다른 길이 없음을 논리적으로 설명하고 있다. 인간생활에서 '살 권리', 즉 경제적 욕구의 중요성에 대해서는 크로포트킨이 극명하게 표현한 바 있다. '인간은 극단적인 궁핍 앞에서 혁명이 일어나며 혁명의 궁극적 목표도 만인에게 빵을 주는 것이다.'120) 또한 '우리는 만인이 배부르게 먹어야 하며 또한 실제로 가능하다는 것, 만인에게 빵이라는 표어를 가지고서만 혁명은 승리할 것이다'라는121) 명제는

---

118) 『탈환』창간호(증간호), 6면.
119) 위와 같음.
120) 크로포트킨(백낙철역), 『빵의 탈환』, 우리, 1988, 52면.
121) 위와 같음.

중국내 아나키스트들에게 일제의 극단적 수탈에 의해 민족적 생존 자체가 위협받는 조선민족의 당시 상황에서 조선이 혁명의 적합한 진원지로 인식하게 된것이다.

> "우리는 사활의 기로에 선 사람들이다. 곧 사멸이 닥칠 줄을 알면서도 생의 애착이 굳은 우리는 오히려 살려고 발버둥을 친다. 그러면 혹 살 방도가 있을까? 있다면 확실한 것이라야 한다. 天不生無0之人이라는 등의 어름어름하는 수작에는 너무 속아서 진저리가 난다. 그러나 속어에 하늘이 무너져도 솟아날 구멍이 있다고 하더니 이와 같이 사멸의 開頭에 선 우리에게도 살 방도가 있다. 즉 오직 탈환의 한 길이 있다. 되빼앗기의 한길 뿐이다"122)

라고 조선민중이 일본제국주의의 손아귀에서 벗어날 유일한 방도로서 되빼앗기를 주장하고 이것은 일본에 대한 복수적 행동이나 이론이 아니고 '인간성의 발휘'이며 '생의 원리'라고123) 역설하고 이 원리에 따른 본능과 인간성으로 탈환을 부르짖을 것이라고 주장하였다. "이와 같이 뿌리깊은 인간성과 생물적 본능에서 탈환의 함성은 소리쳐 나온다. 갖은 철쇄-정치적, 경제적, 종교적, 사회적-에다 목을 매여 갖은 고통, 혹사, 학대를 당하며 사멸의 구렁으로 들어가는 우리 조선사람에게 이 본능, 이 인간성은 특히 탈환을 부르짖게 한다"124) 생물적 본능으로 탈환을 원하고 이것은 조선민족의 기본적 생존조건이 없기 때문에 가능하다고 하였다. 즉 "갈아 먹을 전토가 없다. 들어 있을 집이 없다. 뿐만 아니라 말 한마디 발 한걸음 마음대로 떠들고 내디딜 자유가 없다. 이런 것이 없이 살 수 있다면 그것은 서유기같은 옛이야기에서나 할 소리이다"라고 주장하였다.125) 이것도 원래 조선사람

---

122) 『탈환』창간호(증간호), 2면.
123) 위와 같음.
124) 위와 같음.
125) 위와 같음.

에게는 그 모든 조건이 즉 생존적 조건이 있었지만 전체적으로 왜놈에게, 부분적으로 조선놈에게 빼앗겼기 때문에 다시 탈환해야 하는 것이다.

> "빼앗긴 것은 찾아야 한다. 찾아야 산다. 그러나 애걸과 호소는 찾는 방법이 아니다. 찾는 유일의 방법은 되빼앗아 오는 것이다, 탈환이다. 모든 것을 다 빼앗긴 우리 전 민중은 단결하여 철저히 탈환을 실행하자. 자유와 의식주 등 모든 생존조건을 탈환하자!"126)

이들 재중국 한인아나키스트들이 주장하는 독립투쟁방법, 즉 되빼앗기, 탈환은 이전의 온건적 독립투쟁노선인 3.1운동, 외교론, 준비론 등과는 그 궤를 달리하는 급진적인 노선이었다. 신채호가 조선혁명선언에서 지적한 바대로 일제에 대한 애걸과 호소로는 독립이 불가능하다는 인식하에 실력으로서 쟁취하려 한것이다. 강제로 빼앗긴 모든 제 조건을 당연히 실력으로 원위치 시킨다는 이 논리는 후술할 신채호의 민중직접혁명론을 합리화, 정당화시켜 주는 것이다. 또한 빼앗은 후, 즉 독립혁명후의 상황에 대하여 일단 빼앗은 것은 영원히 유지하고 진정한 주인이 되어 그것을 발전시켜야 한다고 주장하였다. 즉, 탈환보다 더 중요한 것은 그것을 지키고 발전시키는 것으로서 미국독립혁명이나 프랑스혁명, 러시아혁명 등이 모두 민중적 탈환운동이었지만 국민이 진정한 주인이 되지 못하여 미완성의 혁명이 되었다고 인식하였다.127) 그러므로 『탈환』은 조선민중의 탈환운동, 즉 혁명운동을 이론과 실제적으로 고취시키고 탈환 후의 건설, 즉 강권적 조직이 없는 자유와 평등의 신사회건설의 원리와 방법을 지도하는 임무를 수행하겠다고 주장하였다.128) 이들의 모든 요구는 그들의 구호에

---

126) 위와 같음.
127) 위와 같음.
128) 위와 같음.

그 정수를 요약하고 있다.

> 모든 빼앗긴 것을 되찾자!
> 왜놈에게 빼앗긴 것은 왜놈에게서!
> 조선놈에게 빼앗긴 것은 조선놈에게서!
> 빼앗아 온 모든 것은 영원히 내가 그 주인이다!
> 탈환후의 사회는 자유의 무정부공산사회다![129]

위의 주장에서 일본인뿐 아니라 조선인에게서 까지 탈환을 주장한 것은 조선인 민족부르조아지의 봉건적 수탈로 뺏긴 것도 탈환하자는 것으로 민족주의를 극복하고 아나키즘에 도달했음을 보여 주고 있다. 또한 탈환후의 사회도 아나키즘의 사회적 공동체를 중요시하는 무정부공산사회를 지향하고 있음은 이들이 결코 순수한 독립운동의 방책으로만 이론을 차용한 것이 아님을 보여 주는 것이다. 『탈환』의 표지 구호는 '하나님에게 폭탄을 던지자! 각종 자본주의를 박멸하자!'로서[130] 급진적 혁명구호를 통하여 민족운동자들의 의식을 일깨우고 젊은 운동자들의 적개심을 고취시키려 한 것으로 보인다.

중국내 한인아나키스트의 일본으로 부터의 탈환은 아나키즘의 핵심이론인 국가부정을 차용하여 그 주 대상인 일본제국주의 자체를 부정하는 논리로 발전하였다. 일본의 모든 정치, 경제, 사회, 문화를 부정하였는데 궁극적인 목표는 일본의 정부, 즉 국가권력이었다. 그들은 어떤 종류의 정부든지 그 존재를 절대로 불허한다고 선언하고 이것을 역사적으로 고찰하였다.

> "왜 우리 사람사람이 다 만족한 생활, 자유스러운 생활을 하려고 노력하며 그렇게 할 능력이 있음에도 불구하고 이 사회는 우리를 이와 같이 간단없이 구속 박해하며 우리가 각인의 생산노동을 1일 십수시간씩

---

129) 위와 같음.
130) 『탈환』 표지.

함에도 불구하고 그 대가로 우리에게는 오직 기아와 窮困이 오는 것을 이 사회는 정당시한다. 이러한 사회에서는 민중들에게 사고의 힘이 조금이라도 있다면 사회에 대한 분개와 목전에 보이는 그 자유의 생활, 풍족한 생활의 희망으로 즉각 반란을 아니 일으킬 수 없다. 그러면 현사회가 如斯한 원인은 무엇이냐? 그 원인은 두가지이다. 그 하나는 집중된 권력이니 이것은 수천년의 역사를 통해 뿌리깊게 내려온 것으로 이것이 마침내 제2의 원인까지 낳게 된 것이다. 어떤 때는 촌장적 권력으로, 어떤 때는 교황의 신권으로, 어떤 때는 전제군주의 왕권으로 되었으며 다시 근대식 자본계급적 정권 즉, 민주주의적 정권으로 되고, 또 다시 파생되어 볼쉐비키식 독재가 되었다. 그러나 형식은 어떻든 그 본체는 여전히 일부 놈들의 공구인 집중된 권력이다. 다시말하면 권력계급의 놈들이 자기 수중에 장악된 권력을 가지고 高座에 앉아서 一指도 꼼작 아니 하고 우리를 부려 먹으며 갖은 사기적 수단과 위협적 방법으로 우리를 강제로 농락한 것이다. 이것이 현사회에서 우리가 자유스러운 생활, 부족없는 생활을 못하게 된 제1원인이요. 또 다른 하나는 자본가란 놈들이니 이놈들은 우리가 피땀으로 가꾼 자본을 가지고 우리에게 근근한 생활, 호구비를 주어 가며 우리를 일 시킨다. 그래서 그 생산해 낸 전부의 이익을 벗기어 먹는다. 마치 목양가가 양을 먹이어 길러가며 양모가 적당히 났을 때에 그것을 깎아서 파는 것과 같이 우리를 일 시키고 그 이익을 벗기어 먹는다. 이것이 이 사회에서 우리가 기아궁핍을 당하는 제2의 원인이다. 다시 말하면 수천년을 두고 우리의 자유를 구속하며 박해하는 일부 악한들이 있는 일면에, 또 비교적 근대에 발생된 악도의 일군이 우리의 경제적 제조건을 독점하여 가지고 농단하는 까닭이다. 그 양자는 기원된 연대가 서로 다르고 그 성질이 다르나 산업혁명과 불국혁명 후에 이 양자는 호상 결합하여 한 덩어리가 되었다. 즉 만인을 박해하는 데서 자기의 안락을 얻고 만인을 기아시키는 데에서 자기의 사치를 구하는 유산계급이 형성되었고 그 계급을 중심한 자본주의사회가 조직되게 되었다. 따라서 이런 사회조직하에서는 유산계급 이외에는 만족한 생활, 자유스러운 생활을 할 수가 없다."131)

위의 역사적 고찰은 세계 최초의 사회주의국가라 인식하였던 소련까지 부인하게 된다.

---

131) 『탈환』창간호, 1면.

"현재 붕괴되어가는 소위 노농정부를 보자! 공산당이란 소자본계급의 정권-전제 내지 독재정치를 유지하기 위하여 자본을 정부로 집중하는 개인자본주의의 확대인 국가자본주의를 실행한다. 그리고 일면 신경제정책이라는 활극을 연출하여 개인자본의 소유와 자유상업을 三民主義의 자본절제식으로 시인하는 동시에 러시아의 평민은 개인 내지 국가자본주의의 이중 압박을 받게 되었다"[132]

라고 공산주의자들이 그들이 붕괴시킨 자본주의를 다시 부활시켜 소위 국가자본주의 형태로 국민을 더욱 수탈한다고 주장하였다. 이들의 공산주의경제에 대한 기본적인 인식은 구래의 자본주의나 중앙집권화한 자본주의나 결국 그 속성은 틀리지 않는다는 것이다. 소위 프로레타리아독재에 대해서 비판하기를

"피등은 말한다. 이것은 공산주의로 가는 과정이라고. 과정! 과정! 과정! 아! 과정이란 압박이냐? 전제이냐? 착취이냐? 진정한 공산주의는 결코 국가라는 것으로 출생하는 것이 아니다. 행복은 착취로부터 출생하지 않는다"[133]

그들이 말하는 소위 프로레타리아독재도 결국은 인민을 압박하고 착취하는 제도라고 규정하였는데 진정한 사회제도는 독재에 의해서는 결코 이루어질 수 없다는 아나키즘의 인식에서 출발하는 것이다. 아나키즘에서는 진정한 이상적 사회제도는 自由發意에 의한 것이어야 하며 공산주의와 같이 소수 엘리트의 전위당이 주도하는, 위로 부터의 명령적이고 지휘적이 아닌, 아래로 부터 점차 위로의 자유스런 합의에 의한 자유스런 연합의 형태로 조직이 되어야 사회 전 구성원의 복지가 최대한 보장되는 사회가 된다고 인식한다. 결국 이들의 '國

---

132) 위와 같음.
133) 파사로푸, 「무정부주의자의 본 바 조선독립운동」, 『탈환』창간호(증보판), 1928. 6.15., 7면.

家'에 대한 거부는

"이러한 국가는 영구히, 영구히 지상으로 부터 매장하지 않으면 안된다. 그래서 지상에 평등의 꽃이 피고 행복의 씨를 맺으며 자유의 바람이 부는 신사회를 건설하지 않고 어떻게 할 것이냐? 그런데 무슨 소리냐? 국가건설운동이란? 혹은 말하리라, 그런 까닭에 우리는 공화국을 건설하려 한다고. 그러나 보라, 소비에트공화국을! 피등은 공산주의의 공화국이라고 자칭한다. 그렇지만 피등은 공산주의를 자본가로서의 국가로 내려 버렸다. 자본가라고 말하는 대신에 국가라고 말한다. 피등은 국가라는 명의에 의해 그 약탈과 주구, 압제, 속박을 단행하려고 한다. 피등은 국가를 괴뢰로 하여 피등 자본주의를 실행하는 것에 불과하다"134)

아나키스트는 어떤 정부의 형태라도 권력을 행사하는 조직이라면 제 아무리 민주주의적인 형태로 운영하더라도 전제적일 수 밖에 없다는 사실을 너무 잘 알고 있기 때문에 반대하는 것이며 더군다나 인민의 의사를 무시한 채 소수의 '黨'이 지도하는 사회혁명은 결코 인민에게 득이 될 수 없다는 주장이다. 비록 공화국이란 명칭을 쓴다고 하여도 종국의 결과는 독재로 귀결된 것이 역사적으로 증명된다. 이들의 이론은 전반적으로 아나키즘의 급진적 성향의 이론을 주로 지향하고 있는데 그것은 일제하의 특수성으로 인하여 한민족을 분기시킬 필요성때문이었다. 일제를 적으로 간주하여 패퇴시키지 않으면 안될 상대로 주목하여야 하는 데도 당시 독립운동진영의 상황은 기회주의와 극단적인 좌우이데올로기로 인하여 어려운 처지였음은 주지의 사실이다. 따라서 이들은 자신들이 당면한 민족독립운동에서 그 촉매제 역할을 자임하고 나선 것이다.

『탈환』을 통하여 확인할 수 있는 재중 한인아나키스트의 활동에서 무정부공단주의 발기문은 이들이 지향하는 관심점을 확인할 수 있다. 무정부공단주의는 아나르코 생디칼리즘을 말하는 것으로 당시 유럽,

---

134) 파사로푸, 6~7면.

특히 프랑스에서 아나키즘의 한 유파로 크게 영향을 끼치던 운동이었다. 즉 아나키즘의 이상을 노조의 투쟁을 통하여 점진적으로 얻고자 하는 주의이다. 당시의 식민지상황, 특히 통치할 국민이 없는 외국에서의 망명투쟁에 공단주의는 직접적인 관련은 없었으나 중국과의 연합 내지 일본내 한인노동자를 통한 혁명운동의 한 방법으로 모색하지 않았나 여겨진다. 전술한 바와 같이 국내에서 이러한 유형의 운동을 중요시하고 있었던 사실로 미루어 비록 이들이 실제 운동상에는 크게 활용하지 못하였지만 전술적 투쟁의 한가지로 중요하게 인식하고 있었다고 보여진다. 이들의 「공단주의자의 분투」란 글에서 이들이 추구하는 요체를 알 수 있다.

"인간은 부족없는 만족한 생활을 원하며 이를 위해 인류가 노력하여 왔지만 현실은 그 반대인 것으로 이것은 운명이 아니며 충분히 개선할 수 있고 또 능력이 있다. 그러나 현하 사회적 조건은 그것을 불가능하게 한다. 그리하여 이 억압과 탄압에 맞서 인간이 노력중인바 이것이 혁명이다. 이말은 불평자에게서 나오는 말로 반항의 소리인데 결코 근대의 전유물은 아니다. 현사회의 고통과 박해로 혁명이 일어나리라 예상하는 것은 착오이다. 안남이나 중국, 남양의 제도에서 왜 일어 나지 않는가. 고로 탄압과 고통이 유일한 원인이 아니라 크로포트킨의 프랑스혁명사를 인용하면 그것은 희망이라고 지적할 수 있다. 불란서, 러시아, 조선혁명이 모두 이런 것이다. 그러나 혁명은 퇴보, 침체, 부패되었는데 그것은 희망을 바로 실현시킬 구체적인 방안이 민중에게 결여되었기 때문이다. 고로 원리에 근거한 정당한 조직과 방략이 없으면 안된다. 여기에 탈환의 의의가 있다. 현사회 궁핍의 원인은 집중된 권력과 자본이므로 이 두가지를 박멸해야 하며 이 방법도 자유의 원칙에서 벗어나서는 안된다. 결론적으로 모든 피탈당한 대중이 자유로, 자발적으로 단결하여 탈환을 시작해야 하는데 이것은 크로포트킨이 ○○○○라고 하였다. 이것을 집권조직으로 하면 절대로 불가능하며 진정한 탈환이 되지 못하고 착취자만 바뀌는 결과를 초래한다"135)

---

135) 『탈환』창간호 증간, p.3~4.

라고 혁명의 원인은 고통과 탄압이 아닌 민중에게 희망이 있어야 한 다고 역설하고 프랑스, 러시아, 조선의 혁명을 동일한 등식으로 이해 하였다. 그리고 그 구체적인 방법을 아나키즘의 논리로 설명하였다.

"경제적, 사회적 각 방면에 대한 자유을 되빼어오는 것이 혁명의 이상이고 정신이니, 이러한 이상을 실현하는 조직과 방략은 자유연합의 조직을 가지고 피탈당한 피압박계급이 단결하여 권력계급으로부터 우리의 빼앗긴 권리를, 자본가로부터 우리의 빼앗긴 경제조건을 쳐 빼앗아오는 탈환을 실행하는 외에 다른 것이 없다. 이 조직, 이 방법이 오직 하나인 혁명적 조직, 혁명적 방법이다"136)

이 방법은 재중국 한인아나키스트들의 근본적 원칙인 '탈환'에 다시 귀의하게 된다. 그 구체적 무정부공단주의의 활동과 방법에 대해서는

- 구역마다 독립적 직업 및 산업단체를 조직하고 노동자자결주의를 주장하며 아울러 각지 각 산업연맹중 각 단체의 합작을 도모함.
- 각 구역 노동단체를 연락하여 노동교역소를 공동조직함.
- 범 파업 및 기타 각 사항은 각 구역 노동단체로 부터 자결함.
- 범 재정에 관한 사의는 각 구역 노동단체가 스스로 해결함.
- 각 회원의 자조성을 양성하며 전 노동계급의 창조력을 발전시킴.
- 국가나 고용주와의 타협이나 개정을 거절함.137)

등을 제시하였다. 실질적으로 외세의 지배하의 타국에서 활동하고 있던 아나키스트들에게 있어 이러한 운동은 이론에만 그칠수 밖에 없었지만 이들이 공단주의를 통하여 추구한 투쟁방법은 이후 다른 운동자들에게 영향을 주었다고 믿어진다.138)

---

136) 『탈환』창간호 증간, p.4.
137) 呂君瑞역, 「무정부공단주의로 가는길」, 『탈환』창간호, 4~5면.
138) 『탈환』은 이후 계속 발간되어 1930년 1월 1일 발행의 『탈환』7호에는 「탈환을 다시 발간하면서」, 「북만한인청년연맹선언」, 「광주사건에 대해 내지 학생제군

3. 신채호의 급진적 민중직접투쟁론

일제시대 대표적인 민족주의 사학자이며 독립운동가인 단재 신채호의 후기사상에 투영된 급진적 아나키즘이론은 한국적 아나키즘운동의 성격을 분명하게 보여 준다. 그의 후기사상에 아나키즘적 경향이 영향을 주었음은 이미 고찰되었지만 그의 구체적 아나키즘적 제이론은 아직 연구가 미흡하다. 그의 민족주의에서 아나키즘으로 경도되는 과정은 그가 남긴 여러 가지 글에서 확인할 수 있다. 물론 그는 일제에 피포되어 감옥에서 순국하였기 때문에 그가 아나키즘사상에 완전히 매료되었는지에 대해서는 구체적으로 확인할 수가 없으며, 그 이전에도 그가 아나키스트로 고백한 글은 남아 있지 않다. 그럼에도 불구하고 그의「조선혁명선언」,「問題없는 論文」,「浪客의 新年漫筆」, 無政府主義者聯盟의「宣言文」, 寓話小說『龍과 龍의 大激戰』에서 보여준 사상은 그를 아나키스트로 인식하기에 충분하며 그것은 한국적 아나키즘사상이라고 할 수 있다. 전술한 것처럼 신채호는 한국청년들에게 크로포트킨의「靑年에 告함」이란 논문의 세례를 받아야 한다고 주장하고, 중국의『晨報』에 기고한 글에서 일본인 幸德秋水를 높이 평가하고, 행덕추수의『基督抹殺論』을 한역하여 중국신문에 소개하였다. 또한 그가 피포된 직접적 원인은 아나키즘운동의 자금을 위한 위폐사

에게 고함」,「아등의 요구」,「우리는 어찌하여 무정부주의자가 되었나」,「근하신년」등의 기사가 있었고(외무성경찰국,『조선민족운동사』6권, 고려서림영인본, 561~563면) 1930년 4월 20일 발행의 9호에는「고 김좌진동지의 약력」,「산시사변의 진상」,「가추 심용해동지를 애도함」등의 기사와 심용해의 기사 말미에 '자유연합주의를 수립하자', '한족총연합회를 극력 지지하자', '중한인자유청년연맹을 수립하자'는 표어가 있다(『아나키즘연구』창간호소수 일문번역본) 한인아나키스트들은 만주에 총력을 기울이면서 현지에서『탈환』을 발행한 것으로 보인다.

건에 주동적으로 참여한 때문이었으며 이는 아나키즘의 직접행동론을 실천한 것이다. 여순감옥에서의 생활에서도 에스페란토어사전의 차입을 부탁한 것과, 그의 사후 유품중 세계대사상전집의 크로포트킨이 있었다는 사실 등으로서139) 감옥에서도 계속 아나키즘에 지대한 관심을 갖고 있었음을 알 수 있다.

신채호는 애국계몽운동시기부터 그의 필봉으로 일제에 대항한 대표적인 민족주의자로서 점차 급진적 성향으로 경도되어 1910년 신민회의 靑島會議 당시에 이미 무력급진론을 주장하며 안창호 등과는 노선을 달리하였다. 1913년 상해로 망명한 후 주로 중국 관내에서 활동하다 1919년 임시정부에 참여하였으나 이승만의 위임통치문제로 인하여 위임통치청원을 규탄하는 「성토문」을 기초하고 서명자 54명의 일인으로 서명한다. 점차 임시정부의 노선에 불만을 갖고 이후 주로 북경에 체류하면서 북경거주 급진적 성향의 한인 민족주의자들과 교류하면서 점차 아나키즘사상을 수용하게 된다. 이 시기의 신채호는 자신의 급진적 노선에 부합하는 투쟁논리를 갖추지 못하고 방황하였던 것 같다. 전술한 대로 이정규의 회고에 신채호나 이회영이 자주 회합하여 토론하였다든가 이은숙도 신채호가 이회영을 자주 방문하였다는 회고에서 그 사정을 짐작할 수 있다. 신채호를 비롯한 이들 민족주의적 온건 투쟁노선에 불만을 가진 북경거주 일부 한인독립운동자들은 1924년 4월 재중국조선무정부주의자연맹을 결성하였으나 신채호는 직접 가담하지는 못하였다.140) 신채호는 민족주의자로서 그의 제국주의와 민족주의에 대한 인식은 아나키즘사상을 수용하기 전

---

139) 신영우, 「단재 옥중회견기」, 『조선일보』, 1931.12.20. 『나라사랑』3호, 91면에서 재인용; 신수범, 「아버님 단재」, 『나라사랑』3호, 1971, 102면.
140) 최홍규, 앞의 책, 366에 의하면 이 시기에 신채호는 생활고로 승려생활중이었다. 입산생활중에도 이회영, 김창숙, 유자명 등을 자주 방문하였고, 「다물단」의 선언문 등을 비롯한 다수의 글을 집필하였다.

의 신채호의 인식을 고찰하는데 도움이 된다. 즉 영토와 국권을 확장하려는 것이 제국주의로서 이것은 침략적인 것이며 이에 비해 타민족의 간섭을 불허하는 것은 민족주의로서 이는 방위적이라고 규정하였다. 고로 제국주의침략에 저항하여 국권을 수호하는 길은 민족주의를 확립하는데 있다고 주장하였다.141)

신채호의 최초의 아나키즘적 경향의 글은「조선혁명선언」이다. 일명「의열단선언문」으로 알려진 이 선언문은 아나키스트 유자명의 주선으로 1922년 겨울 의열단의 김원봉을 소개받은 후 김원봉의 부탁으로 1923년 1월 발표한 것이다.142) 신채호의 이 선언문은 민족주의에서 아나키즘으로의 사상적 경도과정을 보여주는 중요한 문서이다. 이 선언문에 나타난 신채호의 이데올로기에 대한 상반된 견해에도 불구하고143) 이것은 아나키즘의 테러리즘적 수단을 차용하여 활동하고 있었던 의열단에게 그들의 급진적인 민족주의적 폭력을 이론적으로 정당화, 합리화시켜 주기 위한 것이었다. 선언문의 서두는 강력한 어조로 시작하고 있다. "강도 일본이 우리의 국호를 없이 하며, 우리의 정권을 빼앗으며, 우리의 생존적 필요조건을 다 박탈하였다"라고 일본을 강도로 규정하여 서로 화합할 수 없는 상대로 격하하였다. 그 이전 어느 글에서 보다 일제의 조선지배의 경제적 수탈을 지적하였다. 그는 일제가 경제의 생명인 산림, 川澤, 철도, 광산, 어장에서부터 소공업의 원료까지 모두 강탈하여 '일절의 생산기관을 칼로 베고 도끼로 끊어' 도저히 조선민중이 생존할 수 없는 환경을 만들어 놓았다고 준엄하게 비판하였다. 거기에 더하여 토지세, 가옥세, 인구세, 가축세, 백일세, 주초세, 비료세, 종자세, 영업세, 청결세, 소득세

---

141)「제국주의와 민족주의」,『전집』108면.
142) 박태원,『약산과 의열단』, 백양당, 1947, 104~108면.
143) 신용하도「조선혁명선언」이 의열단과 합작품이지만 주로 신채호의 사상이라고 지적하였다. (신용하, 앞의 책, 242면)

등 온갖 잡세로 조선민중을 아사지경으로 몰고 가고 있다고 지적하였다.144)

일제의 극단적 수탈로 인하여 생존할 보루를 탈취당한 조선의 한인은 대부분 일본제품을 중개하는 중매인으로 전락한 후 일본자본의 유입으로 파산하고, 대다수 민중인 농민도 열심히 일하지만 결국 파산하여 국외로 추방될 수밖에 없는 처지임을 개탄하였다. 그는 선언에서 민족적 생존, 생존의 필요조건, 생존권 등의 용어로 일제가 조선의 '삶의 필요한 수단'을 강탈하였기 때문에 조선인의 유일한 선택은 탈환, 즉 독립이라고 역설하였다.

이 선언문의 요체는 선언문의 결론에서 보여 주듯이 일제의 현 체제를 파괴하고 새로운 조선의 체제를 건설하자는 것이다. 즉,

- 이족통치를 파괴하여 고유적 조선을 건설하고
- 특권계급을 파괴하여 자유적 조선민중을 건설하고
- 경제적 약탈제도를 파괴하여 민중적 경제제도를 건설하고
- 사회적 불평균을 파괴하여 민중 전체의 행복을 위한 제도를 건설하고
- 노예적 문화사상을 파괴하여 민중문화를 건설하자145)

는 것이다. 신채호가 결론에서 주장한 '파괴가 곧 건설'이라는 명제는 전술한 것처럼 민족주의의 개념과는 상이한 것으로 신채호는 민족주의노선에서 해결하지 못한 급진적 민족해방투쟁이론을 아나키즘의 폭력용인의 논리에서 차용하였다. 신채호의 이 이원법적 논리는 바쿠닌이 주창한 이래 아나키스트의 대표적인 표어로서 그 의미는 모든 불합리하고 비인간적이며 비과학적인 기존의 전통적인 제도와 관습을 모두 파괴한 연후에 새로운 합리적이고 과학적인 인간적인 제도를 건설할 수 있다는 논리이다.146)

---

144) 「선언」, 35면.
145) 「선언」, 41면.

"혁명의 길은 파괴로부터 개척할 지니라. 그러나 파괴만 하려고 파괴하는 것이 아니라 건설하려고 파괴하는 것이니, 만일 건설할 줄을 모르면 파괴할 줄도 모를지며, 파괴할 줄을 모르면 건설할 줄도 모를지니라. 건설과 파괴가 다만 형식상에서 보아 구별될 뿐이요, 정신상에서는 파괴가 곧 건설이니라. 그런즉 파괴적 정신이 곧 건설적 주장이라. 나아가면 파괴의 '칼'이 되고 들어오면 건설의 '旗'가 될지니, 파괴할 기백은 없고 건설할 癡想만 있다 하면 오백년을 경과하여도 혁명의 꿈도 꾸어 보지 못할지니라. 이제 파괴와 건설이 하나요 둘이 아닌 줄을 알진대, 민중적 파괴앞에는 반드시 민중적 건설이 있을 것이다"147)

그의 아나키즘을 차용한 이러한 급진적 이론은 독립투쟁이론을 정당화시켜 주는 논리로서 민족주의시절에 느꼈던 투쟁방법상의 갈등을 극복한 것으로 볼 수 있다. 이 급진적 이론은 민족주의일각에서 보여준 호소, 청원, 시위 등의 온건적 투쟁방법이 아닌 직접적인 혁명으로 신채호 자신이 이것을 민중혁명 또는 직접혁명이라고 칭하였다. 그것은 민중이 민중 자신을 위한 혁명이기 때문이다.148) 이 이론은 아나키즘계보 중에서도 투쟁노선상 급진적 계보로 분류되는 바쿠닌의 투쟁이론에 속한다. 한인아나키스트들은 일제에 대항할 군사력이 열세인 상황에서 이승만의 외교론이나 안창호의 준비론 등 온건투쟁방법 만으로는 독립의 쟁취가 요원하며 또한 공산주의운동에 적대감을 갖고 있는 상황에서 그들이 독립운동의 전위대로 나서야 함을 인식하고 그 수단으로서 민중직접혁명론을 주장하였다.

재중 한인아나키스트에게 영향을 준 크로포트킨도 혁명과정에서 필요한 경우에 폭력을 인정한 것은 이들의 민중직접혁명에도 일정 부분 영향을 주었으리라 믿어진다. 크로포트킨은 모든 자연인을 천성적으로 타인에게 지배받지 않으려는 아나키적 자유를 추구하는 인간으로

---

146) 제2장 참고.
147) 「선언」, 41면.
148) 「선언」, 41면.

인식하였다. 따라서 아나키적 정신도 그 기원이 민중속에 있음을 고찰한 바 있다. 그에 의하면 아나키즘의 근본 이념은 민중가운데서 싹튼 것으로 모든 철학자나 사상가는 반민중적이었다. 따라서 혁명적 사상도 이러한 민중속에서 싹튼 것이기 때문에 '모든 혁명은 민중속에서 시작되었다'고 단언한다.149) 크로포트킨은 혁명가나 사상가의 지도가 없는 자발적인 민중봉기를 중요시하였다. 이들 소위 엘리트에 의해 지도되는 운동을 위험하게 인식하는 아나키즘의 혁명론은 한인들에게 민중의 중요성을 새롭게 인식하게 하였다. 신채호는 애국계몽운동시기『이순신전』,『을지문덕전』,『최도통전』등을 통하여 국난을 극복한 민족사적 영웅들에 대한 향수와 기대를 표명함으로서 일제를 구축할 신영웅의 출현을 기대하는 일종의 영웅사관을 보여준 적도 있으나 아나키즘이론을 수용하면서 사회변혁주체로서의 민중을 발견하고 민중직접혁명론을 주장한다. 여기에서 아나키즘에서 의미하는 민중은 공산주의에서 사용하는 것과 차이가 있다. 즉, 공산주의에서의 민중은 구제받고, 지도받고, 통솔받아야 하는 愚衆을 의미함에 비하여 아나키즘은 피동적이고 타율적 존재가 아닌 각자 자신의 이성적 판단과 양심의 결정에 따라 자율적으로 자신의 행위를 결정할 능력이 있는 독립된 주체적 인격체로서의 집합체를 의미한다.150) 아나키스트는 이러한 민중의 자발적인 공동의 의지로서만 진정한 사회혁명이 가능하다고 주장한다. 이런 논리에 따라 이회영도 자유의사의 결합에 의한 자유연합의 중요성을 강조하고 신채호도 변혁주체로서의 민중의 중요성을 강조하였다. 그 방법에 대해서는

"그러므로 우리 혁명의 제일보는 민중각오의 요구니라. 민중이 어떻게 각오하느뇨? 민중은 神人이나 성인이나 어떤 영웅호걸이 민중을 각

---

149) Kropotkine,『La Science moderne et l'anarchie』, Paris, 1913, p.130.
150)『운동사』, 21~22면.

오하도록 지도하는 데서 각오하는 것도 아니오, 민중아 각오하자, 민중
이여 각오하여라 라는 절규의 소리에서 각오하는 것도 아니오, 오직 민
중이 민중을 위하여 일절 불평, 부자연, 불합리한 민중향상의 장애부터
먼저 타파함이 곧 민중을 각오케하는 유일방법이다"[151])

라고 주장하였다. 민중혁명의 방법으로 제시한 직접혁명은 대다수 사회구성원이 직접투쟁의 전면에 참여하는 것을 의미하지만 신채호는 폭력혁명이나 테러로 인식한것 같다. 그의 활동영역이 중국이었기 때문에 민중을 혁명대열에 동원할 수 없었던 상황에서 직접혁명은 열혈청년들의 개인적 테러행위로 인식한것 같다. 따라서 신채호는 테러에 대하여 긍정적 입장을 보여 준다. "그러므로 우리의 민중을 喚醒하여 강도의 통치를 타도하고 우리 민족의 신생명을 개척하자면 십만의 군대를 양성하는 것이 한 발의 폭탄만 못하며 수천장의 신문이나 잡지가 한번의 폭동만 못할지니라"라고 단언한다.[152]) 따라서 3.1운동의 의의를 인정하면서도 이러한 민중운동에 폭력이 결여되었음을 지적하였다. "안중근, 이재명 등 열사의 폭력적 행동이 열렬하였지만 그 후면에 민중적 역량의 기초가 없었으며, 3.1운동의 만세소리에 민중적 일치의 의기가 보였지만 또한 폭력적 중심을 갖지 못하였다"[153]) 즉 민중과 폭력의 두가지 요소가 모두 중요함을 강조한 것이다.[154]) 신채호의 이러한 급진적 투쟁논리는 3.1운동이후 침체된 독립운동을 타개하기 위한 한 방편으로 수용되었다고 믿어진다. 그것은 신채호가 주장한 대로 조선에 있어 최초에서 최후까지 그 타도대상이 당시 식민지지배자인 일본의 권력이었기 때문이다. 그것은 그의 주장에서 분

---

151) 「선언」, 41면.
152) 「선언」, 42면.
153) 「선언」, 42면.
154) 신채호가 인식한 민중의 개념은 당시 한국의 대다수 사회구성원이었던 농민인 것으로 보인다. 『동아일보』에서도 이것을 일부 확인할 수 있다.(『동아일보』, 1924.2.6)

명하게 들어난다.

> "현재 조선민중은 오직 민중적 폭력으로 신조선 건설의 장애인 강도 일본세력을 파괴할 것 뿐일 줄을 알진대, 조선민중이 한편이 되고 일본강도가 한편이 되어 네가 망하지 않으면 내가 망하는 외나무다리에 선 줄을 알진대, 우리 이천만 민중은 일치로 폭력, 파괴의 길로 나아갈 지니라. 민중은 우리 혁명의 대본영이다. 폭력은 우리 혁명의 유일 무기이다. 우리는 민중속에 가서 민중과 제휴하여 不絶하는 폭력, 암살, 파괴, 폭동으로서 강도 일본의 통치를 타도하고 우리 생활에 불합리한 일절 제도를 개조하여 인류로서 인류를 압박치 못하며, 사회로서 사회를 각삭치 못하는 이상적 조선을 건설할 지니라"155)

이상의 논리에 따라 조선독립을 위한 테러는 정당한 것이라고 주장하고 이를 위하여 조선총독과 관공리, 일본천황과 관공리, 정탐노 및 매국적 시설물 등에 대한 암살과 폭탄테러를 주장하였다.156) 신채호의 경우에 있어서도 아나키즘을 수용하면서 사회주의이론 일반에서 제시한 국가, 권력, 정부, 종교의 기원에 대해 기본적인 시각을 같이 하고 있다. 즉 역사에서 이루어진 수많은 정치적 변동은 단지 지배자들의 교체 이상의 의미가 없다고 인식한다. 즉 "구시대의 혁명으로 말하면 인민은 국가의 노예가 되고 그 위에 인민을 지배하는 상전, 곧 특수세력이 있어 소위 혁명이란 것은 특수세력의 명칭변경에 불과하였다. 다시 말하자면 을의 특수세력으로 갑의 특수세력을 변경함에 불과하였다"157)라고 단언한다. 따라서 개항기의 갑신정변도 특수세력이 특수세력과 싸운 궁중 일시의 활극이었다고 평가절하하였다.

신채호의 「조선혁명선언」은 혁명대오를 중국에 의존하고 있던 당시의 상황에서 전장에서 살펴본 것처럼 중국에서 광범위하게 수용된 아

---

155) 「선언」, 45~46면.
156) 「선언」, 43면.
157) 「선언」, 40면.

나키즘의 테러리즘에 영향을 받아 특히 크로포트킨의 이론을 기반으로 그의 민족주의사상과 접목한 글이라 판단된다. 그의 아나키즘수용에는 초기 중국내 한인 아나키스트로서 중요한 역할을 담당하였고 유자명의 영향도 간과할 수 없으리라 짐작이 된다. 1920년대 초반 중국의 민족주의진영내의 분열과 상쟁, 국내의 일부 민족주의자들의 개량주의적 경향 등으로 독립운동의 새로운 촉매제를 찾던 그에게 의열단의 애국적 활동에 감명을 받고 작성한 것이다.

신채호의 아나키즘은 1928년 4월 기초한 조선무정부주의자 천진대회의「선언문」에서 그 성격을 더욱 분명하게 드러낸다.158) 그는 세계의 무산대중, 특히 동방식민지 각 무산대중이 자본주의자에게 착취당하는 것은 그들의 군대나 경찰때문이 아니라고 주장하고 그 원인에 대하여

"이는 결과요, 원인이 아니다. 피등은 역사적으로 발달하고 성장하여 온 누천년이나 묵은 괴동물이다. 이 괴동물들이 맨처음에 교활하게 자유, 평등사회의 우리 민중을 속여 지배자의 지위를 얻은 후 백주에 약탈행위를 조직적으로 행하려는 소위 정치를 만들고, 약탈한 소득을 분배하려는 '인육분장소'인 소위 '정부'를 두며 그리고 영원무궁히 그 지위를 누리려고 반항하는 민중을 제재하는 소위 법률, 형법 등 부어터진 조문을 제정하며, 민중을 노예처럼 복종하게 만들려는 소위 명분, 윤리 등의 도덕률을 조작하였다"159)

전 역사에 등장한 제왕이나 성현들은 이들 강도나 야수들을 옹호한 주구들이라고 비판하고 민중이 간혹 그 약탈을 견디지 못하고 혁명을 하였어도 대개는 교활한 이들에게 속아 다시 강도적 지배자들에게 그 지위를 허락하였다고 인식하고 이것이 곧 소수의 야수가 다수의 민중

---

158) 이「선언문」은 그 내용으로 미루어 조선인대회의 것이 아닌 동방대회의 것이라 믿어진다.
159)「선언문」, 48면.

을 유린한 이유라고 설명하였다.160) 신채호의 권력과 권력의 생성원인에 대한 사상은 「조선혁명선언」과 같은 것으로서 이러한 환경에서 혁명이 발생한다고 주장하였다.

> "야수의 유린밑에서 우리 민중도 참다 못하여, 견디다 못하여 저 야수들을 퇴치하려는, 박멸하려는 재래의 정치며, 법률이며, 도덕이며, 윤리며, 기타 일절 문구를 부인하자는 군대며, 경찰이며, 황실이며, 정부며, 은행이며, 회사며, 기타 모든 세력을 파괴하자는 분노적 절규인 '혁명'이란 소리가 대지위의 일반의 귀청을 울렸다"161)

신채호는 여기에서도 「조선혁명선언」의 이원법적 파괴와 건설론을 제시하며 "우리의 생존은 우리의 생존을 빼앗는 우리의 적을 없애 버리는 데서 찾을 것이다. 일체의 정치는 우리의 생존을 빼앗는 우리의 적이니 제일보에 일체의 정치를 부인하는 것, 소극적 부인만으로는 곧 董卓을 哭死하려는 것이므로 피등의 세력은 우리 대다수 민중의 용허에 의하여 존재한 것인즉 우리 대다수 민중이 부인하며 파괴하는 날이 곧 피등이 그 존재를 잃는 날이며 피등의 존재를 잃는 날이 곧 우리 민중이 열망하는 자유, 평등의 생존을 얻어 무산계급의 진정한 해방을 이루는 날이다. 곧 개선의 날이니 우리 민중의 생존할 길이 여기 이 혁명에 있을 뿐"162)이라고 주장한다. 신채호가 주장한 동방 각국의 혁명은 곧 동시다발적으로 이루어져야 하는 동방민족의 시급한 현실로서

> "동방 각 식민지, 반식민지의 무산민중은 자래로 석가, 공자 등이 제창한 곰팡네나는 도덕의 독안에 빠지며 제왕, 촌장 등이 건설한 비린내 나는 정치의 그물속에 걸리어 수천년을 헤매다가 일조에 英, 法, 日本 등 자본제국의 경제적 야수들의 경제적 착취와 정치적 압력이 전속력으

---

160) 「선언문」, 48면.
161) 「선언문」, 48~49면.
162) 「선언문」, 49~50면.

로 전진하여 우리 민중을 맷돌의 한 돌림에다 갈아 죽이려는 판인즉, 우리 동방민중의 혁명이 만일 급속도로 진행되지 않으면 동방민중은 그 존재를 잃어버릴 것이다. 우리가 철저히 이를 부인하고 파괴하는 날이 곧 피등이 그 존재를 잃는 날이다"163)

라고 주장하였다. 이 시기의 신채호의 아나키즘은 「조선혁명선언」의 아나키즘보다 오히려 후퇴한 느낌을 주는데 그것이 혁명운동의 현실적 어려움때문이었는지 아니면 민족주의적 성향이 더 강해서인지에 대한 고찰이 필요하지만 「大黑虎의 一夕談」에서 표현한 '불만의 현실, 즉 최대의 위력을 가진 현실에서 도피하는 자는 은사이며, 굴복하는 자는 노예이며, 격투하는 자는 전사이니 이 3개중 하나를 선택하지 않으면 안된다' 라는 표현에서164) 신채호의 독립에 대한 굳센 의지를 읽을 수 있다. 그러나 생활이 곤란하였던 1928년경에 쓴 「예언가가 본 戊辰」이란 글에서는 "우리는 아무 소유가 없다. 소유가 있다면 오직 고통뿐이다. 고통의 인생도 죽기 전에는 이제나 나을까, 저제나 나을까하는 미망이 있으므로 미신이란 동무가 따라 다닌다. 나도 고통의 인생이라, 그래서 미신을 동무하였다. 이 동무가 왕왕 고통을 위안하여 주는 까닭이라"라고165) 회의적인 인식을 표현하기도 하였다.

신채호의 아나키즘이해에는 그의 정치적 선언문 외에도 문학작품 등에 표현된 사상 역시 중요한 사료이다. 그의 풍자소설 『용과 용의 대격전』은 현실적인 애국사상과 역사적인 민족의식을 소설화한 「꿈하늘」과 같이 신채호의 대주제인 아나키즘을 형상화하고 있다. 역사에 나타난 지배자와 피지배자에 대해 아나키즘적 해석으로 소설속에 형상화시킨 것이다. 민중에 대한 착취와 억압을 일삼는 특권지배자들을

---

163) 「선언문」, 50면.
164) 『별집』, 324면.
165) 『별집』, 325면.

天國으로, 고통받는 피지배자들인 민중이 사는 곳을 地局으로 설정하고, 천국의 시위대장 곧 지배자의 하수인인 천국의 용 미리와 민중의 편에 있는 지상의 민중혁명을 추진하는 지상의 용 드래곤을 설정하였다. 이들의 대립이 첨예화하자 민중의 상징인 드래곤이 상제의 아들인 예수를 참살하고 이어서 미리의 천국을 멸망시킨다. 지상에 민중혁명을 실현시키는「조선혁명선언」이래의 민중직접혁명론을 소설에서 표현하고 있다. 이 소설에서 등장하는 천국상제의 시위장이며 동양총독인 미리는 일본제국주의세력을 의미하는 것이고 혁명적 투쟁을 전개하는 드래곤은 조선민중을 상징하였다. 소설속의 권력, 통치기구, 등에 대한 극단적 비판과 폭력, 파괴, 혁명에 대한 예찬은 그가 실현하고자 하였던 현실세계를 반영한 것으로 당시의 일본제국주의의 세계를 아나키즘의 급진적 폭력혁명이론으로 타도하려고 한 신채호의 의식이 반영된 작품이다.

 신채호의 작품속에 나타난 반종교적 성향은 특히 제4장에 잘 표현되어 있다. 민중들이 공자, 석가, 마호메트 등의 종교지도자들을 반민중세력의 괴수로 지목하여 살해한다. 예수는 인간이 인간을 짓밟는 방법을 가르치었으며 고통받는 자와 핍박받는 자가 복을 받는다고 거짓말을 하여 결국은 망국국민과 무산민중을 속인 결과를 초래하였다. 또한 현실의 적을 잊어버리고 허망한 천국을 꿈꾸게 만들어 강권자와 지배자의 편을 들어 주었기 때문에 신채호는 예수를 민중의 기만자, 노예의 도덕을 부식한 자로 묘사하였다. 신채호는 일찍부터 종교의 사회적 해악에 대하여 인식한 지식인으로서 특히 소설속에서 기독교를 적시한 것은 신채호가 한국에서의 기독교활동이 독립에 장애가 된다고 인식한 것이 아닌가 사료된다. 제6장에서 종교가, 도덕가들을 몰아 내고 정치, 법률학교, 교과서 등의 지배자의 권리를 옹호한 모든 서적을 불태우고 과거의 사회제도를 모두 부인하고 지상의 모든 만물이 만인의 공유임을 선언하였다. 결론적으로 이 소설은 급진적 아나키즘이론을 차용하여 반제국주의, 반식민주의 투쟁을 통한 민족해방의 실현에 그 목적이 있었다고 보여진다. 신채호의 우화소설에 표현된 사상은 다소 과격한 면이 없지 않으나 1920년대 후반의 민족운동의 쇠미를 극복하고자 하는 그의 사고가 항일투쟁정신과 혁명사상을 약화시키는 종교적 이념, 일제에 대한 유화적 경향, 일부 친일적 경향 내지 非敵化경향 등에 대한 경고로 해석되며 이를 통하여 민중을 각성시키고자 한 시도라고 보여진다. 신채호는 사학자로 잘 알려져 있으나 이 시기에는 우화소설을 통하여 민중각성을 기도하였던 것으로 보인다.166)

이상과 같은 신채호의 기본적인 인식은 「낭객의 신년만필」에서도 표현된 바 있다. 그는 문예운동의 폐해를 지적하며 3.1운동이후 현저히 발달한 분야가 문예운동이지만 이 운동이 긍정적인 요소만 있는 것이 아님을 중국의 『響導』에서 본 귀절을 인용하며 걱정하였다. '신문예의 마취제를 먹은 후 혁명의 칼을 던지고, 문예의 붓을 잡으며, 희생유혈의 관념을 버리고 신시나 신소설의 저작에 고심하여 문예의 桃源으로 安樂國을 삼기 때문에 문예가가 많아질수록 혁명당이 적어지고 문예작품의 독자가 많아질수록 혁명운동자가 적어진다'라고 나라가 위기에 빠졌을 때의 문예운동은 혁명당과 혁명운동자를 감소시킨다는 내용에 공감을 표시하고 '중국은 광대하여 어느 한 풍조가 전국을 멍석말이 할 수 없지만, 조선은 국토가 협소하여 고치감듯 할 수 있다'며 신시나 신소설의 성행이 여타운동을 저해하지 않았나 염려하였다. 신채호는 결론적으로 문예를 예술주의문예와 인도주의문예

---

166) 신채호가 1916년에 발표한 序와 전6장으로 구성된 「꿈하늘」은 '몸이 자유롭지 못하니 붓이나 자유롭자'란 창작동기가 보여 주듯 『용과 용의 대격전』과 함께 그의 문학적인 대표작으로 평가된다. 「꿈하늘」에서는 '한놈'이란 민족의식이 투철한 주인공을 내세워 철저한 애국심을 표현한 관념소설로서 일종의 사상소설류로 평가받는다.(최홍규, 앞의 책, 130면)

로 구분하면서 어느 것이 조선에 적합한가 자문하고 예술주의문예는 조선을 그리는 예술이 되어야 하고 인도주의문예는 조선을 구하는 인도가 되어야 한다. 조선민중에 관계없이 해를 주는 사회의 모든 운동을 박멸하는 문예는 취할 바가 아니라고 주장하였다.

신채호의 아나키즘이 기본적으로는 민족주의적이라는 것은 그가 대부분의 한인아나키스트가 비판한 신간회에 가입한 것으로도 증명할 수 있다. 신채호와 절친하였던 김창숙도 신채호는 중국에 아나키스트가 많아 그들의 서적으로부터 영향을 받았으며 신채호아나키즘의 목표는 궁극적으로는 항일독립이었고 아나키즘은 강력한 투쟁을 위한 이념적 무기라고 회고한 것으로도 어느 정도 살필 수 있다.167) 그의 민족주의적인 면은 「낭객의 신년만필」에서 확연하게 살펴볼 수 있다.

"이해문세를 위하여 석가도 나고 공자도 나고 예수도 나고 마르크스도 나고 크로포트킨도 났다. 시대와 경우가 같지 않으므로 그들의 감정 충동도 같지 않아 그 이해표준의 대소와 廣狹은 있을지언정 이해는 이해이다. 그의 제자도 本師의 精義를 잘 이해하여 自家의 利를 구하므로 중국의 석가가 인도와 다르며, 일본의 공자가 중국과 다르며, 마르크스도 카우츠키의 마르크스와 레닌의 마르크스와 중국이나 일본의 마르크스가 다르다. 우리 조선 사람은 매양 이해 이외에서 진리를 찾으려 하므로 석가가 들어오면 조선의 석가가 되지 않고 석가의 조선이 되며, 공자가 들어오면 조선의 공자가 되지 않고 공자의 조선이 되며, 무슨 주의가 들어와도 조선의 주의가 되지 않고 주의의 조선이 되려 한다. 그리하여 도덕과 주의를 위하는 조선은 있고 조선을 위하는 도덕과 주의는 없으니 이를 특색이라 칭하면 노예의 특색이다"168)

라고 주장하였다. 그는 크로포트킨의 「청년에 고함」의 논문세례를 받자고 주장하면서 크로포트킨의 글이 가장 조선의 병에 맞는 약이라고 하였는데 이 말은 아나키즘이 조선에 들어 오면 조선의 아나키즘이

---

167) 이정식편,「김성숙」, 79면.
168)「낭객의 신년만필」,『동아일보』, 1925.1.2.

되어야 한다는 것으로서 이는 신채호 아나키즘의 성격을 단적으로 보여준 것이다. 즉, 문예운동, 도덕, 사상도 결국 한국적 문예운동, 도덕, 사상이 되어야 한다는 의미로서 식민지현실을 직시하지 못하고 현실의 가장 중요한 당면목표인 독립운동전열이 약화되는 어떠한 것도 당시의 식민지현실에서 정당성과 역사성을 확보하지 못한다는 것을 주장한 것이다.

4. 이정규의 아나키즘사상

이정규는 중국내 한인 아나키즘운동에 적극적으로 활동한 대표적인 이론가이다. 그는 이론뿐만 아니라 실천에서도 두각을 나타내어 특히 아나키즘의 국제조직인 아시아 인터내셔날의 조직에 남다른 노력을 기울였으며 광복후에는 그의 신념을 신한국에 접목시키려고 노력하였다. 이정규의 아나키즘으로의 사상경도에 대하여 일본유학기간중 아나키즘사상을 접했을 가능성이 있으나 현재로서는 그것을 입증할 만한 자료가 없으며 이 기간의 그의 활동은 민족주의적 성격이라고 규정할 수 있다. 그의 사상적 전기는 북경에서 아나키스트인 이석증, 채원배의 호의로 북경대학교에 편입한 전후, 즉 1922년경으로 보는 것이 타당하다고 믿어진다. 특히 이정규가 북경대학교 경제학부에 편입하여 사상문제에 열중하였다고 한 사실과169) 이 시기의 아나키스트들과의 교류, 그리고 이후부터 아나키즘활동을 시작하는 것으로 미루어 이 시기에 아나키즘을 수용했다고 판단할 수 있다.

당시의 북경대학은 중국지식인의 메카였으며 1910년대에 급진적 사조, 즉 사회주의가 수용될 당시 아나키즘적 조류가 팽배해 있었다는 정황은 이정규의 사상에 적지 않은 영향을 주었다고 가정할 수 있

---

169) 이정규, 앞의 책, 「연보」, 4쪽.

다. 이정규 생존시에 간행된 그의 문집인 『우관문존』의 연보에 따르면 그는 북경대에 다닌 직후부터 아나키즘활동을 시작했다. 즉, 1923년에 북경대 동창생인 陳空山 등과 北京世界語專門學校설립에 협조한 것을 필두로 적극적인 아나키즘활동을 시작한다.170) 특히 중국에스페란토운동의 특징은 최초부터 혁명사상과 관련되었고 민족독립을 지상과제로 삼았기 때문에171) 이정규의 아나키즘수용에는 민족주의와의 조화가 자연스럽게 이루어 졌다고 사료 된다.

그러면 이정규는 어떤 경로를 통하여 아나키즘사상을 수용하게 되었는가? 전술한 중국내 급진적 한인들의 아나키즘사상 수용요인 네가지 중에서도 이정규의 경우는 중국아나키스트와의 직, 간접적 교류가 큰 비중을 차지하였다고 사료된다. 특히 북경의 중국인 아나키스트와의 직접적인 교류는 아직 민족주의 성향이 강하였던 이정규의 사상에 전기를 마련해 주지 않았을까 판단된다. 이들은 북경대학교 이석증, 동 대학교 총장 채원배, 사대교수 魯迅과 周樹人, 作人, 建人등의 형제들 그리고 러시아 맹인시인 와시리 에로셍고, 대만인 范本梁 등이다.172) 이석증은 대표적인 중국인 아나키스트로 북경의 급진적 한인들에게 무정부주의적 영향을 끼친 인물로서 당시 북경대 생물학 교수였으며, 채원배와 같이 이정규가 1922년 북경대학교 경제학과 2학년에 편입하도록 도와주었고 이정규가 활동한 후술할 上海勞動大學, 福建省農民自衛運動과 東方無政府主義者聯盟을 배후에서 지원하였다. 魯迅과의 교류도173) 노신이 아나키즘적 경향의 작가였다는 점에서 이정규의 사상에 영향을 끼쳤다고 판단된다.

---

170) 「연보」, 4면.
171) 김삼수, 앞의 책, 241면.
172) 「연보」, 4면.
173) 『노신일기』, 1923.3.18., 박환, 「이회영과 그의 민족운동」, 앞의 책, 284쪽에서 재인용.

이정규의 아나키즘과의 간접적인 교류는 그가 사상문제를 연구하였다고 한 사실에서 알 수 있는데 일반적으로 민족주의자들의 사회주의 사상으로의 경도는 공산주의사상으로의 경도를 의미한다고 할 때, 그의 사상연구는 사회주의에 대한 입문과정이라고 볼 수 있으며 또 그것은 권위주의적 사회주의 즉 공산주의보다 자유주의적 사회주의 즉 아나키즘에 대한 입문과정이라고 추론할 수 있다. 이것은 이후 그의 사상에 표현된 공산주의사상에 대한 비판에서 잘 표현되고 있다. 또한 이정식이 지적한 한인들에게 소개했거나 전파한 이론에 관해서는 이정규의 활동에서 짐작할 수 있다. 이정규가 번역한 소책자들이 영국 프리덤 프레스(Freedom Press)가 간행한 크로포트킨의 「법률과 강권」, 「무정부주의자의 도덕」 등을 비롯한 바쿠닌, 마라테스타, 에리제 르크류의 팜플렡이었다고 한 사실에서174) 이정규는 이들 아나키즘에 의해 영향을 받은 것으로 사료된다. 특히 크로포트킨에 의해 영향을 받았음은 크로포트킨의 무정부 공산주의사상이 이정규의 활동과 사상 속에 발견되고 있기 때문이다.

이정규가 아나키즘사상을 수용한 배경에서 간과할 수 없는 중요한 요소는 그의 '反權威的 性向'이라고 사료된다. 아나키즘에 경도된 대부분의 사람들은 모든 권위에 대해 극도의 거부감을 갖는다. 아직 아나키즘사상에 영향받기 전의 이정규가 세계 최초의 사회주의를 실험하고 있던 러시아로 향하던 중 중도에 포기했던 것은 러시아에서 일어나고 있는 권위주의적 실상에 환멸을 느꼈기 때문이었다.

이정규는 이와 같은 크로포트킨의 이상을 실현하고자 후술할 1923년의 이상농촌 양도촌 건설기도, 1927년의 복건성 농민자위운동 그리고 광복 후의 농촌자치운동에 이르기까지 그 노력을 계속하였다. 이정규가 아나키즘으로 경도된 후의 최초의 활동은 전술한 1923년의

---

174) 이정규, 앞의 책, 4면과 11면.

북경세계어전문학교 설립에 참여한 일과 동년 9월 이상농촌건설을 시도한 일이다. 이정규는 1923년 9월 周라고 하는 중국인 아나키스트의 요청으로 湖南省 漢水縣 洞庭湖畔에 위치한 곳에 아나키스트의 이상사회를 건설할 계획을 하게 되었다. 중국인 주는 이 마을을 중심으로 年收 5千擔(1擔은 大斗 7斗) 이상의 넓은 농토를 소유하고 있었는데 그의 동지이자 鄕友인 북경대출신 陳偉器175)와 이 땅을 경자유전의 원칙에 따라 공동경작, 공동소비, 공동소유하는 협동조직을 구상하고 있었다. 이러한 이상적인 농촌사회를 합리적으로 운영하기 위해서 한국의 인삼과 같은 특수작물을 재배하려고 하였으며 따라서 진위기는 대학동창인 이정규에게 한국의 인삼경작자를 다수 이주시켜 한중합작의 촌락을 건설하려고 시도하였다. 이정규는 일찍이 만주에서 농지개척의 경험이 있었던 李會榮에게 조언을 구하였다. 이회영은 그 계획 속에서 평소 자신이 생각하였던 이상사회를 발견하고 50호의 한인 농민을 개성과 개풍 등지에서 이주시키기로 계획을 진행한 후 익년 봄에 출발하기로 하였으나 호남성에 내분이 일어나 주씨 일가가 흩어지게 되어 중단되고 말았다.176) 비록 이 기도는 계획단계에서 끝나고 말았지만 한국아나키즘운동사상 최초로 농촌을 무대로 이상사회를 실험하려고 했다는데 그 의의가 크다고 하겠다. 이정규는 북경거주 한인중에서 최초로 아나키즘을 수용한 인물중의 한사람이라고 판단되며 그의 아나키즘사상은 북경에 있던 급진적 성향의 한인들에게 영향을 끼쳤으리라고 짐작된다.

이정규는 중국내 한인 최초의 아나키즘단체인 在中國朝鮮無政府主義者聯盟에 창립회원으로 참여한 것을 필두로 다양한 활동을 하였는데 이 시기 그의 활동에서 주목되는 것은 上海勞動大學과 福建省에서

---

175) 이정식편, 앞의 책, 「정화암」편 279면에는 陳偉光이라고 회고하고 있다.
176) 이규규, 앞의 책, 48~49면. 양도촌 건설시도에 정화암도 참여하였다고 술회하였다(이정식편, 앞의 책, 「정화암」편, 279면)

의 農民自衛運動에 참여한 일이다. 상해노동대학문제는 이정규가 수용한 아나키즘이론을 현실에 적용한 인식정도를 보여주는 것이고 농민자위운동은 농민조직에 대한 구체적인 경험을 한 것이기 때문이다. 이 두가지 활동에 관해서는 이정규 자신이 직접 기록을 남겨 비교적 소상하게 그 정황을 파악할 수 있으며 福建省 農民自衛運動을 주도한 秦望山의 회고를 통해서도 알 수 있다.177) 이정규의 회고를 토대로 정리하면 한국과 중국아나키스트들은 대중운동의 중추인 노동과 농민운동중에서 노동운동은 상해노동대학이 그 이론과 훈련을 맡아서 도시노동자의 조직화를 맡고, 농민운동은 복건성에서 우크라이나의 마프노식 무장자위조직으로 농민의 조직화를 맡기로 합의하였다.178) 당시의 중국은 南京政府와 武昌政府의 두 정부로 분열되어 있는 중에 장개석의 남경정부는 무한정부가 강경하게 나올 것을 예견하고 자체의 조직을 공고히 하기 위하여 숙청공작을 준비하였는데 그 책임자가 원로 아나키스트들인 吳稚暉, 李石曾, 蔡元培였다. 4월 중순 남경정부의 기반인 南京, 上海, 杭州, 蘇州 등에서 숙청을 시작하고 上海總工會 산하 각급 노동조직 및 親共系의 각 기관을 봉쇄하였다. 이렇게 파괴한 노동조직을 수합하고 정비하기 위한 인재를 양성하기 위해 구상한 것이 상해노동대학이었다. 그리하여 이들 세사람이 국민정부에 건의하여 상해노동대학설립안이 채택되고 설립준비위원으로 국민정부측의 위의 세사람과 학계의 沈仲九 등 4인으로 위원을 임명하였다. 명목상으로는 장정강이 상임위원이었지만 심중구교수가 실무를 담당하고 吳克剛교수가 실질적인 일을 하였다.179) 이들 인물들은 사상적 경력면에서는 아나키스트로서 국립상해노동대학은 사실상 아나키스트

---

177) 秦望山,「安那其主義者在福建的一些活動」,「朝鮮和日本安那其主義者在泉避難引起的事件」,『福建文史資料』24期.
178) 이정규, 앞의 책, 128면.
179) 이정규, 앞의 책, 130면.

들의 주도로 계획이 되었고 여기에 이정규도 참여하게 되었다. 하지만 이 문제에 대한 일부 중국아나키스트들의 반대로 진통을 겪을 때 이정규가 절충을 하게 되었다. 즉 이정규는 현실참여쪽의 입장에 서게 된 것이다. 따라서 이 시기의 이정규의 아나키즘적 현실인식에 대한 이해에 도움이 된다고 사료된다.

먼저 노동대학에 반대한 대표자는 1927년 5월 중순 상해로 온 일본 아나키스트 岩佐作太郎인데 그의 반대 이유는

> 첫째, 이념적인 면에서 이들 채원배, 이석증, 오치휘 등은 아나키즘을 청산한 타락분자, 노폐분자들이며 국민당의 충복들로서 이들을 중심으로 새로운 노동운동의 요원양성이 가능할 것인가 하는 회의론 때문이었다. 결국은 아나키스트들이 타락할 것이라고 주장하였다.
> 둘째, 아나키스트가 가장 경계해야 하는 것이 정치와의 타협인데 아무리 아나키스트들이 운영을 하고 올바로 교육을 한다고 해도 국민정부의 직접 지휘를 받는 기관으로서 가능할 것인가 하는 이유 때문이었다. 더우기 공산주의자에 대항하는 국민당의 요원을 양성하는 곳이라는 문제 때문에 결과적으로는 반동분자를 양성하는 모순을 초래할 것이고 아나키스트 자신이 정치와 타협하여 타락할 것이라고 주장하였다.
> 셋째, 많은 아나키스트들을 노동대학에 관련시켜 놓으면 國共分裂과 같은 결과를 초래하게 되고 많은 희생을 감수해야할 것이기 때문이라는 것이다. 결국 이와 같은 것은 일종의 정치적 타협으로서 아나키스트의 墓穴을 파는 일이 될것이라고 주장하였다.[180]

암좌작태랑이 지적한 이유는 나름대로 그 타당성이 있다. 실제로 채원배나 이석증 또는 오치휘 등은 초기에 아나키스트로서 활약을 했으나 이 시기에는 어느정도 우경화의 길을 걷고 있다고 비판받고 있었으며 국민정부의 후원을 받는다는 문제도 역시 국민정부가 극우적 성격이라는 것은 주지의 사실이므로 문제가 있다고 보여진다. 상해노

---

180) 이정규, 앞의 책, 131면.

동대학을 주도하는 沈仲九, 吳克剛과 索菲君, 鄧夢仙등이 이에 이의를 제기하고 특히 심중구와 오극강이 이들의 설득을 이정규에게 부탁하였는데181) 여기에서 이정규에게 설득을 요청하였다는 것은 이정규도 찬성쪽에 의견을 같이 하고 있던 것으로 보아도 무방하리라 믿어진다. 이정규가 암좌작태랑을 설득한 요지는 다음과 같다.

> 첫째, 오치휘, 이석증 등을 노폐니 타락이니 하지만 그것은 그들의 개인적인 행동이요 조직의 결정사항으로서 한 행동이 아니다. 또한 그들 자신들도 아나키즘의 신념에 반역하였다고는 생각하지 않고 있다. 왜냐하면 이석증은 중국이 나갈 길은 각 省의 완전자치로 연합되는 정부를 구성해야 한다는 소위 聯省自治를 주장하고 있는데 그의 聯省自治, 分治合作이란 아나키즘의 自由聯合과 다를 바가 없다.
> 둘째, 그들의 행동이 이념과 배치된다 하더라도 아나키즘이념 자체가 획일적인 것을 반대하므로 행동통일을 기도하는 정도에서 선의로 이해하고 포섭하여 상해노동대학 일을 도모하는 것이 무조건의 배척보다 낫다.
> 세째, 아나키즘운동이 침체양상을 벗어나지 못하고 있는 것은 지나친 淸談流의 介潔과 理論的 偏向 때문이다. 사회현실을 직시하고 그것을 개조해야 한다는 아나키스트지만 현실적으로 사유재산을 소유하고 있고 금전으로 매매를 하고 있으며 정치와의 타협을 배제하면서도 국공립학교 또는 종교재단의 학교에서 임명을 받고 교직에 있는 것은 사실이다. 결국 積極, 徹底, 純粹라는 것은 정도문제일 뿐이다182)

여기에서 반대의 입장은 순수한 아나키즘이론에 집착하였기 때문이고 찬성하는 입장은 그들이 처한 현실을 고려한 것이라 사료된다. 실제로 아나키즘운동은 권위주의적 사회주의에 비교하여 열세의 입장에 있었음은 부인할 수 없었고 이것은 중국 뿐만 아니라 세계 각지의 공통된 현상이라고 할 수 있다. 따라서 이들의 주장은 상해노동대학을

---

181) 이정규, 앞의 책, 132면.
182) 이정규, 앞의 책, 131~132면.

이용하여 아나키즘운동을 확산시켜 보자는 것이었다. 첫 번째에서 거론한 그들의 신념문제도 획일적이고 독선적인 체제를 극력 반대하는 아나키즘이론상 어느 정도 그 타당성이 있다. 즉, 이석증의 연성자치도 이론상으로는 아나키즘의 자유연합이론에 해당되는 것이다. 두번째 아나키즘의 분파는 실제로 매우 다양하고 광범위하기 때문에 특별히 교조적 이론을 고집하지 않는다. 그래서 이것이 반대파들의 주요 표적이 되고 있는 실정이었다. 세번째의 문제는 새로운 사회를 만들지 못한 이상은 현실적으로 그 시대의 제도에 의지해서 살지 않을 수 없다. 따라서 이들은 "우선 선배들을 이해하고 함께 일을 시작하는 것이 중요하다. 공산당과 같이 남의 조직에 침투하여 분열시키는 것이 아니라 무정부주의자의 조직으로 혁명공작을 하는 것이니 외면이야 어떻든 실질적으로는 타협이 아닌 무정부주의의 독자적인 조직이다. 이것마저도 타협, 불순, 타락으로 매도한다면 현실적으로 무정부주의자가 할 일이 어디에 있느냐. 따라서 소극적 태도를 버리고 적극적으로 나서자. 혁명을 오도하는 독재적인 공산주의와 싸워서 우선 혁명전열에서 그들을 구축하고, 自由革命의 대로를 구축하기 위하여는 지나친 아집을 버리자. 제1차세계대전 당시 크로포트킨이 연합군의 對獨戰爭을 옳다고 인정하고 무정부주의 동지들의 반전운동을 비판 배격한 예를 보라. 우리의 현상황도 마찬가지다"라고 운동방법의 인식전환을 주장하였다.183)

상해노동대학에는 외국인인 이정규, 이을규, 암좌작태랑 등이 객원으로 참여하여 기획을 담당하였는데 학제는 정규 대학과정의 勞工學院을 중심으로 단기훈련과정인 勞工要員養成所를 부설하고 양성소는 7월 1일에, 학원은 일반대학과 같이 9월 1일에 개교할 예정이었다. 교과목편성, 교수, 강사의 교섭과 배정 등은 정부측 위원들의 양해를

---

183) 이정규, 앞의 책, 132면.

얻어 일본인 石川三四郎과 프랑스인 르큐르를 초청하기로 결정하였다. 프랑스 아나키즘잡지에 1927년 12월 게재된 중국에서 온 편지에 따르면 상해노동대학은 1927년 9월 19일에 설립하였고 1928년 3월 예정으로 농민대학도 세울 예정이었으며 당시의 학교는 400명 이상의 학생과 30명의 선생이 있었으며 이들 대부분이 아나키즘적 경향의 인물이었음을 보여주고 있다.184) 이와 같은 사실은 이정규의 상해대학에의 참여논리가 당시의 상황에서 전술상 시의 적절한 것이었다고 평가할 수 있다.

이정규의 상해노동대학 참여는 그에게 아나키즘이론과 현실참여 사이의 문제에 많은 논리적 훈련을 할 수 있는 기회를 제공하고 이후 그의 활동에 적지 않은 긍정적 요소로 작용하였다고 사료된다. 한편으로 상해노동대학에서의 활동은 동양에서의 아나키스트의 국제적 연대라는 의의도 찾을 수가 있다. 즉 다음 해에 상해에서 東方無政府主義者聯盟이 조직됨으로서 상해노동대학에서 동양 각국 아나키스트가 구상한 아나키즘의 국제주의이념은 그 최고조에 달하였다.

상해노동대학에 전념하던 이정규는 1928년 6월 하순 복건성의 농민운동에 참여하게 되었다. 이정규와 상해총파업에 함께 참여하였던 상해대학생 梁龍光이 秦望山을 대동하고 상해로 이정규를 찾아와 도움을 요청했기 때문이다. 그들은 복건성 남부 閩南을 土匪와 공산주의자로 부터 보호하기 위하여 각 농촌 청년들을 조직, 훈련시키기로 하였다. 이들 청년들을 지도할 간부양성을 위해서 晉江縣宣傳員養成所란 훈련기관을 泉州에 설치하고 200명을 선발하였는데 교육계획과 내용도 미비한 상태에서 토비 및 토호들과 결탁한 해군 육전대의 행패로 廈門 교외로 대피한 상태였다. 이들 중국인 아나키스트들은 교

---

184) 「Chine」, 『Publications de la Révolte et Temps Nouveaux』, Décembre 1927, p.11.

육방법과 농촌운동 전개방법에 대하여 이정규의 경험을 활용하고자 그를 초청한 것이다.185)

이정규는 이을규, 오극강, 암좌작태랑, 양용광과 立達學院에 거주하는 암좌작태랑의 거처에서 장시간 논의한 끝에 복건성의 농민운동을 적극 추진하기로 하고 그 책임을 이정규와 양용광이 맡기로 하였다. 이정규는 黃埔軍官學校 4기출신 의열단 단원이었던 李箕煥과 동남대학교수였던 柳基石을 추천하여 6월말 진망산, 양용광과 함께 廈門으로 출발하였다. 이정규는 7월 1일부터 강의를 시작하여 서양사회운동사, 공산주의비판, 신정치론, 농촌사회조직론 등을, 유기석은 신경제학, 사회학, 봉건사회 및 자본주의사회해부 등을 맡았고, 양용광은 교양과 섭외를 담당하였다.186) 이정규가 강의한 서양사회운동사는 그 내용이 주로 서양의 노동운동사를, 공산주의비판은 마르크스-레니니즘의 권위주의적이고 독재적인 내용에 대한 비판을, 신정치론은 아나키즘의 사회조직이론을, 농촌사회조직론은 주로 크로포트킨의 농촌사회이론의 강의였다고 믿어진다. 9월 암좌작태랑과 이을규가 운동에 합류하였으며 또 김원봉과 劉志靑이 찾아왔으나 김원봉은 떠나고 유지청만 합류하게 되었다.187)

교육이 끝나갈 무렵 천주로 이전하기 위하여 국민당중앙당부와 교섭하였다. 국민당은 일전의 숙청공작후 각 省에 중등교원을 재훈련, 교육시키기 위하여 黨化敎育訓練所를 설치중이었는데 복건성에는 아

---

185) 이정규, 앞의 책, 133면.
186) 이정규, 앞의 책, 136~137면. 학생들의 일과는 매일 5~6시간의 강의와 아침 저녁으로 1시간 반씩 목총으로 보건체조 비슷한 총검술을 훈련하였다. 격주로 정신교육을 실시하고 매일 아침 6시에서 밤 8~9시까지 학과강의, 수양강좌, 좌담회 등으로 일과가 짜여졌다. 교육기간은 6개월이고 장소는 공장건물을 임시교사로 이용하여 교실 2개, 기숙사, 주방, 사무실겸 직원숙소를 만들어 사용하였다.
187) 이정규, 앞의 책, 136~137면.

직 인선이 안된 상태였다. 진망산이 이미 인물을 확보하고 교육을 실시하여 간부를 양성하였다는 것을 알게 된 국민당은 이들에게 복건성을 부탁하였다. 아나키스트들은 논란 끝에 임시로 책임을 맡기로 결정하고 명칭을 泉永二屬民團編練處라 정하였다.188)

이들은 황포군관학교 직제에 준해서 소장 진망산, 정치주임 이정규, 훈련주임 李良榮, 교수부주임 유기서, 학생대장 이기환으로 간부를 선임하고 운동방침으로 농민의 자주, 자치, 협동노작, 협동자위를 설정하였다. 이러한 방침을 위하여 각 부락의 청년으로 향토조직을 만들고 아울러 무장자위조직을 겸하도록 하였으며 이 향토조직이 경제, 문화적 임무를 갖고 활동하도록 하였다. 10월 말에 개청식을 하였다.189) 이들은 편련처의 3대강령으로 자유자치의 생활, 협동노작의 생활, 협동방위의 생활을 제정하고 조직은 본부 - 현 - 향,촌 - 구,반의 네 단계로 나누었다.190) 이 조직은 그 구체적인 내용은 알려지고 있지 않지만 아나키즘원리에 따라 공동생산 공동소비 하는, 능력에 따라 일하고 필요에 따라 소비하는 원칙을 정했으리라 사료된다.

하지만 복건지방의 농민운동은 1928년 토비세력의 공격으로 와해되게 되었다. 재기를 시도하였지만 이들의 운동을 지원하던 화교들의 재정지원이 중단되어 결국 운동을 포기하게 되었다. 뒤늦게 정화암도 합류하였으나 만10개월 동안 지속한 이 운동도 종막을 고하게 되고

---

188) 이정규, 앞의 책, 140.
189) 이정규, 앞의 책, 147.
190) 이정규, 앞의 책, 147~148쪽. 편련처의 조직은 다음과 같다.
  천영이속민단편련처 본부: 위원회(3인; 위원장-진망산, 비서장-이정규)
  총무부(鄭수日, 이을규-회계담당): 서무, 회계, 용도, 섭외
  조직 연락부(歐陽健平, 王天均): 조직, 연락
  선전교육부(양용광, 張謙弟, 유기서, 姜種仁): 조사, 선전, 편집, 출판, 교육기획
  훈련지도부(陳春培, 이기환, 유지청): 훈련, 동원, 정보

이을규, 이정규, 정화암, 엄좌작태랑, 적천계래 등의 아나키스트들은 1928년 5월 초 상해로 귀환하게 된다.191)

　이 기간의 농촌문제에 대한 이정규의 체험은 광복이후 그가 농촌문제의 중요성을 강조한 것과 맥을 같이 하는 것으로서 아나키즘의 이상사회의 토대를 농민에 두는 크로포트킨의 논리에 부합되는 것이다. 이 운동은 비록 소기의 성과는 거두지 못하였지만 아나키스트들이 중국의 한 지방에서 농촌을 대상으로 이상사회를 지향하는 조직과 이론을 실험하였다는데 그 의의가 크다고 하겠다. 정화암도 이 운동에 대해서 농촌자치운동을 주도하여 중앙집권에 반대하고 지방분권과 각 지역의 자치, 자활을 옹호하려는 운동으로 규정한 바 있다.192)

---

191) 이정규, 154면.
192) 이정식편, 앞의 책, 279면.

제6장 1930~45 기간의 한인아나키즘운동

  1930년대와 광복때까지의 아나키즘운동은 당시 일본이 군국주의로 발전하는 시기로서 대륙침략과 태평양전쟁을 수행하는 전시체제였기 때문에 아나키즘사상과 같은 반체제적인 급진적인 사상이 발붙이기에는 국내는 물론 일본에서 조차 힘든 상황이었다. 따라서 국내아나키즘운동은 일본의 탄압으로 대부분 지하화할 수 밖에 없었지만 주로 학생들이 중심이 된 독서회 등의 소규모조직과 1920년대 말 이후 계속된 볼쉐비키와의 충돌은 곳곳에서 야기되었다. 일본에서도 사상단체로서의 활동은 중단된 상태였지만 노동운동을 중심으로 한 선전활동은 적극적인 양상을 보였는데 특히 동흥노동동맹 등의 활동은 일본 내 운동에서 중요한 역할을 수행하였다. 이 시기의 한인아나키즘운동의 특징은 중국에서의 적극적 대일투쟁이다. 일본의 중국침략으로 한인들의 근거지까지 위협받는 상황에서 한인아나키스트들은 중국아나키스트들과 연대하여 반제투쟁이란 공동목표하에 급진적 대일테러전술을 채택하고 일차적으로는 독립을, 이차적으로는 이상사회를 목표로 투쟁하였다.

1. 국내 및 일본내 운동

1930년대 국내아나키즘운동은 일제의 탄압에도 불구하고 학생을 중심으로 독서회 등의 활동과 청년들의 선전활동 그리고 대볼쉐비키 투쟁 등의 활동을 계속하였으며 여러 곳에서 아나키즘출판활동을 시도하였다. 이 시기의 학생운동은 경성제대의 현영섭, 정인택, 이종준, 조규선, 중동학교의 양일동, 이하유, 휘문고보의 장홍담, 보성고보의 조한응, 고신균, 제2고보의 하공현, 하기락, 진주농교의 김주태, 대구고보의 차태원, 대구교남학교의 송명근 등이 1929년 광주학생운동이후 아나키즘써클을 조직하고 활동하였다.[1] 1938년에는 양희석, 고인찬, 이희종을 중심으로 선구독서회가 조직되었다.[2] 또한 대표적인 아나키즘서적관련 출판활동은 현영섭, 김용찬, 이석규, 승흑룡 등이 창립한 이십세기서방을 중심으로 이루어졌다. 이혁은 서울 견지동 60번지에서 二十世紀書房을 경영하며 近代思想硏究所란 명칭으로 에스페란토를 강습하고 일본 아나키스트잡지 『自由聯合新聞』의 경성지국 등을 운영하면서 국내 아나키스트들의 연락처 역할을 하였다. 그는 『新東方誌』를 간행하였으며 유현태와 함께 경성흑색청년연맹이란 조직과 『黑旋風』이란 기관지의 간행을 시도하였다.[3] 1930년 6월 중순 『朝鮮日報』가 아나키즘운동에 편파적 기사를 게재하자 이혁과 유현태가 『조선일보』측에 사과와 정정을 요구하였으나 응하지 않자 이혁, 이광래, 승흑룡, 김지홍, 유현태 등은 활자판을 손상시켰으며 이로 인

---

1) 『운동사』, 394~395면. 『운동사』 240면에 의하면 진우연맹사건후 이 연맹에 밀접한 관련이 있었으나 신병으로 가맹하지 않았던 최해청은 연맹원들이 투옥된 공백기인 1930년부터 송명근, 이상길, 차태원, 손덕, 배영암, 송기창 등과 아나 연구구룹을 만들어 운동을 계속하였으며 송명근과 차태원은 1932년 부산에서 반전비라를 살포하기도 하였다.
2) 『운동사』, 400면. 이들은 1943년 독서회를 재조직하였다.
3) 『운동사』, 217면.

해 종로경찰서에 구속되었다.4) 또한 1932년 9월 김형윤은 조중복, 이정규와 영국 프리덤사(Freedom Press)와 같은 아나키즘전문서적을 간행하기 위하여 조중복이 자금을 출연하고 자유출판사를 설립하기로 하였으나 무산되었다.5) 홍형의는 1933년 흑우연맹에 가맹하여 한하연, 홍성환이 창립한 『자유코뮨』을 편집하였으며 1937년 조선에스페란토문화사를 창립하여 『Korea Esperantista』를 창간하고 에스페란토의 보급을 위하여 노력하였다.6)

1920년대 후반이후 계속된 아나키즘의 대볼쉐비즘투쟁은 1930년대 초에도 각지에서 진행되었으나 일제의 탄압으로 아나키스트측은 물론 볼쉐비스트측도 피해를 입게 되었다. 원산에서는 1927~1928년의 충돌후 소강상태가 지속되었으나 원산부두에서의 활동으로 세력을 확장한 아나키스트측과 볼쉐비스트측의 충돌로 1931년 1월 아나키스트계열의 김대관, 남상옥, 노호범 등과 노조원 60여명이 피포되었다.7) 단천지방에서도 1930년대 들어 端川靑年聯盟과 端川農民聯盟에 대한 일제의 탄압이 강화되자 아나키스트들은 천도교측과의 연

---

4) 『매일신보』, 1930.8.28. 『운동사』에 의하면 대표적인 활동가였던 李革은 1907년생으로 평남 안주출신이고 평양 숭실중학을 중퇴하고 1922년경 일본으로 유학하여 풍산중학을 졸업한 후 일본대학 정경학부에서 수학하였다. 재학중 맹형모와 더불어 무산학우회를 주재하면서 학생운동을 주도하고 졸업후 원심창, 목홍균, 장상중과 같이 진진후의 아나키즘운동재건에 노력하였다. 그는 동흥노동동맹, 자유노동조합 등에 참여하고 無國人社를 설립하여 팔태주삼, 근등헌이, 포시진치 등과 교유하며 강연회 등을 통한 사상계몽운동에 진력하였다. 1928년 5월 원심창, 김현철 등의 자유노조원과 같이 공산계 노총과 충돌하여 부상자를 발생케한 사건으로 검거되었다.
5) 『운동사』, 233면.
6) 『운동사』, 400면; 김삼수, 앞의 책 참고.
7) 『운동사』, 245-246면. 원산청년회는 一般勞動組合을 운영하면서 기존 咸南勞動會와 대립하였는데, 함남노동회는 산하의 부두노조를 비롯한 하선노조와 관제조합 등의 노동자를 착취하고 있었으므로 이러한 비리의 폭로로 충돌이 발생하였다.

합전선을 통한 대중적 진출을 모색하였다. 단천청맹과 단천농맹에 대한 탄압이 가중되는 상황에서 아나키스트들의 대중적 진출은 공산계열과의 충돌로 발전되었다. 1931년 1월 아나키즘계열의 대중단체인 新興靑年聯盟의 김종형을 공산주의계열인 端川農民組合에 강제로 가입시킨 사건으로 양측이 충돌하여 신흥청년연맹측의 허학노외 10여명과 농민조합측의 8명이 피포되었다.8) 이러한 아나키스트의 볼쉐비스트에 대한 충돌은 일제당국의 탄압을 야기하여 전체적으로는 국내의 아나키즘운동이 침체되는 원인으로 작용하였다.

1934년 10월 서울 관훈동의 第一樓에서는 이정규가 아나키즘활동을 재개하기 위하여 이을규, 오남기 등과 조직의 재건을 위한 활동계획을 수립하던중 체포되었다. 이들은 항일자주독립의식을 민중에게 고취하고 자유연합적 사회이념을 계몽시키기 위하여 간행물을 출판할 것과 운동을 민중속에 기반을 두기 위하여 소비조합사업을 시도할 것, 그리고 해외동지와의 연락망을 재건하고 대일무력항쟁의 국제적 연대를 강화할 것 등을 계획하였다. 이를 위해 최학주를 프랑스에, 이정규와 채은국은 중국에 파견하고 이을규와 오남기는 국내에서 간행물출판과 소비조합운동을 맡기로 하였다.9) 이들의 계획은 1920년대의 망명지에서의 활동과는 달리 식민지하의 국내에서 농촌을 대상으로 아나키즘사회의 기반을 조성하기 위한 시도였다는데 그 의의가 있다.

이외에도 자세하게 알려져 있지는 않지만 운동자들의 회고를 토대로 정리한 『운동사』에 기록된 아나키즘조직이 상당수에 이르고 있음

---

8) 『동아일보』, 1931.1.9; 1931.1.13; 『조선일보』, 1931.1.6; 1931.1.13. 한 연구자는 이 사건을 계기로 아나세력의 대중적 진출이 결정적으로 좌절되었다고 분석하였다.(이준식, 『농촌사회변동과 농민운동-일제침략기 함경남도의 경우-』, 민영사, 1993, 180면)
9) 오남기, 「제일루사건과 우관」, 『운동사』, 431~433면; 『동아일보』, 1934.10.23; 12.7;12.19;『조선일보』, 1934.10.23; 11.16.

을 살펴 볼 때10) 1930년대에도 소규모 조직으로 아나키즘운동의 명맥을 이어갔음을 확인할 수 있다.

1930년대 일본의 사정도 조선과 그리 다르지는 않았지만 한인노동자의 수가 늘어나면서 노동운동을 비롯한 사회운동이 보다 활발하게 진행되었는데 그중 東興勞動同盟의 활동은 두드러진 것이었다. 그 강령은 다음과 같다.

1) 우리는 자유연합주의로서 노동계급의 해방을 기한다.
2) 우리는 중앙집권조직을 배격하고 자유연합주의를 고창한다.
3) 우리는 일체의 정치운동을 배격한다.11)

동흥노동동맹의 아나키즘적 성격은 자유연합주의의 지향, 중앙집권조직의 배격 등의 내용에서 분명하게 들어나고 있다. 실질적인 현안은 1931년 4월 7일 在中華基督敎靑年會館에서 개최된 동흥노동동맹의 제9회 대회에서 채택되어 가결된 주요 의안을 통하여 조감할 수 있다. 이는 주로 당면현실문제였던 노동자문제에 치중하고 있다.

1) 제국주의전쟁 절대반대
2) 계몽운동의 건
3) 조선노동자 도일방지반대의 건
4) 사회정책철폐의 건
5) 생업구제반대의 건12)

이 대회는 일본인 30여명을 포함 약 250여명이 참가한 대규모 집회로서 연맹의 운동이 이론보다 실질적인 문제에 더 치중하고 있음을 보여 주고 있다. 이들은 기관지로 『黑色新聞』을 간행하였는데 그 표

---

10) 『운동사』, 453~458면.
11) 위와 같음.
12) 김정명, 187~188면; 『특고월보』, 1931년 4월, 45면.

제는 '불합리한 현사회에 대하여 혁명적 행동으로 돌진하라'였다. 재정부담은 재일조선인 아나키즘단체와 노동조합에서 충당하였다. 편집위원은 崔學柱, 吳佑泳, 陳哲, 韓河然, 梁一東, 吳致燮, 崔洛鍾, 閔魯鳳, 丁贊鎭 등이었으며 편집은 매월 25일 편집위원회 결정하였다. 인쇄는 崔洛鐘이 담당하였다.13) 이 신문은 아나키즘의 기관지로서는 드물게 37호까지 발간하여 아나키즘의 활동을 선전하고 이론을 소개한 일본내 대표적 아나키즘잡지이다. 비록 일본에서 발간되었지만 국내는 물론 중국내의 한인아나키즘활동 및 서양 각국의 아나키즘소식도 전하였다.

『흑색신문』의 내용중 上海今月의 「동지 백정기군을 추억함」에서는 백정기열사가 법정에서 말한 '장엄한 혁명 앞에 흘리는 피눈물은 血彈뿐이다'란 어록을 인용하며 그를 '인류해방의 첨단에 선 반역자며 열렬한 톨스토이주의자'로 묘사하였다.14) 또한 중국에 단원을 파견하기도 하였는데 예를 들면 상해에서 南華聯盟의 양여주가 요청하여 일본대 사회과에 재학중인 흑우연맹원 李鐘鳳을 파견하였다. 『흑색신문』에서는 또 그들의 아나키즘운동이 아직 조직과 이론이 미확립되어 사회 각 분야에의 진출이 부진하다고 판단하고, 사회 각 분야로의 '전선확대'의 필요성을 역설하였다.15) 상해 '6.3정사건'에 대한 기사에서는 혁명에 폭력이 불가피함을 역설하였으며 또한 현하의 객관적 정세는 제2의 결전을 요구한다고 인식하고 자유연합전선의 확대강화와 아나키즘사상의 민중화를 강조하였다.16) 이외에도 上海林友, 「在中國朝鮮無政府主義運動槪況」(29호), 上海今月, 「인간의 욕구와 지도이

---

13) 『운동사』, 401~402면.
14) 上海今月, 「동지 백정기(구파)군을 추억함」, 『흑색신문』30호, 1934.7.31.)
15) 「1934년의 투쟁혈로에 선 만천하 동지에게 격한다」, 『흑색신문』24호, 1934. 1.25.
16) 「3.1행동에 사상이 있게」, 『흑색신문』26호, 1934.2.28.

론의 불필요」(32호), 「해방운동을 압살하는 파쇼의회를 분쇄하라」(35호), 「3월의 三大事件과 上海 B.T.P.(黑色恐怖團) 二周年」(36호), 「폭악무도한 식민정책 고등교육폐지론을 일격에 분쇄하자」(37호) 등의 제목을 통하여 이들 기사가 주로 일제에 대한 투쟁의식고양과 한인에 대한 선전활동에 주안점이 두어졌음을 알 수 있다. 신문은 1935년 이동순이 편집을 담당하다 재정난으로 정찬진에 위임하였으나 정찬진이 경찰에 체포되어 다시 홍성환이 인계받은후 1935년 5월 6일 폐간하였다.

1930년대 초반의 활동은 이외에도 兵庫에서 장성성, 이효묵, 장선수 등이 아나키즘계열의 朝鮮同友會를 조직하였으며17) 11월에는 朝鮮女子俱樂部가 조직되었다.18) 1932년 일본내 주요 도시의 한인아나키즘세력은 단체로서 東京에 黑友聯盟등 9개, 대판에 아나키스트청년연맹 등 2개, 兵庫에 조선동우회와 愛知의 中部黑色一般勞動組合이 있었으며 회원은 약 천명이 활동하였다.19) 1932년중 간행된 재일한인 아나키즘출판물은 크로포트킨의 「법률과 강권」, 「자유코뮨」, 「흑색의 절규」, 「20세기」 등 아나키즘이론을 소개한 책자와 반대파를 규탄하는 팜플렡 등이었다.20) 이밖에도 金年八, 崔鐘觀, 李東淳 등이 芝浦勞動者自由聯合을 조직하였고 1932년 洪性煥, 韓河然 등은 자유코뮨사를 결성하였다. 또한 일본대 사회과 재학중이었던 洪亨義는 『자유코뮨』을 발간하였으며21) 동흥동맹의 양일동은 『흑색신문』을 대표하여 서면으로 일본정부에 한인아나키스트의 탄압을 항의하였다. 芝部동흥동맹의 최낙종은 2월 三文社란 인쇄소를 인수하여 아나키즘

---

17) 평강산이, 앞의 책, 293면.
18) 『특고월보』, 1931년 11월, 26면.
19) 김정명, 282면.
20) 김정명, 282면.
21) 『운동사』, 402면.

출판물을 인쇄하였다.

1933년 9월 1일 全塞村, 金春燮이 土民社를 조직하고 문예지『土民』을 7호까지 발간하여 농촌청년운동에 기여하였는데 이는 1932년 2월 동경에서 조직된 農村靑年社가 중앙집권적 조직을 거부하고, 자주적 분산활동을 통한 농촌청년운동을 제창한데 영향을 받은 것이다. 그 방법은 자급자족을 중심으로 하는 경제적 직접행동에 의한 농촌운동의 실천을 중시하였으며 이를 이끄는 힘은 소수인의 독선이 아닌 민중의 창조적 활동임을 강조하였다. 그 구호는 '농민속으로 부터'였다.22)

일본은 한인 아나키즘운동이 매년 퇴보하고 있다고 판단하였는데 그 원인은 좌파운동 일반에 대한 탄압이 강화됨에 따라, 특히 폭력위주의 행동단체인 아나키즘조직의 성원이 감소하기 때문이라고 진단하였다.

재일한인의 가장 중요한 아나키즘단체였던 一般勞動組合은 1933년 10월 23일 동경일반노동자조합준비회를 결성하여 강령, 규약, 선언 등을 작성하고 1934년 1월 21일 오후 7시 동경 本所區 綠町에서 창립대회를 개최하고 吳宇泳외 11명, 기타 단체와 동흥노동동맹에서 이동순 외 3명등 15명이 출석하여 이규욱의 사회로 이윤희가 경과보고를 하고 조합명칭을 朝鮮一般勞動組合으로 결정한후 다음과 같은 강령을 채택하였다.23)

강 령
1. 아등은 자주적 단결로 일상투쟁을 통하여 노동자 농민의 해방에 매진한다.
2. 아등은 중앙집권조직을 배격하고 자유연합조직을 강력히 주장한다.
3. 아등은 연대, 우애, 협동을 사회생활의 정신으로 한다.

---

22)『운동사』, 423면.
23)『특고월보』, 1934년 1월,

4. 본 조합은 다음과 같은 부서를 둔다. 자유노동부, 공장노동부, 잡업노동부, 借家人夫.
  5. 사무집행을 위해 서기, 회계, 교육부를 설치한다.24)

또한 「선언」에서 자본주의가 몰락할 것임을 확신하면서 일본의 아나키즘조직을 자본주의경제를 위해 봉사하는 기관으로 비판하고 자본주의제도가 존속하는 한 노동자, 농민의 비참함은 결코 제거되지 않을 것이므로 노동자, 농민의 진정한 해방은 강권주의나 정치가 아닌 노동자, 농민 자신의 힘으로 투쟁을 쟁취하지 않으면 안된다고 역설하였다.

한편 1934년 11월 23일 동흥노동동맹 북부지부는 東京市 荒川區 三河島町 城北佛敎靑年會館에서 김학준의 사회로 제2회 총회를 개최하고 '과거의 고식적 상태를 타파하고 새로운 방침과 기백으로 전진한다'는 취지로 朝鮮勞動者合同組合으로 개칭하였다. 의장에 오우영이 임명되었으며 김학준외 60여명이 참석하여 명칭, 선언, 강령, 규약을 심의 가결하였다. 그 의안은

  1. 미조직 노동대중조직의 확대의 건
  2. 계급적 연대성에 입각한 제 노동단체와의 공동투쟁에 관한 건
  3. 동일 노동에서의 임금차별 반대의 건
  4. 년말 생활방위에 관한 건
  5. 기관지 확립의 건
  6. 조선인 거주권 확립투쟁의 건
  7. 조선농민운동과의 연락투쟁의 건
  8. 조선인 친일단체 박멸의 건
  9. 운동 배격의 건
  10. 명칭변경에 관한 건25)

---

24) 『특고월보』, 1934년 3월.
25) 위와 같음.

선언에서 백절불굴의 용기와 과감한 일상투쟁으로서 조선노동자의 생활을 대담하게 옹호하여 전노동계급의 유일한 전위로서 최후의 승리까지 돌진할 것을 선언하였다.26) 사무소는 북부책임자 김학준의 집을 사용하다 3월 2일부터 南千住町 113번지로 이전하였으며 7월 30일부터『朝鮮勞動者合同뉴스』를 발간하여 5호까지 간행하였다.27)

1934년의 전체적인 재일 한인아나키즘세력은 총 11개 단체 616명으로서28) 메이데이투쟁, 남한수해기금모금, 동경市電쟁의응원, 일본관서지방수재기금모집 등의 활동을 하였다.29)

1930년대 후반 아나키즘활동은 더욱 침체되어 1937년 1월 19일 조선일반노동조합이 해체되었고 1937년 1월 27일에는 조선동흥노동동맹 高田部가 해체되었으며 1937년 1월 31일에는 흑색노동자연맹이 해체되었다.30) 1939년 1월 千葉縣 佐倉町 明倫中學校 5년생 손원식, 박원우, 최문환이 김병규의 지도로 만인의 자유평등사회실현을 목적으로 단체를 조직하였으나 검거되었고,31) 1940년 3월 枋木縣鹽谷郡栗山村鬼怒川에 위치한 수력발전소의 공사장 인부인 문성훈, 이종문, 정갑진이 建達會를 결성하고 테러를 계획하다 피포되었다.32) 기타 학생들에 의한 소규모의 항의는 계속되었다. 1935년 2월 18일

---

26) 위와 같음.
27)『특고월보』, 1934년 11월, 87~88면.
28) 김정명, 533면.
29) 김정명, 533면.
30)『특고월보』, 1938년 1월, 107~108면.
31) 평강산이, 앞의 책, 292면.
32) 위와 같음. 建達會는 극동일반노동조합의 후신인 조선일반노동조합이 1938년 8월 자진 해산하자 회원이었던 문성훈, 정갑진, 이종문 등이 1940년 3월부터 조직재건에 착수하여 6월 11일 아나키즘의 조직재건을 달성하겠다는 의미의 건달회를 조직하였다. 이들은 궁성의 이중교를 습격하여 천황제를 타도하고, 참모본부와 육군성 및 해군성을 습격하여 군수뇌부의 활동을 마비시키고, 내무성과 경시청을 습격하여 경찰력을 마비시키고, 내장성과 일본은행을 습격하여 경제를 마비시킨다는 계획을 수립하였다(『운동사』, 424~425면)

경성 고등보통학교의 학생에 대한 퇴학, 보성전문학교의 합격자취소에 대하여 1935년 8월 하순 동경아나키스트단체명의로 「교육계의 부패, 언론계의 추태를 들어 만천하에 성토한다」는 격문을 발송하였다.33) 1939년 12월 早稻田대학에서 개최한 조선학생들을 위한 연례연합 졸업송별회석상에서 국어사용금지에 대한 일제식민정책에 대하여 민족문화의 특수성과 자립성을 옹호하는 비판적 발언을 한 하기락, 김정수 등이 체포되었다.34) 하기락은 한하연, 이시우, 하경상, 최낙종 등과 조도전대학 및 동경대학생과 사회주의연구구룹을 조직하여 선전활동을 하였다.35) 1941년 2월 아나키스트 중학생들이 검거되었다.36)

이상과 같이 1930년대의 국내 및 일본내 한인 아나키즘운동은 전체적으로 일제의 탄압으로 침체상태를 벗어나지 못하였으나 국내에서는 소규모 써클활동으로 운동을 지속하였고 일본에서는 노동조합을 통한 세력확장에 힘을 기울였다.

2. 중국내 운동

일제치하 1930년대와 1945년 광복까지의 시기는 아나키즘운동사상 격렬한 대항일 직접투쟁의 시기였다. 일본의 대륙침략야욕이 구체화되면서 한인아나키스트들은 이에 적극적이고 능동적으로 대처하지 않을 수 없는 상황이었다. 국내의 운동은 전시동원 체제하에서 지하로 잠적할 수 밖에 없었으며 일본내 운동도 일본아나키스트와의 공조체제로 전환하여 소극적 투쟁 외에는 달리 대안이 있을 수 없었다.

---

33) 『운동사』, 427면.
34) 『운동사』, 427면; 『독립운동사자료집』13권-학생독립운동사, 1178~1185면.
35) 『운동사』, 427면.
36) 『운동사』, 429면.

하지만 중국에서는 불완전하나마 활동의 자유가 있었기 때문에 중국 아나키스트와 연대하에 미점령지역을 중심으로 한중연합투쟁을 전개할 수 있었다. 따라서 일제하 한국아나키즘운동에서 차지하는 이 시기의 중국내 운동의 역할은 매우 중요하다고 할 수 있다. 1920년대 중국내 한인아나키스트들은 민족주의자와 사안에 따라 협력관계를 유지하였는데, 이 유대는 일본의 압력에 비례하여 1930년대에는 더욱 발전되었다.

1930년대 중국내 한인아나키즘운동은 남화한인청년연맹의 활동으로 대표된다고 할 수 있다. 이 연맹의 활동은 일본제국주의세력에 대한 실천적 측면에서 그 활동과정과 대응방식을 통하여 한국아나키즘운동의 성격을 파악할 수 있는 단체로서 주목된다. 본 장에서는 운동사적 측면에서 남화한인청년연맹의 조직과 활동 그리고 그들의 투쟁이론의 추이를 중심으로 고찰하고자 한다. 물론 중국내 한인아나키즘운동은 민족주의운동과 비교하여 상대적으로 소수에 불과하였지만 이들이 전파한 독립투쟁이론은 민족주의의 소극적이고 폐쇄적인 한계를 극복할 수 있는 것이었다. 더군다나 당시 혁명세력에 큰 영향을 끼치고 있던 공산주의에 대항할 수 있는 이론으로 평가되었기 때문에 일부 민족주의세력에게도 호감을 얻을 수 있었다. 그럼에도 불구하고 아나키즘운동은 점차 공산주의세력에 그 영향력을 상실하고 있었으며 이는 1930년대로 넘어가면서 그 정도가 심화되는 중이었다. 대표적으로 1930년대 침략야욕을 노골적으로 드러낸 일본이 점차 만주에 실질적인 지배권을 장악하고 중국본토에도 직, 간접적인 영향력을 행사하게 되어 한국독립운동자들의 활동은 제약받을 수 밖에 없었다. 이러한 압력으로 대표적 아나키스트였던 이을규와 이정규형제를 비롯하여 신채호와 이회영까지도 일제에 의해 체포되는 등 유력한 한인아나키스트들의 활동이 정지당하는 상황에 처하게 되었다. 이와 같은 상황은 아나키스트들에게 보다 적극적인 돌파구를 모색하게 하였으며 그 결과 적극적 항일단체인 남화한인청년연맹이 탄생되었다. 중국내 한인아나키즘운동의 중요한 목표중 하나였던 만주에서의 이상촌건설운동이 좌절된 것도 이러한 급진적 방향전환으로의 한 계기가 되었다. 즉 이회영의 영향으로 아나키즘에 경도되어 만주에서 한인들을 대상으로 아나키즘적 이상사회건설을 시도하였던 1929년 7월 조직된 재만한인무정부주의자연맹, 이어 시도된 김좌진이 이끄는 신민부와의 연합인 한족총연합회의 활동이 중도에 좌절되게 된 것이 중국내 한인아나키즘운동이 급진적 항일투쟁으로 방향을 전환하게 된 중요한 요인이었다. 물론 근본적으로는 당시 만주에 대한 일본의 대륙침략정책으로 한인혁명자들의 활동근거지가 위축된 때문이었으며 수적 열세에서 이를 극복하기 위한 최선의 방법은 급진적 투쟁외에는 다른 방법이 없었던 것도 그 요인이었음은 부인할 수 없다.

 실질적인 만주운동의 시발점이 되었으며 재중 한인 아나키즘운동에 분수령이 된 회의가 1930년 초 북경에서 개최되었다. 재중국 주요 한인아나키스트 전체가 회동하여 점증하는 일제의 압력, 위기에 처한 아나키즘운동의 진로, 민족주의자 및 공산주의자와의 관계설정 등 중국내 한인아나키즘운동이 처한 주요 문제를 협의하기 위하여 상해, 복건, 만주 등지에서 주요 지도자 20여명이 모여 3월에서 4월까지 2개월여에 걸쳐 현안문제를 논의하였다.37) 이는 중국내 한인 아나키

---

37) 이 회의는 상해노동대학에서 수학하던 신현상이 아나키즘운동의 침체를 타개하기 위하여 조달한 자금을 어떻게 사용할 것인가 논의하기 위한 것이 계기가 되었다. 신현상은 국내에 잠입하여 친지인 미곡상 최석영이 거래처인 호서은행에 신용이 있다는 사실을 이용, 1930년 2월 15차례에 걸쳐 양곡거래대금 5만 8천원을 조달한 후 함경남도 정평의 차고동과 같이 북경으로 잠입하였다. 이에 이회영 등이 회의를 소집하였다. 그러나 천진의 일본영사경찰에 의해 이러한 사실이 탐지되어 회의참석자가 체포되었으나 곧 석방되었고 신현상과 최석영은 국내로 압송되었다(『동아일보』, 1930.9.26; 1930.12.6.; 추헌수, 『자료한국독립운동』2권, 연세대학교출판부, 45~50면; 「신현상」, 『독립운동사대사전』; 『한국민족운동사료』, 646면; 정화암, 앞의 책, 102면)

즘운동의 성격을 규명하는데 매우 중요한 회의지만 이에 대한 자료는 당사자들의 자서전에 소략하게 언급되었을 뿐이다.

회의에서는 김종진의 노력과 이회영의 지원으로 만주에서의 아나키 즘운동의 중요성을 인식하고 국내외의 모든 물적, 인적자원을 만주에 집중할 것을 결의하였다.38) 이는 중국내 아나키즘운동의 전략과 전술상 중대한 변화라고 생각된다. 만주에서의 아나키즘운동은 정치적 인 것이라기 보다 경제적인 측면이 강한 운동이기 때문이다. 즉 일본 에 대한 직접적인 투쟁보다 한인에 대한 실질적인 경제적 운동형태로 서 이를 실현하고자 하는 것이었기 때문이다. 물론 결과적으로는 좌 절되고 말았지만 러시아의 마프노운동 또는 일본의 농촌운동과 맥을 같이 하는 중요한 시도였다.

그러나 전술한 대로 이러한 노력도 일본경찰에 자금을 압수당하고 연이은 중국내 한인 아나키즘운동 지도자들의 피포로 계획대로 진행 하지 못하였다. 신채호는 아나키즘운동의 국제적 연대를 위한 자금모 집중에 이미 1928년 5월 체포되었으며, 이정규는 1928년 10월, 이 을규는 1929년에 김종진, 김좌진 등과 한족총연합회에서 활동중39) 1930년 9월에 피포되었다.40) 이후 중국내 한인아나키스트 중 이회 영, 정화암, 유자명 등의 원로들과 유기석 등의 젊은 단원들이 모여 구체적인 실천방안을 협의한 것이 곧 남화한인청년연맹으로 나타나게 되었다.41)

---

38) 『운동사』, 330면.
39) 이을규역, 『현대과학과 아나키즘』, 216면.
40) 『운동사』, 332면; 『동아일보』, 1931.1.20. 이을규는 김종진의 만주운동을 지원하 기 위하여 천진에서 이회영과 협의후 만주로 귀환하려다 천진부두에서 피포되 었다.
41) 정화암은 1929년 11월 천주에서 활동하다 합류하였으며(정화암, 앞의 책, 98면) 유자명은 1928년 3월부터 6개월간 무한경비사령부에서 옥고를 치르고 남경피 압박민족연합회에 참석한 후 천주여명중학, 입달학원에서 활동중 동참하였다. (유자명, 앞의 책, 111~118면) 유기석은 북평에서 북평시정부비서로 근무중 가

1930년 4월 20일[42] 중국내 한인아나키스트들은 아나키즘운동의 활성화를 위하여 유자명, 장도선, 정해리, 유기석 등이 중심이 되어 프랑스조계 금신부로 신신리 모 중국인집 2층에서 남화한인청년연맹을 결성하였다. 남화한인청년연맹의 강령과 규약은 다음과 같다.

강 령
1. 아등의 일절 조직은 자유연합의 원칙에 기초한다.
1. 일절의 정치적 운동과 노동조합 지상운동을 부인한다.
1. 사유재산제도를 부인한다.
1. 僞도덕적 종교와 가족제도를 부인한다.
1. 아등은 절대적으로 자유평등한 이상적 신사회를 건설한다.[43]

남화한인청년연맹은 그 강령에서 기본적으로는 자유연합의 원칙,

담하였다.(국회도서관, 『한국민족운동사료』, 646면) 남화한인청년연맹에 관한 일제측 사료는 외무성경찰사 지나지부, 『조선민족운동사』(미정고)5권, 고려서림, 서울, 1989, 782~793면; 김정명편, 『조선독립운동』2권, 원서방, 동경, 646면; 조선총독부경무국, 「최근에 있어서의 조선치안상황」, 1933, 376면; 평강산이, 『조선민족독립운동비사』, 일간노동통신사, 동경, 1956; 대한민국광복회, 『독립운동대사전』, 312면; 고등법원검사국, 『사상휘보』5호, 111면 등이 있으나 일부 내용은 사실과 다르게 기술되었으며 이를 다시 다른 자료에서 인용하여 사료선택의 신중함이 요구된다. 그러나 우리측 기록이 희소한 상황에서 이들 자료는 그 기본적인 흐름을 이해하는데 필요한 자료라 판단된다. 특히 이중에서 고등법원검사국, 『사상휘보』5호, 고려서림영인본, 112~115면 소수 「재상해남화한인청년연맹의 강령, 규약, 및 선언」은 남화한인청년연맹의 내용을 이해하는 핵심사료이다. 또한 이강훈, 『항일독립운동사』, 정음사, 1974, 200~203면에도 내용을 일부 확인할 수 있다.
42) 남화한인청년연맹의 결성일에 대한 일본자료는 『사상휘보』, 5호, 111면에 1931년경으로, 나머지 자료는 대체로 1930년 4월 20일로 되어 있다. 우리측 자료는 『운동사』, 340면에 1931년 9월경으로, 정화암, 앞의 책, 133면에는 일자가 불분명하나 1930년 4월 20일이 정확한 것 같다. 1931년은 만주에서 실패한 아나키스트 정화암, 이강훈, 엄형순 등이 가담하는 시기로서 활동이 강화된 시점이기 때문이다.
43) 『사상휘보』5호.

사유재산제도의 부인, 자유평등한 신사회건설 등의 아나키즘조직의 특성을 보여주고 있다. 그 중에서도 두번째의 정치적 운동의 거부는 당시 민족주의계열에서 추진하고 있던 각종 정당활동을 포함한 일체의 정치활동의 무의미함을 주장한 것이고, 노동조합지상운동을 배격한다는 조항은 당시 국내에도 영향력을 미치고 있던 노동조합운동과 일본의 한인아나키스트들이 추구하는 노동운동까지 포함되는 것으로 풀이된다. 물론 아나키즘에도 아나르코-생디칼리즘이란 노동조합을 통한 사회혁명을 추구하는 유파가 있지만 당시 정세가 노동조합으로 대항하기에는 일정한 한계가 있다는 것을 인식한 것으로 볼 수 있으며, 특히 공산주의계열의 노동운동에 비하여 열세에 놓였던 아나키즘의 노동조직으로는 대항할 수 없다는 한계를 반영한 것으로 풀이된다. 그들의 규약은 다음과 같다.

규 약
1. 본 연맹은 강령에 따라 사회혁명을 수행하는 것을 목적으로 한다.
2. 본 연맹의 강령에 따른 목적의 수행을 위해서는 맹원전체의 승인을 얻어서 그 방법을 채용하며, 단 강령에 저촉되는 것은 본 연맹원 각 개인의 자유발의와 자유합의에 의한 것으로서 본 연맹에서는 직접 간여할 수 없다.
3. 단원은 본 연맹의 자유의지에 대한 강령에 찬동하는 자로서 전맹원의 승인을 얻어야 한다.
4. 본 연맹의 일절의 비용은 맹원이 분담한다.
5. 본 연맹의 집회는 년회, 월회, 임시회가 있으며 그 소집은 서기회가 담당한다.
6. 본 연맹의 사무처리를 위하여 서기부를 설치한다. 단 맹원전체의 호선에 의해 선거로서 서기 약간인을 두고, 그 임기는 각 일년으로 한다.
7. 강령에 배치되거나 규약을 파괴하는 행동을 한 연맹원은 전 맹원의 결의를 거쳐 제명한다.
8. 연맹원은 자유로이 탈퇴할 수 있다.
9. 출석자 전체의 승인이 있을 경우 회합에 결석할 수 있다.

10. 본 규약은 매년 정기회의에서 만장일치로 수정안을 만들 수 있다.44)

위의 규약은 아나키즘조직의 특성을 분명하게 보여 주고 있다. 일제시대 활동했던 아나키즘조직중 남화한인청년연맹의 규약만큼 그 운영규칙에 대한 내용이 자세하게 알려진 것이 희소한 상황에서 남화연맹의 규약은 당시 중국내 한인 아나키스트의 조직운영에 대한 실상을 추출할 수 있는 단서를 제공한다. 규약에 의하면 연맹의 사무를 위해 서기부를 두고 약간의 인원을 배치하며, 임원은 전체의 호선에 의한 선거로 선출하였다. 그 임기는 1년으로 연맹은 서기부의 소집으로 면회, 월회, 임시회 등의 집회를 개최하였다. 각 집회에서는 혁명방안을 심의, 결정하는 기능을 갖고 있고 남녀 맹원의 가입에 대한 사무와 연맹의 목적에 위배되는 행동을 한 사람을 제명할 수 있다. 특별한 사유가 없는 한 집회에 불참할 수가 없었으며 대원의 자격은 자유의지로 강령에 찬동하고 전대원의 승인을 얻은 자로서 탈퇴는 본인의 자유였다. 이렇게 자유로운 탈퇴가 가능한 조직은 일반 테러단체에서는 볼 수 없는 아나키즘적인 것으로 남화한인청년연맹은 자유의사에 의한 자유합의로 조직이 운영되었다.

1930년대 중국의 한인아나키즘운동의 성격은 연맹의 선언을 통하여 조감할 수 있다. "친애하는 조선민중제군! 아, 조선은 일본제국주의의 강압과 약탈을 받아 온 이래 아등 2천 3백만의 자유는 모두 소멸되고 기아와 모욕과 억압이 날로 증가하여 멸망의 구렁텅이에 빠지고 있다. 아등의 부모는 비운에 울고 아등의 어린시절은 기아로 절규하였다. 그러나 아등의 자유는 영원히 소멸하지 않는다"로45) 시작하는 선언은 전조선의 학생은 어린 학생까지도 분기하여 선전, 분투하고 있으며 이러한 자유의 외침은 전원과 도시, 학교와 공장에서 진동

---

44) 『사상휘보』5호.
45) 위와 같음.

하고 있으므로 전 조선민중은 아직 자유를 잊지 않았다고 역설하였다. 또한 제국주의, 자본주의, 사유재산제도를 쉽고 명쾌하게 설명하였는데

"제군! 아등을 모욕하고 압박하는 저 제국주의는 자국내에서는 자본주의로 농민과 노동자를 착취하고, 이들을 기아의 황야에 방축하여 압박을 받는 민중이 반항하려고 하면 지금 아등에게 총구를 겨누고 있는 저들 군대가 동시에 피등을 타살한다. 제국주의의 근본은 자본주의이다. 그리고 자본주의의 원천은 사유재산이다. 사유재산제도는 소수의 유산계급만을 위한 것이다. 곧 마음대로 착취하기 위하여 법률과 감옥과 군대를 갖춘 중앙집권정부를 수립하고 피등의 대리자로 만들어 일반민중이 분기하고 반항하는 것을 강압하고, 그 제도를 영원히 유지하려 노력하고 동시에 피등은 교육기관을 독점하여 사유재산제도가 정당하다는 것을 어려서부터 가르친다"46)

라고 조선민중이 조선에 건설하려는 사회는 이러한 사회적 병폐, 사유재산, 국가정부조직 및 위도덕을 완전히 파괴한 후에 비로서 건설할 수 있는 것이라고 주장하였다. 만물은 어느 누구도 내것이라 주장할 권리가 없다면서 '각 개인이 자기 필요에 의해 취하고 자기 능력에 따라 일하는' 절대적인 공산사회를 만들지 않으면 안된다고 주장하였다.47) 이러한 공산사회는 크로포트킨이 주장한 사회이다.

"그리되면 무엇보다 금전이 필요없게 된다. 농업과 공업을 과학적으로 종합하여 가장 유리하게 생산하는 것이 가능한 것이다. 농촌형식의 도시가 있고 또한 도시같이 편리한 농촌이 각각 자유롭게 연합하는 것이 가능한 지구상의 예술적 도시로 되지 않을 수가 없는 것이다. 각인이 자유의사로서 선택된 사회를 만들고, 또한 자유로 일하고 얻는 사회인 것이다."48)

---

46) 위와 같음.
47) 위와 같음.
48) 위와 같음.

위의 설명은 크로포트킨이 구상한 진정한 자유, 평등, 우애의 사회로서, 전인류가 진정으로 바라는 요구이며 이를 실현하기 위해서는 기왕의 모든 사회제도를 혁파하지 않으면 안된다는 것이다. 따라서 한국에서도 이러한 사회건설을 위해서는 국민들의 분투가 필요함을 역설하였다.

"혈전으로 탈환한 우리 조선에 일찌기 민중을 마음대로 착취, 압박해서 마침내 일본제국에 토지를 빼앗긴 제왕을 다시 만들 것인가? 전민중의 백분의 일도 안되는 자본가계급에 권력을 위임하고 전민중을 다시 기아에 빠트린다면 일본제국주의로 부터 아등의 자유를 탈환할 것인가? 영국의 압박을 벗어나 독립한 소수자본가가 대다수 농민과 노동자를 착취하고, 아등이 지금 제국주의 아래 받고 있는 데모크라시 미국을 건설하고, 아등의 어린애를 임금의 철쇄로 결박하여 그 육혼을 소수자에게 헌상하려 아등은 제국주의군대와 싸우고 있는가? 노동자만의 당이 있기 때문에 안심하는 게 가능하다면서 딩의 독재를 실행하여 소수의 위원 또는 간부의 권력투쟁에 당황하는 노동자를 노예로서 제국주의보다 더한 강압과 절대 부자유를 전민중에 강요하므로서…공산러시아와 같이 암담한 국가를 건설하고자 함인가?…하루라도 빨리 일본제국주의를 조선땅으로 부터 격퇴하자. 이는 신사회를 건설하는 것이다. 전민중의 불굴의 직접행동에 의해, 전체적인 봉기에 의해 일거에 피등을 축출하자"49)

한편 이러한 사회에서 무장은 원칙상 불필요하다고 인식하지만, 한국민중이 진정으로 그리는 이상사회를 지키기 위한 방편으로는 필요하다고 인식하였다. 자유평등한 사회를 위협하는 군대가 존재하는 한 무장은 필요하다고 인식하고 그것은 세계가 완전히 한국과 같은 아나키즘적 정신과 조직을 갖출 때까지라고 주장하였다. 그러나 이러한 농촌의 무장도 결코 타민족을 박해, 학살하고 소수자의 이익만을 수호하는 상비군이 아니라고 주장하였다.50)

---

49) 위와 같음.
50) 위와 같음.

남화한인청년연맹의 활동중 주목되는 것은 한중연합투쟁이다. 물론 한중연합투쟁은 1920년대에도 진행된 적이 있었으나 이는 민족주의, 공산주의계열을 막론하고 이들이 의존하고 있던 나라가 중국이었기 때문에 필요한 것이었다. 아나키즘에서는 제국주의를 반대함은 물론 압박자를 공동으로 제거하여 세계를 한 가족으로 만드는 수단으로서의 연합투쟁이 이상사회로 가는 중요한 단계이다. 이것은 국제주의(Internationalism)로 표현되고 이를 위해 에스페란토어도 주요 수단으로 사용되고 있다.

1931년 11월 상순 동방무정부주의연맹의51) 王亞樵와 華均實이 방문하여 같은 달 중순 상해 프랑스조계에서 항일구국연맹을 결성하였다. 한국인은 이회영, 정현섭, 백정기 등 7명, 중국인은 왕아초, 화균실 등 7명, 일본인은 田華民(佐野), 吳秀民(伊藤) 등이 연맹의 주요 인물이었다. 연맹은 선전부, 연락부, 행동부, 기획부, 재정부의 5부를 설치하였으며52) 그 활동계획은 다음과 같다.

1. 적 군경기관 및 수용기관의 조사, 파괴, 적 요인의 암살, 중국인 친일분자의 숙청
1. 중국 각지의 배일선전을 위한 각 문화기관의 동원계획수립
1. 이상에 관한 인원 및 경비의 구체적 설계53)

위의 계획을 실현하기 위하여 1931년 11월 중순 프랑스조계 浦石路 桂洛里 백정기의 숙소에서 흑색공포단을 조직하였다.54)

---

51) 이 연맹은 1927년 조직되었으나 그 이후의 활동은 불분명하다.
52) 김정주편, 871~872면;『사상휘보』, 111면.
53) 위와 같음.
54) 김정주, 871~872면;『사상휘보』, 111면. 국내신문의 보도에 의하면 흑색공포단은 1931년 11월 중순경 백정기, 중국인 화균실, 왕아초, 일본인 전화민이 상해 불조계의 모 중국인 숙소에서 조직한 단체로, 그 목적은 폭력으로 모든 권력을 배격하고 무정부주의사회를 건설하기 위한 것이었다.(『동아일보』, 1933.11.1.) 흑색공포단에 대해서는 정화암, 이강훈의 회고록에도 그 내용이 있다.

1930년대의 활동은 『운동사』에서 '전투기'로 규정할 만큼 이들의 투쟁은 격렬한 것으로서 이들 남화한인청년연맹, 남화구락부, 흑색공포단의 단원들은 일제와 친일분자에 대해 심각한 타격을 가하였다. 대표적인 활동을 살펴 보면 유기석과 그의 동생 유기문, 천리방이 상해에서 북경으로 진출하여 북경국민대학의 아나키즘구룹인 정래동, 오남기, 국순엽 등과 같이 1931년 12월 天津부두에서 일본기선에 투탄하였으며, 千里芳은 天津의 일본영사관에 투탄하였다. 또한 上海에서는 항일구국연맹 행동부의 화균실, 전화민, 천리방이 남경정권의 외교부장 汪精衛의 암살을 기도하는 등의 테러활동을 전개하였고, 福建省 泉州에서는 廈門소재 일본영사관에 투탄하였다.55)

1930년대 재중국 한인아나키스트들의 한인주구에 대한 테러활동도 매우 격렬하였는데 이는 이들이 혁명운동의 장애물로 지목받았기 때문이었다. 1933년 3월 17일 주중국 일본대사 有吉明이 중국의 정부요인을 매수하기 위하여 六三亭이란 음식점에서 연회를 개최한다는 정보를 입수하고 암살을 기도하였으나 실패하였다.56) 1933년 8월 1일에는 三德洋行 주인이며 홍사단의 거물인 玉觀彬을 김구와 정화암이 협력하여 암살하였고,57) 1933년 12월 18일 옥관빈의 친형이며 프랑스조계의 工部局직원이었던 玉勝彬도 암살하였다. 또한 1935년 3월 25일 상해거류민회 부회장 李容魯도 암살하였다.58) 1935년 4

---

55) 『운동사』, 341면. 이러한 파괴 및 암살공작을 하던 흑색공포단은 1930년대 중반에 침체되었는데 그 이유에 대해 1932년 2월 제1차 상해사변으로 왕아초의 자금지원이 중단되었기 때문이라는 회고와,(이정규, 앞의 책, 107면) 왕아초는 19로군에 소속되어 있었으나 한인들은 남경정부와 밀접하였기 때문이라는 설명과(박환, 앞의 논문) 왕아초를 제거하려고 남경정부가 기도하였다는 해석이 있다.(정화암, 앞의 책, 134~137면)
56) 「엄순봉심문조서」, 『운동사』, 356면. 일인이 경영하는 육삼정은 공동조계 文路에 있었고 이들은 武昌路 217호의 중국인 경영의 松江春에서 대기하다 체포되었다.
57) 『운동사』, 349면.

월 韓國獨立運動戰線肅淸團前衛隊 駐滬法租界第三支部, 同公共租界第四支部명의로 살포된 布告文 및 警告文은 이갑령, 이용로 등 11명의 이름을 적시하고 朝鮮人居留民會에 대하여 독립운동전선을 교란한다고 경고하고 즉각 탈퇴할 것을 경고하였다.59) 또한 吳冕稙의 血盟團도 아나키스트활동으로 두각을 나타냈다.60)

1930년대의 중국내 한인 아나키즘운동은 대 항일테러투쟁으로 특징지울 수 있으나 이러한 의욕적인 활동에도 불구하고 아나키즘운동의 가장 중요한 대 농민, 노동자에 대한 저변확대에는 한계를 보일 수 밖에 없었다. 중국내 아나키즘의 대부였던 이회영이 일본경찰에 의해 피포된 것도 이러한 한계의 한 원인이 되었다.61)

---

58) 이용로는 상해 적사위로 유신리 16호의 자택에서 취침중 피격되었으며 북사위로 142호 福民의원에서 절명하였다.(「조서」, 『운동사』, 358면)
59) 국사편찬위원회, 『한국독립운동사』자료21권(임정편VI), 1992, (원문)26~28면.
60) 오면직의 약력은 「상해 및 남경지방의 조선인 일반상황과 최근의 불령조선인의 사상운동」, 『사상정세시찰보고집』5권, 사회문제자료연구회편, 동경, 1975, 27~28면에 있다. 吳冕植은 吳哲, 楊汝舟, 馬仲良 및 朱曉春 등의 별명을 가진 황해도 안악군 은홍면 상홍리 171번지 출신으로 고향에서 1921년 8월 조선일보와 동아일보기자를 하던중 독립운동자금모집책인 洪完基와 알게 되어 독립운동에 투신하게 되었다. 1922년 1월 김구의 지시로 開北에서 金東宇와 金立을 암살하고 1922년 10월 한국노병회에 가입하였으며 1929년 10월에는 천진에서 정화암을 만나 남화한인청년연맹, 흑색공포단, 한인무정부주의자 상해연맹 등의 아나키즘단체에 가입하였다. 1933년 11월부터 김구일파에 속하여 군관학교에 응모한 한인학생의 지도와 훈련을 담당하다 1934년 12월경 남경에서 김구의 특무대인 한국독립군특무대가 조직됨에 따라 비서로서 테러준비에 몰두하다 김구와 안공근의 횡포에 불만을 품고 김동우, 한도원, 유영석 등과 한국맹혈단이란 혁명활동자금획득을 위한 결사를 조직하였다. 1936년 2월 杭州로 오는 동지를 규합하여 결당식을 거행하고 단장에는 金東宇를 추대하고 자신은 재정부장을 하였다.
61) 이회영은 백정기를 도와 만주에서의 근거지확보, 정보수집, 지하조직결성, 관동군사령관암살 등을 위해 1932년 11월 중순 대련으로 향하다 피포되어 1932년 11월 17일 순직하였다. 이회영의 대련행 정보를 밀고한 延忠烈, 李太公은 암살되었다.

3. 『남화통신』의 아나키즘적 투쟁이론

 1930년대 중국내 한인아나키즘운동은 그들이 발행한『남화통신』에서 그 구체적 투쟁논리를 발견할 수 있다. 그들은 남화구락부라는 산하단체를 조직하고『남화통신』을 발간하였다.62) 전술한 대로 1930년대의 중국내 아나키즘운동은 일제의 본격적인 대륙침략에 조응하여 중국아나키스트와 협동전선을 펼치면서 대항일투쟁에 전력을 기울였기 때문에 이들 운동의 주안점도 항일투쟁의 역량강화에 두어 졌으며 이것은 이들의 기관지를 통하여 알 수 있다.

 한인들이 근거지확보를 위해 주력하였던 만주의 일본세력진출, 한인들의 활동무대인 중국본토에 대한 일제의 압력, 국내의 계속되는 가혹한 탄압 등은 한인들로 하여금 대일투쟁의 강도를 더욱 세게 만들었다. 따라서 무엇보다도 투쟁정신을 강조하였는데 그 대상은 청년이었다. 何의「우리 청년의 책임과 그 사명」은 당시의 이러한 분위기를 잘 보여 주고 있다. 청년은 사회의 주인공이며 사회의 흥망성쇠를 좌우할수 있는 세력으로서, 사회의 근간이며 원동력이라고 인식하고 청년의 장점은 노인과 같이 과거를 회고함이 없이 현재의 난관을 돌파하고 미래의 새로운 이상건설을 위하여 분투하는 의기를 가진 사람이라고 규정하여 한국의 미래를 짊어 질 청년들에게 기대를 걸었다. 한국이 일본에 식민지로 전락한 이유로서 한일합병전후에 청년이 자신들의 사회적 입장, 사회적 책임 및 사명을 자각하지 못하고 또한 반항과 혁명정신이 미약했기 때문이라고 진단하고63) 따라서 이러한

---

62) 정화암, 앞의 책, 134면. 김광주,「상해시절회상기」,『세대』, 1965.12., 259~260면에 아나키즘인쇄물의 간행과정에 대한 회고가 있으며,『남화통신』에 주로 기고한 사람은 유자명, 심용철, 이하유 등이었다(유자명, 앞의 책, 121면)
63)「우리 청년의 책임과 그 사명」,『남화통신』(「上海및 南京地方에 거주하는 조선인의 일반상황과 최근의 불령조선인의 사상운동」,『사상연구자료특집』40호, 69면)

전철을 밟지 않기 위해서는 청년들이 각성해야 한다고 주장하고 러시아와 스페인의 실례를 들었다. 한국청년들은 과거를 한탄하지 말고 역경을 돌파하기 위한 새 진로개척이 사명이라고 제시하고 그를 위해서는 먼저 현실에 대한 정당한 인식을 갖고, 사명을 수행할 각오와 사상적으로 혁명적 열정을 가져야 한다고 강조하였다.64)

전술한 대로 아나키스트들은 민족주의자와 공산주의자 모두를 비판하지만 특히 일부 민족주의자들의 행태에 대하여 신랄하게 비판하였다. 일부 소자산계급은 적에게 동화되어 자치를 주장하고 혁명가들도 해외에서 무능한 정치운동으로 민중과 적 앞에서 파쟁을 연출하고 있다고 비난하고 이것이 독립운동이 침체되는 원인이라고 비판하였다.

"적의 앞잡이가 되어 동포를 새로운 철쇄로 결박하고 사리를 도모하는 반역자, 자치운동자 등은 말할 것도 없거니와, 해방과 혁명을 위하여 투쟁하는 선배 등의 잘못을 열거한다면, 조선이 식민지인 특성을 망각하고, 적 앞에서 기성국가의 정당식으로 四分八裂하여 서로 자기의 세력기반을 축성하고, 서로가 영수가 되고자 급급하여 자기멸망의 투쟁을 계속하고, 공허한 정치운동으로서 해방운동을 삼고자 하는 것은 커다란 잘못인 동시에 오늘의 조선독립운동계를 침체시키는 일대 원인이라 할 것이다"65)

일부 타협주의, 개량주의는 물론 특히 임시정부의 활동에 대해 식민지현실을 망각한 정당활동을 통한 정치활동에 대해 비판하였다. 더불어 공산주의자들의 '인식이 부족한 공식적 운동'도 독립운동이 침체된 원인으로 진단하였다.66) 이들은 식민지현실에서 추구할 수 있는 가장 최선의 노선을 아나키즘에서 구하고 있다. 식민지현실에서의 운동은 정치운동이 아닌 진정한 혁명운동이라야 된다는 것이다.

---

64) 위와 같음.
65) 위와 같음.
66) 위와 같음.

"역사적 경험에 비추어 볼때 조선혁명은 무정부주의운동이다. 환경의 특수성을 무시한 공식적, 복사적 모방을 가지고서는 달성될 수 없다는 점을 각성하고, 피압박민족의 해방은 정치운동이 아닌 진정한 혁명운동(혁명적 수단으로 기성제도를 파괴하고 전 민중을 토대로 하는 혁명적 건설)에 의해서만 달성된다는 점, 그리고 식민지운동에서는 내부의 세력대립보다도 내부가 일치단결하여 외부에 대하여 항적연합전선을 취하는 것이 당면의 급무라는 점을 새롭게 인식하지 않으면 안된다"67)

고 강조하고 청년은 이러한 새로운 인식에 입각하여 무엇보다 전민족적인 투쟁의 공동목표를 세우고, 전선내부가 일치단결하여 전민족의 생존을 위하여 희생적으로 최후까지 투쟁하며, 최후에는 일본제국주의의 철쇄를 파괴하고 자유의 이상사회를 건설하는 것이 사명이라고 강조하였다.68)

「오등의 어」란 글에서는 자본주의의 부르조아계급과 공산주의의 변증법적 유물론을 비판하면서 진정한 사회혁명을 위해서는 민중과의 결합이 필요하다고 강조하였다. 그러나 현하의 청년계가 그 역할을 수행하지 못하고 있다고 비판하였는데

"사회의 흥망성쇠는 청년의 의기와 활약에 좌우된다. 그러나 현재의 청년계를 보면 의기도 활약도 없다. 오직 부화뇌동하여 타락하고 자멸의 길을 가고 있다. 청년들은 과거의 자멸적 생활행동을 청산하고 혁명근성을 발휘하여 최후의 결전에 대한 각오를 하지 않으면 안된다. 궐기하여 초토화된 조국을 탈환하여 이천 오백만의 노예를 일본제국주의의 철쇄에서 해방시키자"69)

라고 주장하였다. 또한 조선독립문제는 조선만의 문제가 아닌 전세계의 문제로서 조선혁명은 사회혁명의 일 단위라고 주장하고 이러한 진

---

67) 위와 같음.
68) 위와 같음.
69) 「吾等의 語」, 『南華通訊』, 1936.1.(김정주편, 『조선통치사료』10권, 한국사료연구소, 동경, 873면)

정한 사회혁명을 위해서는 부루조아나 공산주의가 아닌 민중만이 진정한 친구라고 강조하고 최후의 승리자, 영구한 승리자도 민중이라고 역설하였다. 또한 진정한 사회혁명자, 즉 아나키스트만이 정확하게 사회철학의 진리를 파악하고 있다고 주장하였다.70) 이들이 주장한 '만인의 자유평등'을 위해 '정치적으로 일체의 지배와 강권을 부인하고, 경제적으로 사유재산과 강권적 공산정치를 배격하고, 윤리적으로 상호부조와 만민공영을 실현하고자 하는'71) 아나키즘은 새로운 권력을 창출하려는 정치운동, 노동운동, 사회운동이 아닌 재래의 사회적 해독물인 지배, 착취, 강권 등의 제도를 파괴하고 근절하여 정치적, 경제적, 윤리적인 각 방면에서 압박받고 속박받는 민중을 해방하고 지배와 강권이 없는 자유공산사회를 실현하기 위한 것이라는 믿음에서72) 이들의 투쟁근거를 찾을 수 있다.

중국내 한인아나키스트들은 전체적으로는 민족주의자와 일정한 협력관계를 유지하였으나 임시정부에 대해서는 비판적이었다. 이를 민족주의자인 한세광이 아나키스트를 비판한 글을 통해서 확인할 수 있는데 이는 아나키스트와 민족주의자간의 이론적 차이점을 추론할 수 있는 자료로서 중요하다. 한세광은 『남화통신』 제2호에 실린 楊綠의 글이 임시정부를 모독하고 인신공격까지 하였다고 비판하면서 이를 반박하였다. 그 요점은 우선 임시정부는 토지, 인민, 주권의 3요소를 구비하지 못했으며, 임시라는 단어는 단기간을 의미함인데 영원히 존재할 것처럼 보이고, 반대파의 공격으로 붕괴되지도 않을 것이며, 내각에 차례로 입각할 수 있고, 시대에 영합하여 김구같은 인물도 열사의 피를 팔아 자금이 생기면 임시정부를 돌보지 않을 것이란 내용이었다.73)

---

70) 위와 같음.
71) 「무정부주의란 여하한 것인가」, 『남화통신』, 1936.1.
72) 위와 같음.

이는 아나키스트의 정부반대에 대한 시각이 망명 임시정부에게 까지 투영된 것으로서 임시정부의 당파투쟁, 소극적 테러활동, 노선의 제한성 등에 대한 비판인 것으로 보인다. 이에 대한 한세광의 반박은 민족주의자의 입장에서 당연한 것으로 한국을 지배하는 일본정부를 없애기 위하여 임시정부를 필요로 하는 것이며, 임시정부의 일부를 보고 비난하는 것은 과학적이 아니라고 반박하였다. 또한 임시정부가 후에 정식정부가 될 것을 확신하며 그렇게 되기 위해 노력할 것이라고 주장하였다.

현재의 남화한인청년연맹이 장차 독립이 되었을 때 국내에서 광복운동자 내지 공산주의자가 권력을 장악하게 되면 존재하기 힘들 것이라면서 임시정부도 수차례의 위협을 받았으며 특히 적색분자에 의한 소란을 예시하면서 임시정부도 하나의 혁명기관인 만큼 반드시 巨樓高閣안에 있을 필요는 없다고 주장하였다. 인민과 영토가 필요하지 않고 반대당의 파괴운동도 받지 않는 단체와 기관은 마작을 하면서도 유지할 수 있다는 조롱은 남화한인청년연맹을 지칭한 것이 아니냐며 반박하였다. 팔도대표로 의정원을 조직한 것은 완전한 것이 아니며 혁명시기이므로 일종의 비상수단임을 알아야 한다고 주장하였다. 그는 소위 자유의지를 존중하고 절대평등을 주장한다는 아나키스트는 아나키즘만이 가장 합리적이고 과학적이라고 주장하고 아나키스트의 행동은 추호도 오차가 없다는 듯이 모든 죄과를 타인에게 전가하려고 하지만 지도자문제로 분열하고 장물분배의 불평등문제로 서로 반목하지 않았는가 반문하였다. 김구가 임시정부를 소홀히 한 적이 없으며 정부의 각료가 개인적 궁핍으로 일하는 것도 아니고 김구를 따르는 인사중에 열혈사가 나와 외국의 도움을 받을 수가 있었고 이것은 대

---

73) 한세광, 「告양록군: 남화통신을 읽고」, 『韓民』2호, 1937.4.(社會問題資料研究所 編, 『思想情勢視察報告集·其七-(國共合作과 抗戰의 前途 및 現地入手의 3資料) 中國共産黨의 對日策謀에 就하여』10권, 동양문화사, 1975. 163면소수)

사업을 경영하는 자로서는 당연한 것이라고 주장하고, 만일 이 세상에 한 점의 혁명도덕도 없고 수치도 모르는 극단적 유물적 경향을 가진 자가 있냐고 물으면 주저하지 않고 아나키스트라고 대답할 것이라고 매도하였다. 아나키스트는 상해를 가장 불안하게 만들고 하등 강권이 없는 한인의 사유재산을 강탈하고 이러한 행동을 해도 상해와 전세계 민중이 아나키스트를 옹호하리라고 꿈꾸는 일은 삼가하라고 충고하였다.74) 물론 양록의 의견이 전체 아나키스트의 의견을 대변한 것이라고 판단할 수 는 없지만 전체적으로 민족주의에 대한 아나키스트의 비판적인 태도는 그 기조가 계속되었음을 알 수 있으며 이것은 특히 청년층에서 더 심하였음을 알 수 있다.

남화한인청년연맹은 1937년 2월 17일 김성수를 검거당하였으나 정화암, 이종봉, 유기석 등에 의하여 기관지『남화통신』을 발행하며 활동을 계속하였다. 중일전쟁의 발발과 함께 중국인아나키스트와 연합하여 1937년 9월 중순 중한청년연합회를 조직하고 동년 10월 5일 기관지『항전시보』제1호를, 동 10월 15일 제2호를 발행하였다. 또한 프랑스조계에서 직접행동으로 자금을 획득하였으며 상해거류민회장 이갑령의 암살미수로 일제의 탄압이 심해 정화암 등이 잠시 복건성 천주로 도피하였다가 다시 불조계로 진입하여 정화암, 유기석 등은 김구 등과 협력하였다.75)

1940년대로 접어들면서 일제의 중국에 대한 압력이 가중되자 아나키스트들은 적극적 대일항전에 나서게 된다. 나월환이 중심이 된 전시공작대와 유림의 임시정부에의 참여로 민족주의세력과 연합작전을 전개하게 되었다.76) 한국청년전지공작대는 아나키즘계열의 청년들이

---

74) 위와 같음.
75) 연구회편, 보고집, 제5권(상해 및 남경지방에 있어서의 조선인의 일반상황과 최근의 불령조선인의 사상운동)37년 대판지방재판소 三木今二검사보고, 159면.
76)『운동사』, 392~393면.

중심이 되어 1939년 11월 중경에서 조직한 군사조직이다. 이 시기는 독립운동의 새로운 진로를 모색하던 시기로서 1939년 5월 김구와 김원봉은 공동으로 동포에게 보내는 공개통신을 발표하는 등 항일전선의 역량강화를 위해 연합을 위한 노력이 진행되던 시기였다. 동년 8월과 9월 기강에서 7당통일회의와 5당통일회의가 열렸으나 실패하였다. 이들 김구와 김원봉진영은 독자노선을 모색하게 되었으며, 조선의용대를 조직하여 군사활동을 전개중이던 민족전선은 조선의용대를 화북과 만주에 진출시키기 위해 洛陽에 집결시켰다. 군사조직이 없는 김구의 광복진선은 임시정부의 사업으로 군사특파단을 구성하여 군사조직활동에 들어가고 동시에 소속 3당 통합과 임시정부 확대개편으로 전시태세를 준비하였다.77) 한국청년전시공작대는 이 시기에 조직된 것으로 이 움직임은 한국광복진선청년공작대에 의해서도 추진되었다. 청년공작대는 임시정부와 같이 1939년 5월 기강에 도착하여 절에서 합숙중이었으며 이들중 이하유, 김동수, 김인, 이재현 등이 중경으로 가서 당시 중국군 헌병대위인 나월환, 아나키스트인 박기성과 접촉하여 합의하였다.78) 김동수, 김인, 이재현은 남화청년연맹에 가입하였는지는 불분명하나 1936년 이하유와 상해에서 지하공작을 한 경력이 있었다.79) 1939년 11월 11일 30명이 조직한 전시공작대는 대장 나월환, 부대장 김동수, 정치조장 이하유, 군사조장 박기성, 선전조장 이해평, 대원 조시제, 맹조화, 평지성, 김원영, 현이평, 송길집, 하상기, 평지성의 부인, 김작생, 엄익근, 김인 등으로 이루어 졌으며 전지공작대는 청년공작대에서 활동하던 대원에 의해 조직되었다는 점에서 청년공작대의 후신이라고 할 수도 있으나 아나키스트가 조직을 주도

---

77) 한시준,『한국광복군연구』, 일조각, 1993, 68~69면.
78) 박기성은 회고하기를 나월환과 이하유가 끈질기게 찾아와 찬성하였다고 한다 (박기성,『나와조국』, 도서출판 시온, 1984, 155면)
79) 이재현,「한국광복군 제2지대의 항일투쟁」,『광복』100호, 1991.10.15.

하고 지도하였기 때문에 아나키즘의 무장단체라 할 수 있다.[80] 이 조직은 아나키스트로 보이는 중국인 맹조화, 평지성과 그 부인, 하상기도 참여하였으며 김구의 승인을 얻었지만 별도의 조직이었다. 결성직후인 11월 18일 중경을 떠난 전지공작대는 서안시 二府街 29호에 본부를 두고 34집단군과 연계하여 활동하였다.[81] 당시 임시정부는 일제와의 본격적인 투쟁을 실시하기 위하여 군대조직을 최우선의 과제로 삼았으며 이후 광복군을 창설하게 되는데 이와는 별도로 전지공작대가 조직된 것이다. 결성후 전지공작대는 서안으로 이동하여 중국 제34집단군 胡宗南부대와 연합하여 작전을 전개하였는데 임시정부와는 별개로 활동한 것이 여러 자료에서 확인되고 있다.[82] 따라서 이 시기의 중국관내의 한인 무장세력은 좌익의 조선의용대, 우익의 광복군, 아나키스트의의 전지공작대가 병존하고 있었으며 양측이 전지공작대를 자신들의 편에 끌어 들이기 위해 공작하였다. 조선의용대가 1940년말 서안에 친선방문단을 파견한 것이나 나월환을 암살한 것이 전지공작대를 광복군에 편입하였기 때문이었다. 광복군 제5지대는 전지공작대를 광복군에 편입하여 편성한 것으로서 광복군이 거둔 가장 큰 성과중의 하나였다.

일본군이 패망하자 정화암과 이하유 등은 이석증, 오치휘, 양가락, 주세 등의 협력으로 朝鮮學典館을 설립하여 조선학연구의 기초를 만들었으며 이곳에 신채호학사를 병설하여 신채호의 업적을 기리었다. 장소는 韋惠林의 사저를 접수하여 설치한 것으로 중국학전관도 병존

---

80) 한시준, 앞의 책, 70~71면.
81) 이는 34집단군사령관 호종남의 스승인 중국아나키스트 葉淨秀와 호종남의 비서인 후뽀이의 소개때문이었다고 한다(정화암, 앞의 책, 215면;『운동사』, 389면)
82) 1940년 7월 31일자 왕영생이 주가화에게, 주가화가 하응홈에게 보낸 공함에 '전지공작대대원은 대부분 한국국민당소속 이었으나 간부와 의견이 달라 관계를 끊고 단독으로 발전하였다'는 요지의 보고가 있다.(『국민정부여 한국독립운동사료』, 90면과『독립운동사』6권, 647면)

하고 있었다. 또한 1945년 유림, 정화암, 허열추, 유자명, 유서 등은 주세, 파금, 필수표 등과 상해에서 한중무정부주의자대회를 개최하였다.[83]

이상과 같은 그들의 투쟁방법은 당시 중국내 한인아나키즘의 성격을 보여주는 것이며 이는 일제 식민지치하의 상황에서 그들이 선택한 최선의 방책임을 알 수 있다.

일제에 의한 강제 병합으로 나라를 빼앗긴 한국민족은 지리적으로 가깝고, 문화적으로 동질성이 있으며, 정치적으로도 동일한 적을 맞이한 중국에서 항일투쟁을 전개하는 것이 유리하다고 판단하였다. 이 중에서도 일제에 직접적 타격을 주는 테러활동은 그 중요한 투쟁수단의 하나였다. 이것은 민족주의세력뿐만 아니라 공산주의세력도 수용한 투쟁수단이었다. 그 중에서도 아나키즘의 테러활동은 아나키즘의 이론에 따라 그 성낭성을 확보할 수 있었으며 특히 1930년에 조직되어 관내에서 투쟁한 남화한인청년연맹의 활동은 한국독립운동사상 중요한 위치를 차지한다고 평가할 수 있다. 이는 본문에서 언급한 것처럼 외적으로는 정치적 상황변화와 내적으로는 운동내부의 질적 변화에 기인한 것이라고 판단된다.

---

83) 『운동사』, 393면.

제7장 광복 후의 아나키즘운동: 신사회 건설운동

1945년 8월 15일 일제가 패망한 후 중국과 일본에서 활동하던 아나키스트들은 그들의 이상을 새 나라에 실현하기 위하여 거의 대부분 귀국하여 사실상 외국에서의 한국아나키즘운동은 종결되었다. 현재까지 면면히 이어지고 있는 한국아나키즘운동은 궁극적으로는 그들의 아나키즘적 이상사회의 실현을 위한 것이라고 할 수 있다. 본 장에서는 일제하에 수용한 아나키즘을 해방된 조국에서 어떻게 적용하였는가, 그들이 지향하는 사회가 어떠하였는가를 조감하고자 한다. 이는 광복전 한인아나키스트들이 추구했던 이상사회론과 광복후 활동했던 아나키스트들의 활동을 통하여 그들의 이상론을 구체화시킬 수 있다고 사료된다. 여기에는 물론 당시 남한의 자본주의적 체제와 외세에 의한 군정, 그리고 이에 따른 정정의 불안 등의 여러가지 상관관계의 제약으로 인하여 그들의 이론이나 활동도 원론적, 계몽적인 수준이었지만 한국아나키즘운동의 대표적 이론가이자 활동가였던 이을규, 이정규, 정화암, 유자명, 박열 등의 광복후의 활동과 사상을 통하여 어느 정도 그들의 구상을 살펴볼 수 있으며 이 분야에 대한 연구가 희소한 상황에서 그 가치가 있다고 믿어 진다. 일제하의 한국아나키즘 사상은 일본세력 구축을 위한 바쿠닌류의 투쟁적이고 혁명적인 이론이 주가 되었기 때문에 이상사회건설을 위한 이론이나 활동은 타도의 대상이 물러난 뒤인 광복후의 활동을 살펴봄으로써 가능하다.[1]

1. 자유사회건설자연맹과 광복직후의 운동

광복이 되자 해외 각지에서 활동하던 대부분의 아나키스트들은 광복된 조국에 그들의 이상을 실현하고자 귀국하였다. 이들의 일제시대의 활동은 각지에서 분산적으로 활동하여 전체적인 조직을 만들지 못하였기 때문에 통일된 단일조직을 만들기 위한 작업에 착수하였다. 서울에 모인 아나키스트들은 독립된 나라에 건설적인 임무를 담당하기 위하여 3차의 회합 후 1945년 9월 29일 서울시 종로 2가 聯盟結成準備委員會 사무실에서 自由社會建設者聯盟을 결성하였는데 이것이 해방 후 최초의 아나키즘조직이다.[2] 동 연맹의 선언은 "우리는 지하

---

[1] 본고에서는 관련자료의 부족때문에 주로 광복후의 활동을 구체적으로 파악할 수 있는 이정규, 유림, 양희석, 하기락, 박열 등의 자료를 통하여 고찰하였다.
[2] 이정규, 『우관문존』, 국민문화연구소, 1984, 173면. 최갑룡, 『어느 혁명가의 일생』, 55면에서는 1946년 3월 10일로 기억하고 있다. 당시 서울에 집결한 아나키스트는 67명으로 이때 참석한 사람은 일제시대의 각 소속 단체별로 다음과 같다.
　　在中國無政府主義者聯盟: 李乙奎, 李丁奎
　　在日本黑友聯盟: 韓何然, 金金順, 李時雨, 李東淳
　　黑旗聯盟: 徐相庚, 徐千淳
　　眞友聯盟: 申宰模, 方漢相, 徐黑波, 禹海龍, 河錘璉
　　南華韓人靑年聯盟: 劉山芳, 金芝江, 李圭昌, 金光洲, 黃雄
　　元山本能兒聯盟: 柳學錫, 金演彰, 趙時元, 金光冕
　　第一樓事件: 崔學桂, 吳南基
　　關西黑友聯盟: 昇黑龍, 李周成
　　元山一般勞動組合: 李革
　　馬山아나키스트구룹: 韓明龍, 金龍浩
　　定平黑友會: 車鼓東
　　日本東興勞動同盟: 梁一東

로부터 복면을 벗고 표면으로 나왔다. 우리는 침묵을 깨트리고 만천하에 우리의 주의와 주장을 천명하고자 자에 선언한다"3)라고 일제하의 비밀활동에서 벗어나 본격적인 아나키즘활동의 재개를 선언하였다. 그 강령은 다음과 같다.

- 오등은 독재정치를 배격하고 완전한 자유의 조선건설을 기한다.
- 오등은 집산주의 경제제도를 거부하고 지방분산주의의 실현을 기한다.
- 오등은 상호부조에 의한 인류일가이상의 구현을 기한다.4)

이 강령은 광복후 최초로 조직한 아나키즘단체의 강령으로서 광복후의 새 사회를 건설하기 위한 기본적인 이론을 축약한 것이기 때문에 그 의미가 크다. 이 강령은 크게 정치, 경제, 사회 세분야의 기본적인 구조를 천명한 것으로서 첫번째는 정치조직에 대한 것으로 권위주의적인 정치체제, 즉 공산주의사회를 배격하고 자유주의적 정치체제, 즉 아나키즘사회를 건설한다는 원칙이고, 두번째는 경제조직에 대한 것으로 공산주의의 집산화된 경제질서가 아닌 아나키즘의 경제원리인 계약에 의한 자유연합적 경제를 건설하자는 것이며, 세번째는 사회조직에 대한 것으로 크로포트킨의 공산주의적 아나키즘의 핵심원리인 상호부조의 정신에 입각하여 사회를 재구성한다는 내용을 담고

安義아나키스트구룹: 禹漢龍, 河岐洛, 朴永煥
東方無政府主義者聯盟: 李錫圭
서울아나키스트구룹: 趙漢膺, 梁熙錫, 金在鉉, 張連松, 李圭奭, 李鐘燕, 李京錫
대구아나키스트구룹: 朴錫洪, 崔海淸
기타: 朴基鴻, 金徹, 朴豪然, 李容珪, 孔亨基, 金鍵, 林基秉, 邊順濟, 李聖根, 朴芒, 張泰和, 車利革, 金英纂, 李如山, 李鐘洛, 張志弼, 朴哲遠 등.
한편 연맹결성일자에 대해 하기락, 『자기를 해방하려는 백성들의 의지』, 신명, 1993, 273면에는 27일이라고 하였고 영어로는 Free Society Builders Federation: F.S.B.F. 라고 표기하였다. 광복후 해외에서 활동하던 대부분의 아나키스트가 귀국하였지만 중국의 유자명 등은 현지에서 활동하였다.
3) 이정규, 앞의 책, 174면.
4) 위와 같음.

있다. 이 강령은 외세의 압제에서 벗어나 최초로 조직한 한국아나키
즘단체가 신사회를 아나키즘사회로서 건설한다는 공식적인 입장을 표
명한 것이다. 동 강령에 대하여 하기락은 다음과 같이 좀 더 세부적
인 내용을 전하고 있다.

1. 우리는 인간위에 인간이 없고 인간아래 인간이 없는 평등한 사회를 세우고자 한다.
2. 우리는 각인이 만인의 자유를 존중하고 만인이 각인의 자유를 보장하는 자유로운 사회를 세우고자 한다.
3. 우리는 경작자가 토지를 가지며 노동자가 공장을 가지는 사회를 세우고자 한다.
4. 우리는 한 민족이 다른 민족을 지배하거나 한 계급이 다른 계급을 지배하는 강제권력을 거부한다.
5. 우리는 침략전쟁을 반대한다. 자기방위 이상의 일체의 무력은 지옥으로 가라.5)

이 자료도 아나키즘사회의 일반적이고 원칙적인 내용을 포함하고 있지만 주목되는 것은 제3항에서 경제문제에 대하여 '경작자가 토지를 가지며 노동자가 공장을 가지는' 경제조직에 대한 구체적 원칙을 밝힌 데에 있다. 정치권력을 빼앗기고 통치할 주민이 없는 일제시대에는 독립을 위한 투쟁으로 아나키즘사회를 위한 구체적 실천을 할 기회가 없었지만 독립이 된 당시의 상황에서 구체적인 경제조직에 대한 원칙을 제시한 것이다. 즉, 농민에게 농토의 소유권을, 노동자에게 공장의 소유권을 인정한 것이다. 또한 민족자결원칙과 평화주의 원칙을 통하여 한국아나키스트들은 기본적으로 그들이 수용한 아나키즘이론을 계속 유지하고 있었음을 확인할 수 있다.

이을규가 낭독한 이 연맹의 개회사에서 해방정국에 대한 인식을 살펴볼 수 있다. 즉, 일제가 패망하였음에도 당시의 현실은 미국과 소

---

5) 하기락, 앞의 책, 266면.

련의 이질적인 두체제가 공존하고 식민지적 잔재가 온존한 상황이라고 파악하고, 특히 독립이 외세에 의한 산물이며 따라서 강대국이 순수하게 해방을 시켜주지 않을 것이라고 경고하고 있다. 또한 국토가 양분된 상황에서 민족까지 양분될 위험에 처했다고 진단하고 이것을 극복하는 것이 중요한 과제임을 제시하였다. 고로 정당이 난립하여 외세에 추종할 것이 아니고 자주, 민주, 통일적으로 지향하여야 한다고 역설하였다.6) 이들 일제시에 활동하였던 아나키스트의 해방정국에 대한 인식은 향후 이들이 활동할 운동의 질과 양을 가늠하는데 중요한 척도가 된다. 예를 들면 이정규의 해방정국에 대한 인식도 이와 그다지 다르지 않다. 그는 한반도가 일제가 물러가고 그 대신 미소 양대세력이 한반도에 대치하고 있는 상황에서 남한은 북한의 공산세력과 정면으로 대치하고 있는데 민족주의자는 정치권력 장악을 위한 난투극을 벌이고 있다고 비판하였다.7) 즉, 공산주의자나 민족주의자 모두를 비판적으로 인식하고 있음을 알 수 있다. 이들의 해방정국에 대한 인식은 비교적 정확하였다고 인정할 수 있으며 실제로 이들의 우려는 현실로 나타나 민족이 분단되는 상황에 처하게 된다.

 중요한 문제는 이러한 현실을 타개하는 방법에 있다. 아나키스트는 이러한 실정에서 종래와 같이 정치를 타부시하고 극한적 혁명투쟁을 할 것인가, 아니면 공산세력을 공동의 적으로 하여 우익과 협동전선을 펼 것인가라는 문제를 토의한 후 일제가 패망한 상황에서 투쟁대상은 북한의 공산세력과 봉건세력뿐이라고 결론지었다.8) 대표적인 아나키스트이론가였던 이정규의 이와 같은 인식은 광복후 남한에서의 운동을 이해하는데 매우 중요하다. 아나키스트들이 공산주의에 반대하고 민족주의와 협동전선을 펴는 것은 특히 1930년대 중국에서 보

---

6) 하기락, 앞의 책, 263~266면.
7) 이정규, 앞의 책, 12면.
8) 위와 같음.

아 온 일이며 봉건적 유폐가 당시까지도 사회 곳곳에 잔존하고 있었으므로 이들의 투쟁대상으로서 당연한 것으로 이해할 수 있다. 그럼에도 불구하고 이들의 주장에서 외세에 의한 독립, 그리고 외세에 의한 통치에 대한 구체적 대안이 명시되지 않은 것은 광복후의 한국아나키스트운동의 한계를 보여준 것으로서 이것은 당시의 정치적 상황 때문으로 판단된다.

그러면 이들이 주장하는 사회는 어떠한 사회인가? 이들은 일제하나 광복후에도 일관되게 앞으로의 사회조직은 자유연합에 기초하여야만 한다고 주장한다. 아나키즘은 일제하에서부터 일관되게, 치자와 피치자의 관계 즉 그 지배관계를 부정하는 동시에 치자가 자기들의 이익과 권리와 허영을 위하여 피치자를 우롱하고 조종함을 목적으로 하는 정치를 배격하여 치자의 본영인 정부와 치자들을 본위로 하는 집중된 권력체인 국가까지 파괴하여 만민이 자유, 평등한 권리와 의무로서 상호간의 이익을 위하여 억압이나 강요가 없이 자유의사로서 의존하여 사는 자유합의의 사회, 즉 자유연합조직의 사회를 실현하자는 것이라고 주장한다.9) 이정규는 이미 집중된 권력을 현 사회가 지니고 있는 최대의 모순으로 보았으며 이것을 타파하는 것이 아나키즘사회를 실현시키는 첫번째 길이라고 주장하였으며 두번째는 자본주의라고 인식하고 집중된 권력과 자본주의 두가지를 타파하기 위해 '탈환론'을 주장하였다.10) 그 탈환론에서도 이정규는 자유원칙에서 벗어나서는 안 되며 자유연합조직을 가지고 하여야 된다고 하였는데, 모든 피탈당한 대중이 자유로, 자발적으로 단결하여 탈환을 시작하여야 된다는 자유연합, 자유의지를 강조하였다.11) 이것을 크로포트킨은 麵包略取라고 하였다고 소개하며 "만일 이러한 탈환을 집권적 조직을 가지

---

9) 이정규,「한국사회주의 운동의 전망」, 앞의 책, 267면.
10) 졸고,「재중국한인무정부주의운동」참고.
11) 이정규,「혁명원리와 탈환」,『탈환』창간호 증간, 1928.6., 3~4면.

고 지휘하여 실행하려면 그것은 절대로 할 수 없을 뿐만 아니라 할 수 있다면 그 결과는 참 탈환이 되지 못하고 옛 착취자, 옛 압박자를 대신할 새 놈이 생길 뿐이다"12)라고 주장하였다. 이 논리는 한국아나키스트들의 일관된 주장으로서 광복후에도 유지되고 있음을 알 수 있다.

　문제는 광복된 한국이 미국에 의해 자본주의체제를 갖추는 상황에서 자본주의사회를 최대의 적으로 규정하고 이를 개조하겠다는 그 구체적 방법이 무엇인가 하는 것이다. 이에 대한 이정규의 인식은 해방된 한국사회가 자본주의로 발달하기 전에 그 병폐를 제거하는 것이 중요하다고 인식하고 "…우리에게는 산업자본이 형성되어 있지 않고 기술이 없고 산업관리경험도 없다. 선진국의 자취를 살펴서 성공에 따르는 부작용, 노자의 상호대립, 부조리 등을 염두에 두지 않으면 반드시 좌익이 침투하고 그 부조리에서 능률은 둔화되고 기술은 답보상태가 되며 생산은 위축될 것이다. 또한 필수적으로 선진국과 같이 산업의 독점형태를 면치 못하여 그 결과로 빈부격차, 부의 편재로 인해 현대자본주의국가에서 일어나는 노자의 분규 그 사회적 불안의 고질을 어떻게 할 것인가 생각지 않을 수 없다."13) 면서 그러한 사회에서 재산의 불균형으로 부터 일어나는 차별 즉 빈부는 인정할 수 없는 것이므로 반드시 공동생산, 공동소비의 공산제도가 따라야 한다는 것이고, 그 공산제도도 마르크스주의식의 강권적이 아니라 어디까지나 자유합의적이라야 한다고 주장하였다.14) 그 이념적 성향의 순수함을 차치하고라도 당시 정치상황하에서 이들의 활동은 제한적일 수 밖에 없었음은 이들의 주장에서 알 수 있다.

　일부 아나키스트들은 이러한 사회조직의 원칙 위에서 한국의 기간

---

12) 위와 같음.
13) 이정규, 「한국사회주의운동의 전망」, 앞의 책, 267면.
14) 위와 같음.

산업인 농업과 공업을 재편성하기 위한 조직으로 朝鮮農村自治聯盟과 朝鮮勞動者自治聯盟을 조직하였다. 한인아나키스트들의 이상사회를 실현하기 위한 시도는 북만주에서 김종진이 주도한 재만한인무정부주의연맹에서 한족총연합회를 중심으로 시도한 바 있고 이정규도 중국 복건성에서 중국아나키스트와 시도한 바 있다. 이 단체를 주도한 이정규는 농촌자치연맹의 조직배경에 대하여 해방 후 좌익에서 경자유전의 원칙하에 농경지는 농민에게 분배되어야 한다고 주장하는 것에 농민이 호응한다면 진통이 장기화되고 신생한국은 건전한 발전이 저해당할 것이라고 판단하고 기선을 제압하기 위해 연맹을 조직하였다고 회고하였다.15) 이정규를 비롯한 아나키스트들은 공산주의자들의 토지정책에 일종의 위기의식을 갖고 있었던 것 같다. 그리하여 아나키즘적 토지정책을 실시하기 위한 일종의 방편으로 조직한 것이 아닌가 사료된다. 그는 이것을 적극적인 '건국운동'16)이라고 표현하고 민족전체의 대내외적 당면 정세가 절박하고 중대하므로 공산세력의 토벌을 위한 협동전선을 주장하면서 연구기관이나 사상적 선전기관으로 영국의 훼비안협회(Fabian Society)와 같은 것을 설치, 농민과 노동자를 조직, 단결시키는 대중조직으로서 農村自治聯盟과 勞動者自治聯盟을 조직한 것이다. 朝鮮農村自治聯盟17)의 宣言에서 '우리가 만일 흙에서 떠날때 그 사회에는 기아와 암흑이 기다리고 있다는 사실을, 그러므로 우리가 우둔하나 조선의 전부를 점유한 주인이오, 미

---

15) 이정규, 앞의 책, 214면.
16) 위와 같음.
17) 연맹의 정확한 조직일자는 불명확하다. 이정규는 45년 10월 하순으로, 하기락, 앞의 책, 266면에서는 46년 3월 10일로 되어 있다. 하기락의 앞의 책 281면에서 45년 12월 12일에 거행한 작고동지추도회에 농촌자치연맹대표의 추도사가 있었다는 사실로 미루어 이정규의 45년 10월 하순이 정확하지 않나 사료된다. 최갑룡의 기록에는 양일동이 농촌자치연맹의 총무를 맡아 달라고 부탁하였으나 생활불안정으로 맡지 못하고 대신 이을규와 조시원이 맡았다고 한다.(최갑룡, 앞의 책, 55면) 사무실은 중구 인현동의 불교 총무원 납골당이었다.

력하나마 조선건설의 오직 하나인 역군임을 의식하였다'라고 주장하였다.18) 한마디로 조선농민이 조선의 주인인 것을 선언하고 신사회도 농민만이 건설할 수 있음을 주장한 것이다. 이것은 기본적으로 한국사회가 대부분 농민으로 구성되어 있고 일제하에서 최대의 피해자가 농민이라는 인식과 함께 아나키즘사회가 추구하는 신사회는 만물을 산출하는 농토에서 생활하는 농민을 기본으로 사회를 구성한다는 이론에 근거한 것으로 올바른 판단이었다고 믿어진다. 조선농촌자치연맹의 綱領은 다음과 같다.

1. 오등은 자주자치적 생활의 실천으로 농촌의 조직화를 기함.
2. 오등은 농촌의 합리적 경영을 위하여 생산수단 및 시설의 공동소유와 공동경작을 기함.
3. 오등은 농공의 균형발전을 위하여 농촌실정에 적합한 공업시설의 완비를 기함.
4. 오등은 농촌의 공동이익을 위하여 협동조합적 기관의 철저 보급을 기함.
5. 오등은 비경제적 제생활양식을 개선하여 생활의 과학화를 기함.
6. 오등은 오등의 보건을 위하여 후생시설의 충실을 기함.
7. 오등은 상호부조적 윤리관의 실천에 의하여 국민도덕의 앙양을 기함.19)

이 강령은 농촌사회에 대한 기본운영방침을 제시한 것이다. 자주자치적 생활의 실천이란 아나키즘적 평등한 사회를 의미하는 것으로서 소위 농촌의 자립적 공동체(Commun)을 의미한다고 할 수 있다. 2항의 생산수단과 시설의 공동소유와 공동경작은 자립적 공동체로서의 기본인 공산사회를 의미하는 것으로 물론 권위주의적 공산사회와는 질적으로 구분되는 것이다. 3항의 공업시설의 완비란 농업과 공업이 조화를 이루게 한다는 것으로 이는 크로포트킨의 『빵의 탈환』이나

---

18) 이정규, 앞의 책, 177면.
19) 이정규, 앞의 책, 190면.

『전원, 공장, 작업장』의 농촌사회조직의 원칙으로서 생산에 있어서의 공동생산과 소비에 있어서의 공동소비까지도 포함하는 아나키즘의 이상사회로 향하는 제조건을 포함하는 것이다. 제7항의 상호부조적 윤리관에 기초한다는 것은 아나키즘사회의 가장 중요한 상호부조적 정신에 기초한다는 것으로 이해할 수 있다. 이 농촌운동에 대한 이정규의 관심은 각별한 것이었는데[20] 1947년 봄 花園洞(藝舘洞)에서 조직한 國民文化硏究所는 현재까지도 이 문제를 위해 노력하고 있다.[21]

생산과 소비에 대한 사상은 이정규의 "우리 실생활이란 정신과 물질이 소재가 되어서 생산과 소비를 개인적 사회적 공동관계에서 엮어 나가는 것이므로 소비에 있어서는 생산소비의 사회적 상관관계에서 '남을 생각하는 나의 소비'라는 소비의 윤리가 서야 하고 생산에 있어 '제품의 효용과 가치에 대한 책임감에서 모방이나 모조만이 아니라 개성있는 창의의 발휘'가 생산의 윤리로 서야 한다"는 주장에서[22] 아나키즘적 생산과 소비에 대해 요약하고 있다. 즉 아나키즘사회에서는 자본주의사회와 같이 소비에 따른 무절제한 생산이 이루어지는 것이 아닌 어느 정도 사회를 생각하는 생산이 이루어져야 한다는 것으로서 인간생활에 불필요한 사치품이나 전쟁에 필요한 생산은 제외한다는 의미이다.

---

20) 이정규는 전술한 대로 복건성농민운동이래 농촌문제에 지대한 관심을 가졌다. 「농촌자주화의 문제점」에서 촌락구조의 현대적 기능, 농촌경제의 허점, 농촌의 도시화와 문명공해, 청소년 지도문제와 외부봉사활동의 영입자세 등에 관해 고찰하였고, 「한국농촌과 협의회의 사명」이란 글에서는 도시생활에서 인격이나 상호부조의 사회도의, 윤리, 상호양보, 신뢰 등의 인간의 미덕이 자취를 감추었다고 주장하고 각 부락이 자주, 자발적으로 창의적 협동, 단합하는 마을을 만들어야 한다고 아나키즘적 논리로 농촌사회의 개혁을 역설하였다.(이정규, 앞의 책, 국민문화연구소관련논문 참고)
21) 처음에는 민족의 본질과 역량, 즉 광의의 종합적인 우리의 문화적 역량을 알자는 취지로 설립하였으나 이후 농민운동에 역점을 두고 있다.
22) 이정규, 「농촌자주화의 문제점」, 앞의 책.

한편 勞動者自治聯盟은 농업의 발전은 필수적으로 공업의 발전이 따라야 한다는 인식하에 공산주의사회의 집단적이 아닌 또한 자본주의사회의 여러 모순을 지양하는 아나키즘적 자치적인 조직을 구상하였다. 아나키즘의 기본 원리에 따라 모든 전 생산기관은 소속된 노동자가 주인이라는 인식하에 전 생산시설의 접수를 주장하였다. '왜적이 우리 노동자의 피땀을 뽑아서 만든 공장과 재산'[23]이기 때문에 노동자가 그것을 당연히 되찾는 것으로 그 탈환의 근거와 이유가 명백하다고 주장하였다.[24] 이러한 인식하에 趙時元, 車鼓東, 趙漢膺, 尹洪九 등이 각 공장별로 노동조합조직을 시도하고 1945년말 이정규는 연맹의 선언, 강령 및 조직대강을 기초하였다. 이정규는 아나키즘의 원리에 따라 연맹의 원칙을 다음과 같이 구상하였다.

1. 노동조합은 직업별조합이 아닌 산업별조합으로 조직한다.
2. 노동자는 공장의 주인자격과 지위를 갖는다.
3. 공장소유권이 국가이던 개인이던 공장운영에 노동조합대표가 참여하며 노동자는 이익의 분배를 받는다.[25]

이정규는 이를 '工場은 工人에게'라는 원칙의 한국적 형태라고 인식하고 이러한 원칙이 실현된다면 비록 자본주의적 국가라도 실질적으로는 피고용의 임금노동자가 없는, 대립과 투쟁이 없는 나라가 될 것이라고 전망하였다. 또한 그 조직대강에서는 이정규의 아나키즘사상을 명확하게 확인할 수 있다. 우선 국가나 개인의 공장소유권을 인정하고 그들을 투쟁대상으로 보지 않고 운명공동체로 인식한다는 것으로서 해방직후의 실정을 반영한 것으로 풀이된다. 공장운영은 자치연맹의 대표가 참여하고 전종업원은 업종여하를 막론하고 평등하다는

---

[23] 이정규, 「한국노동자자치연맹회고」, 앞의 책, 216면.
[24] 위와 같음.
[25] 이정규, 「한국노동자자치연맹회고」, 217면.

원칙을 제시하였다. 이익분배에 대하여 삼분의 일은 소유권자가, 삼분의 일은 종업원이, 나머지는 종업원의 교육, 교양, 훈련, 연구, 복지시설보수, 노동자재해보조 및 구호에 충당한다.26) 그 조직에 있어서도 아나키즘의 자유연합원리를 적용하여 일공장, 일연맹으로 하고 일지방이 모여 지방연맹을 조직할 수 있으나 일공장, 일노조의 획일화된 전체주의적 제도를 반대하며 동시에 지방연맹이나 전국연맹이 체계상 상하적이 되어 타 조직에 명령 혹은 강제할 수 없게 하였다. 의사결정도 전원일치를 원칙으로 하나 부득이할 경우 다수결로 하되 소수파를 강제할 수 없도록 하고 소수파도 독자적인 행동을 할 수 있으나 남을 방해할 수 없도록 하였다. 이것은 자유의사에 의한 자유연합의 원칙을 따른 것이다. 특히 정치문제에 있어 연맹은 정치운동을 반대하였는데 이것은 결국 운동이 획일적인 독재를 초래하기 때문이며 공동의 생활훈련장이며 도장에서 대립과 알력이 초래되기 때문이라고 하였다.27) 특히 이정규의 직업의식에는 기본적으로 만인은 노동을 통하여 사회에 기여해야 한다는 아나키즘사상이 수용되어 있다. 직업은 만인이 필요로 하기 때문에 한 직종으로 나타난 것으로 사회적 의의와 사명이 있다고 인식하고, 한 공장에 취직한 것은 사회적 책임과 사명이 부여된 것으로 임금은 사회가 주는 노동의 대가가 아니고 사회성원에게 주는 생활비인 것이다. 사회는 복지제도가 확립되어 출생에서 사망까지 사회적 비용으로 돌봐 준다. 반면에 각인은 반드시 사회가 필요로 하는 직장에서 능력에 맞는 노동을 하여야 한다. 고로 직업적 근로는 사회에 대한 봉사적인 것으로서 노동을 파는 것이 아니다. 그러므로 계급투쟁은 없다라고 주장하였다.28)

노동자자치연맹은 농촌자치연맹의 대표인 張連松을 고문으로 임명

---

26) 이정규, 「한국노동자자치연맹회고」, 218면.
27) 이정규, 앞의 글, 219면.
28) 이정규, 앞의 글, 219~220면.

하여 미군정당국 및 제 정당에 법제화교섭을 추진하는 한편 대표에 조시원을 임명하고 발기사무소를 농촌자치연맹사무소가 위치한 필동의 한 불교사원에 두었으나 중도에 무산되고 말았다.29) 비록 이러한 농업과 공업에 대한 최초의 아나키즘적 시도는 당시의 정치 현실에서 구체적으로 실천하기에는 한계가 있었고 결국에는 실패하고 말았지만 그 기본 원칙은 이후 전개된 아나키즘운동에 수용되어 현재까지 그 맥을 잇고 있으며 오늘날 세계 도처에서 실험되고 있음은 이들의 사상이 선진적이었음을 보여 주는 증거라 믿어진다.

광복직후의 정정의 불안은 아나키스트들에게 진정한 정치의 회복을 열망하게 만들었고 따라서 이에 대한 아나키스트들의 입장이 두차례에 걸친 전국적 규모의 아나키즘대회에서 제시되었다. 아나키즘은 정치에 대해 극도의 거부감을 나타냄에도 불구하고 이들의 입장표명은 한국아나키즘이 민족주의적이라는 것을 밀해 주는 것이다. 이것은 광복식후 공식적인 최초의 것으로서 한국아나키즘의 이해에 대단히 중요하다. 비록 이후 이들의 운동이 외부의 조건에 의해 변질되지만 그 의의는 평가되어야 한다고 믿어 진다. 이후 이들의 노선은 현실참여파와 이론고수파로 구분되게 된다.

1945년 12월 12일 거행된 작고동지추도회에서 유림은 일제시대의 아나키즘운동을 민족자주화투쟁이라고 규정하고 자유란 스스로 쟁취하여야 하며 외국군의 철수와 군정의 철폐를 주장하였다. 또한 현실에 대한 문제는 민족내부에 있다고 진단하고 통일된 민족대표기관의 조직을 민주적, 자주적, 평화적으로 조직해야 한다고 주장하였다.30) 1946년 2월 21~22일 부산 金剛寺에서 경남아나키스트대회가 개최되었다. 신탁통치로 인하여 국론이 분열되고 있는 상황에서 아나키스

---

29) 위와 같음.
30) 하기락, 앞의 책, 278~281면; 단주유림선생기념사업회, 『유림자료집』1, 1991, 77~84면.

트의 입장을 밝히기 위하여 소집한 대회였다.31) 부산, 울산, 마산, 합천, 통영, 창원, 안의 및 서울과 대구에서 참석하였다. 金知丙의 개회선언과 하기락의 개회사, 그리고 조선무정부주의자 총연맹 서기부 총무위원인 유림의 축사에 이어 朴永煥의 경과보고 후에 임시의장 박영환, 서기 趙秉基가 선출되어 회의가 진행되었다.32) 타 지역에서의 참가를 고려하여 명칭을 경남북아나키스트대회라 개칭하고 李東淳의 「아나키스트의 태도」라는 일반정세의 보고 후에

1. 국가수립에 대한 우리의 태도
1. 비상국민회의와 민주주의민족전선에 대한 우리의 태도
1. 남조선 민주의원에 대한 우리의 태도
1. 우리 진영의 조직문제33)

등에 대한 토의에 들어갔다. 성명서 및 과도정권수립 최고기관에 발송할 건의문 작성위원에 김지병, 이동순, 손조동, 하기락, 박영환이 선출되었다.34) 대회성명서에서

"선진자본주의국가들이 후진국에 대한 제국주의적 경제착취체제를 지속하는 동안은 후진 약소민족들도 불가불 자립경제적 경제체제의 확립을 위한 투쟁을 계속하지 않을 수 없는 것이다. 이 투쟁을 성공적으로 쟁취하는 데에는 후진국 자체내의 생산자계급의 해방과 활성화가 선행되어야 할 것이다. 이것을 실천하는 과정에서 후진국의 낙후성을 탈피하기 위한 민족적 투쟁은 필수적으로 수반되어야 하는 것이다. 계급투쟁만을 일차원적으로 강조하는 나머지 경제적인 민족해방투쟁의 참 뜻을 올바로 이해하지 못하는 일부 소아병적 좌익분자는 하루 빨리 그들의 미몽에서 깨어나지 않으면 안될 것이다"35)

---

31) 하기락, 앞의 책, 284면.
32) 하기락, 앞의 책, 284~285면.
33) 위와 같음.
34) 『자유연합』1호, 1946.4.1.(하기락, 앞의 책, 286면에서 재인용)
35) 하기락, 앞의 책, 287~288면.

라고 생산자계급의 활성화에 의한 산업의 민주화가 우선적으로 고려되어야 함을 강조하였는데 이는 당시 조선의 경제상황의 심각성을 인식한 것으로서 여기에서도 공산주의식의 경제해방을 소아병적 좌익분자로 비판하고 아나키즘적 경제혁명을 역설하였다. 또한 조선의 혁명과정을 '민족주의적 민주혁명의 단계'라고 규정하였는데36) 이것은 한국의 혁명단계에 대한 최초의 언급으로서 그 의의가 있다. 즉, 외세에 의한 지배와 봉건적 유습 그리고 공산주의를 극복해야 하는 단계로 인식하였다. 또한 과도정권수립에 대한 요구에서

1. 정부수립은 일체의 외세의존을 배제하고 자율적이고 자주적인 방법으로 수행되어야 한다.
1. 정부는 통일된 민족의 기반 위에 세워져야 한다.
1. 정부수립은 지방자치의 확립과 불가분하게 병행되어야 한다.
1. 모든 생산수단은 생산에 종사하는 근로인민에 의하여 관리되고 운영되어야 한다.37)

라는 결의안을 채택하였다. 미국과 소련에 의한 지배, 그리고 이데올로기에 의한 민족분열의 위기에서 정부수립을 지향하는 두 개의 집단 즉, 비상국민회의와 민주주의 민족전선은 아나키스트의 세가지 원칙에 비추어 비자율적이고 비통일적이며 비민주적이라고 단정하지 않을 수 없다고 주장하고 '이제 남은 길은 오직 하나뿐이다. 조선아나키스트들은 동포 국민대중에게 다음과 같이 호소한다. 각 시읍면은 자발적으로 그 자치체를 구성하고 그들의 대표자로 하여금 국민대표자회의를 구성할 권리를 행사하자. 그리하여 이 기관으로 하여금 과도정부를 구성 또는 선택할 권리를 확보하자. 이 원칙과 이 방법에 의하여 수립되는 과도정부만이 자주적, 민주적, 통일적 정부로서 우리가

---

36) 하기락, 앞의 책, 286~288면.
37) 하기락, 앞의 책, 288면.

받아 들일 수 있는 정부'라고38) 자유연합원리에 의해 위에서가 아닌 밑에서 부터 자발적으로 조직한 대의기관을 조직할 것을 국민에게 직접 호소하였다. 이 대회에서 지방자치를 강조한 것은 자유연합의 원리와 불가분의 관계에 있기 때문이며 지방자치만이 진정한 아나키즘 사회로 가는 발판이기 때문이다. 생산수단의 공유에 대한 태도도 계속 아나키즘적 원리에 입각한 것은 경남북아나키스트대회의 성격이 당시까지도 순수 아나키즘에 지배되었음을 보여 주는 것이다.

경남북아나키스트대회에 이어 1946년 4월 21~23일 경상남도 安義 용추사에서 전국아나키스트대회가 소집되었다.39) 참가자는 97명으로 광복후 국내에서 개최된 아나키스트대회중 최대 규모였다. 河鐘鎭의 개회선언, 禹漢龍의 성원보고, 李時雨의 개회사에 이어 서기에 하경상, 방한상이 선출되고 의장에 유림, 이을규, 신재모가 선출되었다. 박석홍의 소련의 팽창주의와 식민지독립투쟁의 특징에 대한 국제정세보고에 이어40) 이정규가 발표한 국내정세보고에서는 일본식민주의결과로 인한 한국의 피폐상에 대하여 적시한 다음 미국과 소련의 분할통치와 국내정정에 대하여 언급하고 조선의 정부수립을 위한 노력은 비자주, 비민주, 비통일적으로 진행되고 있다고 결론지었다.41) 당시의 정부수립에 대한 이들의 이러한 입장은 향후 전개될 아나키즘운동의 어려움을 보여주고 있다.

이틀째 회의에서 정부수립에 대한 우리의 태도와 원칙에 대한 토의 후 서기 하경상, 방한상 외에 이시우, 이정규, 박석홍 등 5인을 문안작성위원으로 위촉하고 자주적, 민주적 통일정부를 수립하기 위하여

---

38) 위와 같음.
39) 당시 공식적인 아나키즘조직은 이정규, 이을규가 광복후 조직한 자유사회건설자연맹과 유림이 중국에서부터 조직한 조선무정부주의자총연맹의 두 단체가 있었다.
40) 하기락, 앞의 책, 293면.
41) 위와 같음.

노력하기로 하였다. 그들은 통일적 정부라고 반드시 중앙집권을 의미하는 것은 아니며 반대로 권력이 분산되면 될수록 국민의 손에 가까워지는 것이란 지방자치와 직장자치의 방향을 제시하고 권력이 최대한 분산된 후 이러한 자치체들의 자유로운 연합위에 통일이 이루어져야 할 것이란 당위성을 제시하였다.42) 즉, 정부권력에 대해 '조선아나키스트는 문자그대로 무정부주의자(Non-Governmentist)가 아니라 非他律政府主義者(Heteronomous-Governmentist), 또는 自律政府主義者(Autonomous-Governmentist)라고 주장하였다. 그 세 가지 원칙으로

1. 인간의 자유: 각인이 만인의 자유를 존중하고 만인이 각인의 자유를 보장한다.
2. 평화의 옹호: 일체의 침략적 무력의 거부. 무력은 인민의 자기생활 보위의 한계를 넘어서는 안된다.
3. 생산자에 의한 생산수단의 소유: 일제시대 착취당한 노동으로 보상하기 위하여 생산수단은 노동자에게, 농민을 착취한 지주의 토지도 같은 방법으로 농민에게 귀속되어야 한다43)

라고 주장하였다. 이것은 아나키즘의 이상적 사회를 실현하기 위한 과도적 단계로서의 성격을 보여주는 것으로 특히 경제문제에 대한 원칙은 광복직후부터 일관되게 주장한 산업과 토지의 국유화이다.

   정부수립에 대한 우리의 당면 실천방안이란 주제의 3일째 토의에서 정당창설에 관하여 토의를 하였다. 식민지시대에는 정치나 정당에 대하여 무관심 내지 냉담하였는데 그것은 아나키즘의 이념으로나 식민지하의 운동이 무의미하였기 때문이라면서 넓은 의미에서 보면 독립운동 또는 혁명운동 그 자체가 차원높은 정치운동이란 일면을 가진

---

42) 하기락, 앞의 책, 298면.
43) 위와 같음.

것이기 때문에 정부수립에 적극적으로 참가하자는 결정을 하였다. 다수 정당이 출현하고 있는 것은 민족의 관심이 정치문제에 집중되기 때문이고 미군정의 실책으로 혼란이 날로 가중되고 있기 때문이므로 노동자, 농민의 정당을 조직하기로 하고 참여는 자유의사에 맡기기로 하였다. 참여하지 않는 사람은 측면에서 지원하며 정당은 대회가 설정한 원칙에 충실해야 한다고 결정하였다.

주지하다시피 아나키스트들은 현실정치에 참여하는 것을 거부한다. 그 현실정치의 핵심인 국가를 폐지시켜야 한다는 그들의 논리는 그 국가의 행정에 참여하는 것조차도 터부시하는 것이다. 하지만 일부 아나키스트들은 아나키스트의 전조직을 결집하고 일원화하여 신생 대한민국의 현실에 참여할 것을 주장하며 獨立勞農黨을 결성하자 이정규 등은 이에 반대하였다. 그는 획일적 조직론은 독재세계에서나 있는 좌익적이고 비민주적이며 반 아나키스트적인 사고이기 때문에 정당도 좋으나 그에 앞서 정당 자체가 존립할 수 있는 기반, 즉 농민과 노동자조직이 급선무라고 주장하였다. 정당을 먼저 결성하고 농민과 노동자조직을 그 후에 하면 그것은 농민 노동자들을 자율적으로 각성시키는 것이 아니고 그들을 우롱하는 결과를 초래하며 결국 개인중심이나 지도자중심의 반동적인 결과를 초래한다고 지적하였다.[44]

한국아나키즘사상은 바쿠닌, 크로포트킨, 르크류, 마라테스타 등의 공산주의적 아나키즘사상에 당시의 한국정치현실을 반영한 민족주의적 색채가 가미된 아나키즘이라고 말할 수 있다. 이들 이론들은 먼저 반권위주의적인 특성을 갖는다. 이것은 자연스럽게 공산주의이론을 비판하는 것으로 연결되고 '자유연합'이라고 하는 아나키즘이론으로 연결되는 것이다. 물론 이정규를 비롯한 정당 비참여파도 완전한 정당무용론을 주장한 것은 아니고 아나키즘을 구현할 수 있는 정당으로

---

44) 이정규, 앞의 책, 13면.

민주사회당을 예시하고 있다. 즉, 아나키즘은 인간생활 전반에 걸친 자유와 평등의 원칙을 주장하므로 '데모크라시'에다 사회주의의 경제 평등원칙을 가미하면 아나키즘이 지향하는 것과 같은 이론이 된다고 주장하였다. 데모크라시의 자유, 평등의 원칙을 확대, 발전시켜 경제에까지 광의로 확대해석하면 아나키즘의 이론과 같다고 해석하였다. 따라서 아나키즘의 한국적 실현형태는 민주사회주의적인 형태로 건설하여야 될 것이라고 생각하고 사회민주주의를 이념으로 하는 진보당과 같은 정당에 기대를 가졌다. 이러한 民主社會黨이 다소나마 아나키즘적 색채가 있어 좌익과 이론적, 정책적 대결이 가능하며 우익 보수정당에 자극을 줄 것이라고 생각하였다.45) 이것은 순수 아나키즘 이론과는 거리가 있지만 당시의 현실적 여건에서 선택한 방안이라 여겨진다. 광복후의 한국아나키즘운동에 대해 한 연구자가 한국아나키즘이 민족주의적 색채가 강하며 다년간 진부한 정치에 빠졌다고 지적하였는데 이것은 당면 정세를 민족민주혁명단계라 규정한 것에서 초래되었으며 공산주의로 착각될 수 있는 어떤 의사표명도 위험시 된 제 여건이 자유와 생산수단의 공동소유에 기초한 계급없는 사회를 추구하는 아나키즘의 측면을 침묵하게 만들었다고 평가한 것은46) 광복

2. 獨立勞農黨의 아나키즘

광복 후의 한국아나키즘에 중요한 위치를 차지하는 조직이 독립노농당이다. 전국아나키스트대회에서 정당조직을 결정한 이후 창당된 독노당은 한국아나키즘운동사상 최초의 본격적인 정당으로서의 위치뿐만 아니라 그 정강과 정책에서 아나키즘의 이념을 사회운동의 차원

---

45) 이정규,「한국사회주의운동의 전망」, 앞의 책, 263~271면.
46) 존 크럼,「동아시아의 아나키즘과 민족주의」,『아나키즘연구』1호,

에서 정치운동의 차원을 통하여 현실사회에 실현시키려는 한국아나키즘운동의 한 획을 긋는 분수령이 되었다.

독립노농당은 1946년 7월 7일 서울 필동 譯經院에서 창당대회를 개최하고 위원장에 유림, 집행위원에 유림, 이을규, 양일동, 이시우, 신재모, 방한상을 선출하였다.47) 그 黨綱은 다음과 같다.

    1. 본당은 국가의 완전한 자주독립을 위하여 투쟁한다.
    1. 본당은 농민, 노동자, 일반근로대중의 최대복리를 위하여 투쟁한다.
    1. 본당은 일체의 독재를 배격하고 진정한 국내외 민주주의 세력과 평등호조의 원칙에 의하여 합작한다.48)

독노당의 당강에서 아나키즘적 요소는 크게 부각되지 않았다. 국가의 자주독립과 농민, 노동자 그리고 일반 근로대중의 최대복리를 위한다는 제1항과 제2항의 강령은 투쟁한다는 표현 외에 정권획득을 위한 정당으로서의 그 목표가 분명하지 않다. 또한 독재를 배격한다는 제3항의 강령만으로도 아나키즘 정당이라고 인식하기에는 무리가 있다. 독노당은 그 발기취지서에서 "노농대중은 자신이 주무자가 되어, 장차 오는 신단계에 난거한 임무를 직접으로 부담하는 것이 소원을 성취하는 유일한 방도"라는 표현에서49) 노동자, 농민이 조직의 기간이 되는 사회를 이상으로 삼음을 천명하였다.

당강에서는 당시 대한민국이 완전한 자주독립국이라고 볼 수 없기 때문에 그 첫번째 목표로 국가의 자주독립을 지향한다는 목표를 세웠다. 두번째에서 농민, 노동자, 일반 근로대중의 최대복리를 위한다는 것은 아나키즘의 원리에 따라 노동의 신성함과 그 권리의 중요성을 표현한 것이다. 마지막에서 주장한 독재의 배격과 진정한 민주주의를

---

47) 『유림자료집』, 211면.
48) 위와 같음.
49) 위와 같음.

위한다는 것은 아나키즘의 순수한 원칙에 입각한 것이다. 물론 광복 후의 아나키즘을 이해하기 위해서는 당시의 정치적 상황을 고려하지 않으면 안된다. 즉 약간의 좌파적 색채만으로도 정치적 탄압을 받을 수 있는 상황에서 선택한 고육지책이 아니었나 사료된다. 黨義에서 "금일에는 전인류 공존공영의 원칙에 의한 세계가정의 일원이 되었으므로 현단계에 우리에게 부여된 역사적 임무는 밖으로 정치, 경제, 문화의 완전한 자유평등의 행복을 향유할 수 있는 사회를 조직함에 있다"라고50) 현단계의 역사적 임무가 '완전한 자유평등의 행복을 향유할 수 있는 사회건설'에 있다고 일반적인 주장을 표현하였다. 오히려 독노당의 아나키즘은 그 결당선언에서 어느 정도 구체적으로 표현되고 있다. 결당선언의 일부는 다음과 같다.

> "인간의 해방이다. 개인이나 집단을 물론하고 여하한 이유에서든지 타를 압박함은 天道人心이 용인못할 정의의 반역이다. 약육강식의 사설과 계급투쟁은 영원히 인류의 뇌골에서 청소되고 오직 상호의 친애와 부조만으로서 공존공영의 목적을 달성할 수 있게 되었다.…건국사업이 이렇게 지리멸렬하게 됨은 민중이 직접으로 건국공작을 부담하지 않은데서 원인이 발견된다.…가장 큰 희생으로 이 땅을 지키면서 모든것을 시설해 놓은 우리 노농근로대중은 이 국토의 진정한 주인이요, 신국가를 건설할 유일한 자격자다. 국민의 절대다수를 점한 우리들이 아니고는 국가의 건설이 전연 불가능하고 전연 무의미할 것이다. 양두를 걸고 구육을 파는 '인민의 수호자'와 주관에 도취되어 현실을 몰각하는 '과학적 이론가'는 이미 그 정체가 백일하에 폭로되었다.51)

위와 같이 억압사회를 배척하고 상호부조의 정신으로 이루어진 사회를 건설한다는 기본 입장에서 시작하여 신한국건설의 주역과 그 자격도 일반근로대중에 있다고 선언하고 민족주의자와 공산주의자를 모

---

50) 『유림자료집』, 88면.
51) 『유림자료집』, 89~90면.

두 인민의 수호자와 과학적 이론가란 미명하에 민중을 탄압하는 세력으로 비판하였다. 당시의 여러가지 정치적 혼란을 일반 민중이 직접 참가하지 않는 데에서 그 원인을 찾은 것은 자유의사에 의한 자유합의가 결핍된 것으로 인식한 것이다. 특히 여기에서 주목할 것은 아나키즘의 이론에서 국가나 정부는 없애야 할 대상이지만 외세의 강점에서 벗어난 한국민족에게는 살아나가야 할 터전으로서 최소한의 요구이자 그것은 필요불가결한 것이라고 인식한 점이다. 이 선언은 전국아나키즘대회의 내용과 거의 흡사하다. 전국대회에서 정당창설을 주장한 인사에 의하여 독노당이 설립되었음을 보여 주는 대목이다.

이상과 같은 독노당의 가장 기초적인 발기취지서, 당강, 당의, 결당선언보다 오히려 당략과 분야별 당책에서 보다 선명한 아나키즘사회를 지향하는 모습을 볼 수 있다. 이것은 당시의 정치실정에서 정치적 탄압을 고려한 것이 아닌가 여겨진다. 먼저 당략을 살펴 보면

1. 국민의 평등과 자유와 행복을 보장하는 민주입헌정치를 실시한다.
2. 정치, 경제, 문화, 군사, 외교의 완전한 자주권을 확립한다.
3. 지방자치제와 직업자치제를 시행한다.
4. 중소 자산층을 주체로 한 富民主義 계획경제체제를 시행한다.
5. 국내자본의 과도집중과 외래자본의 침략적 점탈을 방지한다.
6. 산업을 조직화하여 산업의 급속한 발전과 국민생활의 평등한 향상을 기한다.
7. 농공을 병진하고 상호조화를 기한다.
8. 독점성 사업과 대규모기업은 국영 혹은 공영으로 하고, 중소산업의 자유발달을 장려한다.
9. 토지는 경작자만이 소유권을 향유한다.
10. 신화폐제를 실시한다.
11. 국민의 皆食, 皆學, 皆勞, 皆兵制를 실시한다.
12. 국가는 모든 시책에서 농민, 노동자, 일반근로대중의 자유행복발전을 옹호, 조장한다.
13. 봉건유풍과 권력주의 여습을 청소하고 과학적 평민문화를 건설한다.
14. 평등호혜의 외교를 전개하여 세계평화에 치력한다.

15. 지하자원을 적극 개발한다.
16. 국토미화책을 적극 시행한다.52)

독노당의 상기 당략은 아나키즘으로 가기 위한 과도적 성격의 정책을 혼용하고 있음과 순화된 용어를 선택하고 있음을 알 수 있다. 민주입헌정치를 실시한다든지 국가의 자주권을 행사한다 든지, 또는 중소 자산층을 주체로 한 부민주의 계획경제를 실시한다는 내용은 아나키즘적 원칙을 간접적으로 표현하고 있다. 제3항의 지방자치제와 직업자치제는 아나키즘의 이론을 현실에 적용하려는 대표적인 시도라고 볼 수 있다. 또한 농공을 병진하고 상호조화를 기한다는 항목과 토지는 경작자만이 소유권을 갖는다는 내용, 그리고 과학적 평민문화를 지향한다는 것은 아나키즘의 이론으로 이러한 정책들의 성사여부를 떠나 독노당이 최종적으로는 아나기즘사회를 실현하기 위한 기본 조치를 취하였다는데 의의가 있다고 볼 수 있다. 그 구체적 실천방향에 대해서는 당책에서 분야별로 정리하고 있다. 그것은 정치, 경제, 국방, 외교, 산업, 노동, 농업, 임업, 수산, 광업, 문화, 사회, 국토계획 등 13개 부문 133개 조항으로 되어 있다.53)

정치분야에서는 전술한 지역자치제와 직업자치제로 완벽한 지방자치와 산업별 자치를 추구하고 있다. 또한 중앙행정기구와 지방행정기구 및 각종 자치단체의 권한을 규정하여 권력의 과도한 집중을 방지하므로서 결국 모든 권력은 각 소속 지방에서 행사할 수 있도록 하고 있다. 경제분야에서는 자급자족의 경제체제를 시행하여 크로포트킨이 추구한 일정한 범위내의 행정구역내에서 모든 경제활동이 해결될 수 있는 자급자족의 경제활동을 구상하고 있다. 또한 고도의 單累進稅는 급격한 혁명적 과정을 거치지 않고 경제적 부를 평균화하려는 시도로

---

52) 『유림자료집』, 91면.
53) 『유림자료집』, 92~98면.

이해할 수 있으며 이것은 사유재산을 제한한다는 내용과 부합된다. 국방분야에서는 남녀평등의 원칙에 의하여 모든 국민에게 병역의무가 있음을 명시하고, 특히 지방자치단체와 직업자치단체에 공히 자위군을 설치할 수 있다는 자치제의 독립적 자위권을 보장하고 있다. 외교분야에서는 노동대중에게도 외교의 역할을 부여하였다. 산업분야에서는 적극적인 아나키즘경제원리를 적용하고 있다. 모든 공적 산업의 국가관리를 주장하고 생산, 분배, 소비의 통제, 특히 생활필수품에 대한 통제를 국가가 관리하고 산업의 지방분산, 사영업의 제한, 사치품 생산의 제한, 직업단체의 자치권확보 등에서 아나키즘적 경제원리를 적용하고 있다. 노동분야에서는 國民皆勞制를 채택하여 모든 국민이 노동을 해야 하며 또한 노동단체의 자치권을 보장하고 아울러 산업의 경영, 산업기관의 관리, 생산품의 분배에 까지 노동자의 참여권을 확보함으로서 노동자의 권리를 향상시키고 특히 육체노동자와 정신노동자의 조화책을 수립함으로써 크로포트킨이 역설한 노동의 즐거움을 실현하려고 하였다. 또한 농민들의 노동도 일반노동자와 같은 가치로 인식하고 그 자치권을 보장하였다. 마지막으로 문화분야에서 신교육제를 실시하여 교육의 귀족적 유풍을 청소하고 평등적 생활화에 주력함으로서 교육의 완전평등을 시도한 것은 과학적 평민문화의 건설을 목표로 하여 사회구성원 모두가 문화적 혜택을 입을 수 있는 기회를 제공하고 공동생활을 장려하므로서 상호부조의 정신을 습득하도록 하였다. 독립노농당은 1948년 10월 10일의 국회의원 총선거에 다수가 출마하였으나 거의 대부분 원내에 진출하는데 실패하였다. 이것은 한국아나키즘의 한계를 보여준 것으로서 광복전의 일제에 대한 투쟁에서 적용한 이론과 광복후의 신한국에서 적용한 이론과는 현실적으로 차이가 있음을 보여준 것이다.

한편 일제시대 일본에서 활동한 대표적인 아나키스트였던 박열은 천황암살음모로 옥고를 치른 후 광복후 그의 아나키즘적 사상을 피력하였다. 전술한 바와 같이 일본내 한인아나키즘운동의 성격이 중국내 한인의 운동과 차이가 있었기 때문에 대표적인 한인 아나키스트였던 박열의 신사회건설에 대한 이론은 중요하다. 박열의 신사회건설의 기본인식은 제3의 세계질서를 창조하는 것이라고 주장하였다. 제3의 세계질서는 조화를 뜻하는 것으로서 세계평화의 근본적인 원리이며 사상이라고 확신하고 제3의 질서에서 조선건국의 사상적 기반을 찾아야 한다고 주장하였다.54) 당면현실인 민족통일과 조국독립을 위해서는 민족전체의 힘이 집중되는 것이 중요하고 그것은 민의가 그 기초로 되어야 한다고 주장하였는데 그 민의는 인구의 대다수를 점하고 있는 농민의 의지로서 이것이 조선건국, 즉 혁명에 집중적으로 동원되어야 한다는 것이다.55) 그에 의하면 사회혁명은 일정한 시기에 갑자기 도약하는 것이 아니며 민족부흥을 위한 시책이 혁명적으로 실시되어 전진하는 것으로서 그러한 전진의 누적이 곧 혁명성취를 뜻하는 것이라고 인식하였다.56) 한국은 계급투쟁을 지양하고 정당과 정파의 주장을 통일하여야 하며 보수와 진보세력의 투쟁은 일종의 전진이고 진보라고 인식하였다.57) 그에 의하면 새 세계질서의 방향은 민주주의, 국제주의로서 '세계는 하나'가 되어야 한다고 주장하고 그럼에도 불구하고 민족을 논하고 조국을 운운하는 까닭은 민족발전상의 한 단계이기 때문이라고 역설하였다.58)

경제면에 대한 박열의 사상은 생산물의 가치, 창조된 그 자체의 가치를 높이 평가하면서 자본이나 노동력도 그대로의 존재는 무가치하며 그것이 필수적이고 쓸모있는 것을 생산했을 때, 또는 생산하는 까

---

54) 박열(서석연역), 『新朝鮮革命論』, 汎友文庫, 1989, 19면.
55) 박열, 앞의 책, 26면.
56) 박열, 앞의 책, 38면.
57) 박열, 앞의 책, 27면.
58) 박열, 앞의 책, 28면과 33면.

닭에 높이 평가된다고 인식하고 생산력의 주체로서의 근로의 가치가 높이 평가되는 것은 당연하다고 주장하였다. 따라서 자본과 토지는 만인의 복지를 위해 해방되어야 한다고 주장하였다.59) 그도 역시 토지문제에 대하여 근본적인 개혁의 필요성을 주장하였는데 그것은 농지제도를 개혁하여 대지주와 불로소득자를 일소하고 소작인을 감소시켜 자작농을 기본농가로 하는 구조조정을 주장하였다.60) 또한 생산성향상을 위한 기계화를 강조하고 특히 지방행정제도를 근본적으로 개혁하여 철저한 지방자치를 실시하는 것이 필요하다고 주장하였다. 민주화의 기반이 국민의 실생활면에 두어지지 않으면 표면적이고 기만적인 쇄신으로 끝날 것이고 이는 사회혁명과 정치혁명의 본질을 놓치고 변질된 변혁으로 끝날 것이기 때문이라고 인식하고 민주정치의 기반으로서의 촌락자치제의 완성을 목표로 삼았다.61) 도시와 농촌의 일체화는 생산부문에서 경제적으로 하나로 결합되는 조직을 필요로 하며 도시의 공장에서 경영협의회가 완전히 운영되면 **농촌의 경영도** 동일한 취지에 입각한 조직을 통해서 도시와 농촌의 결합을 하나로 할 수 있다고 인식하였다.62) 박열의 이 개념은 아나키즘의 가장 핵심적인 내용으로서 농민을 위주로 한 철저한 지방자치의 토대위에 사회를 재건설하여 '개인생활의 행복을 그 사회속에서 발견하고 그 사회는 민족전체의 행복을 지향하는'63) 사회를 건설하고자 한 것이다. 박열은 신조선건설을 위하여 과거를 반성하고 구체적 실천을 위한 자신의 방안을 제시하였다. 우선 건국을 주체적으로 실시하지 못한 점

---

59) 박열, 앞의 책, 39~40면.
60) 이와 관련하여 다수확주의의 금비이용, 경지정리, 토지개조, 토지제도의 근본적 개혁, 중경공업진흥, 원자재수입대신 완제품내지 반제품수출 등의 문제를 제기하였다.(박열, 앞의 책, 45면)
61) 박열, 앞의 책, 52~53면.
62) 박열, 앞의 책, 62면.
63) 박열, 앞의 책, 49면.

을 반성하였다. 그리고 立國의 구체적 정책을 특히 농지개혁을 통한 경제면에서 시작할 것을 구상하였다.64) 이것은 기타 산업분야에서도 똑 같이 적용되어 산업, 금융, 무역의 업자조합이 자신의 창의를 기초로 민주화되어, 노자간의 협동에 의한 경영협의체에 의거하여야 하며 노동자, 사무원 및 금융의 각급 조합대표가 각 업종별로 조직되어 횡적으로 연합체를 보유해야 한다고 구상하였다.65) 이것은 이정규가 구상한 밑으로부터의 자발적인 지역별, 직장별 조직과 동일한 것이다. 박열은 당시의 정치현실에 대해서, 공산당과 그외의 세력으로 구성된 좌파가 정책상 먼저 근대국가로서의 면모정비에 전력을 기울이고 좌파전선을 인민전선으로 확대해야만 한다고 인식하고, 계급적, 대립적인 당의 존재를 민족의 앞날을 통찰한 민족독립의 방향으로 전력을 쏟아야 할 것이라고 주장하였다.66)

광복직후 지방에서도 소규모의 아나키즘운동이 있었으나67) 그리 활발하지는 못하였으며 당시에는 혼란한 상황이었기 때문에 국제적 연대활동도 부진하였다.68) 이 시기 민주사회주의연구회가 조직되었다. 정현섭이 홍콩에서 민주사회주의문헌을 갖고 와서 종로의 화신빌딩별관 38호에 민사당창당준비위원회의 일환으로 연구회의 간판을

---

64) 박열, 앞의 책, 43~49면.
65) 박열, 앞의 책, 53~54면.
66) 박열, 앞의 책, 60면과 99면.
67) 1945년 평양에서 김용호의 발의로 민중의 소리란 의미의 민성회관을 조직하여 관장에 최갑룡, 부관장에 김용호, 총무에 이봉진이 취임하여 『민성』을 간행하였다. 후에 한명용, 이순창, 이주록 등이 가담하였다(최갑룡, 앞의 책, 50면) 1946년 2월에는 대구아나키즘연구회가 결성되어 신재모, 박석홍 등이 활동하였다(최갑룡, 앞의 책, 112면)
68) 1948년 10월 1일 파리에서 개최된 아나키즘대회의 초청장이 유림에게 왔으나 여권이 발급되지 않아 양일동과 최갑룡이 조병옥을 찾아가 항의하고 이 사건이 발단이 되어 독립노농당과 자유사회건설자연맹 사이에 불화가 발생하였다.(최갑룡, 앞의 책, 56면)

걸었다. 회원은 조헌식, 이몽, 이창근, 황빈, 안정용, 조규택, 안병주 등이었다. 양일동이 책임을 맡았으며 김신원, 고성희, 황빈, 이창근, 엄기영, 정철, 김진식, 최학주, 안형근, 최중헌, 이지활 등이 참가하여 활동하였다. 이후 동 사무실에서 민주사회당 발기인인 이을규, 정화암, 김지강, 오남기, 이동순, 한하연, 이종연, 김신원, 고성희, 김진식 등이 민주사회당 창당선언문을 발표하였고 1961년 1월 21일 통일사회당을 결성하였다. 이동화, 정화암 등이 정치위원으로 참석하였다. 독립노농당과 민주사회당이 서로 합당을 시도하여 독립노농당의 유우석과 최갑룡, 민주사회당의 이을규, 오남기, 이종연 그리고 중간자의 입장에서 이규석이 협의하여 합당문안을 작성중에 5.16쿠테타로 무산되었다. 이 시기의 피포자는 이주록, 신기초, 이창일, 유영봉, 정화암, 홍성환, 황빈, 이홍주, 하영조, 홍형의 등이다. 쿠테타후 독립노농당 박석홍을 비롯한 청년당원들 다수가 공화당 중앙위원에 참가하였다.69) 전술한 자유사회건설자연맹은 1957년 자유사회주의자협회로 개칭하였고 최근까지도 서울 종로 2가의 한 다방에서 원로들의 모임이 계속되고 있다.

　1960년 9월 10일 유림은 韓國獨立黨, 獨立勞農黨, 韓國社會黨, 革新同志總聯盟, 社會大衆黨의 통합을 주장하며 통일을 위해서는 자유사회주의 정책, 즉 아나키즘정책을 가능한 한도까지 실시하여야 하며 파쇼와 나치를 제외한 진보적 민족주의자와 각종 종교사회주의를 포함한 모든 비 마르크스 사회주의자들을 총집결한 자유사회주의집단으로 발전시켜야 한다고 주장하였다.70) 유림에 의해 명맥을 유지하였던 한국 최초의 아나키즘적 정당인 독립노농당은 1961년 5.16군사쿠테타로 해산되어 표면적인 한국아나키즘운동은 사실상 종결되었

---

69) 최갑룡, 앞의 책, 63~73면.
70) 『유림자료집』, 98면.

다.

　1972년 6월 22일 서울근교의 진관사에서 최갑룡, 정화암, 이정규를 중심으로 한국자주인연맹을 창설하고 대표간사에 최갑룡을 선임하였다.[71] 자주인연맹은 발기취지문에서 우선 한족이 역사, 지리, 혈연, 문화적으로 공동운명체임을 주장하고 한국의 강토, 문화, 재부가 조상들의 피와 땀으로 이룩된 것이라는 크로포트킨의 논리로 출발하고 있다. 문화전통과 자주독립을 유지함은 민족공동의식과 사회정의의 발로이며 자유, 평등, 상호부조의 생존본능이라고 역설하였다. 이러한 것들을 일제가 억압하였으나 광복 후의 사회는 정복, 강탈, 강권의 지배가 없는 자유, 평등, 보편적 사회연대의 건설을 위해 분투하고 있다고 설명하고 그러나 실제의 현상은 전체민중의 자유를 모독하고 공동의식과 사회정의를 파괴, 유린하는 마르크스식 계급독재주의자들이 전쟁을 도발하고, 이승만정권의 독재, 독선, 부정, 부패, 그리고 민주당의 권력배분으로 인한 약체화, 또한 쿠테타로 집권한 공화당도 소수재벌의 이익에 봉사하는 시녀로 전락하였다고 비판하였다.[72]

　"고로 우리는 확신한다. 독재정치는 독재자를 위한 것이고 자본주의는 자본가를 위한 것이지 근로대중을 위한 것이 아니다. 정복, 약탈, 강권, 지배가 있는 곳에 공동의식은 파괴되고 사회정의는 유린되며 부정부패의 병균은 만연되어 諸惡이 번무함은 불가피한 것이다. 이 치명적 병균은 인류를 파멸로 몰아가기 때문에 민족뿐만 아니라 인류의 불행이다. 고로 이 현상을 예방하고 치유함은 대중적임과 아울러 전인류의 본연의 임무이다. 전인류를 동포주의와 세계일가의 이상인 공동의식과 사회정의의 사회로 실현함은 또한 대중적임과 아울러 인간본연의 임무이다. 인간은 형제감정이며 평등감정이다. 그러므로 우리는 자주인을 자부하며 인간을 구속에서 해방하는데 모든 노력을 기울이고자 한다. 모든 학문, 과

---

71) 최갑룡, 앞의 책, 7면. 76면에는 1967년 12월로 되어 있다.
72) 최갑룡, 앞의 책, 76~77면.

학, 재능, 재부가 민중생활을 풍요롭게 못하고 편이하게 못한다면 그것은 한낱 그림의 떡에 불과한 민중을 노예로 만드는 도구에 불과하다. 공동의식과 사회정의를 위해 권력을 수단으로 쓸 수는 없다. 그것은 언젠가 민중을 배반하고 기만한다. 우리는 다른 사람의 자유를 침해하지 않는 한에는 각자의 자유를 최대한으로 향유해야 한다. 최대한으로 개인의 자유를 향유하려면 남에게 위임하는 식의 중앙집권적 강권주의는 안된다. 지방자치적 자유연합주의만이 가능하다. 우리는 민중이 내가 주인이란 자주적 자각을 촉구하는데 힘을 기울이려 한다. 민중을 언제까지나 노예의 위치에 두려는 권력만능을 배격한다. 민중의 자주적 각성으로 제일은 제 손으로 해야 한다. 지금은 참다운 민중이 주인인 자유, 평등, 상호부조의 윤리사회가 눈 앞에 다가 왔다"[73]

라고 신시대의 새로운 아나키즘적 윤리를 제시하였다. 그 강령은 다음과 같다.

1. 우리들은 독재와 강권을 배격하고 자유, 자주, 평등, 호조의 윤리사회를 건설하기 위하여 온갖 힘을 기울인다.
1. 우리들은 정치, 경제, 문화, 과학의 소수독점을 배제하고 근로대중의 최대복리를 위하여 온갖 힘을 기울인다.
1. 우리들은 자주적, 민주적 원칙으로 민족통일을 달성하며 세계의 항구 평화와 인류의 공동번영을 위하여 온갖 힘을 기울인다.[74]

일본제국주의 치하의 아나키즘활동은 이정규가 회고한 대로 사상계 몽운동으로 부터 시작하여 일제를 구축하기 위한 직접행동을 전개한 독립운동의 일환이었으며 해방 후의 운동은 아나키즘적 이상사회 실현을 위해 헌신하였으나 자본주의하의 여건으로 경제운동 특히 농촌운동에 주력하였다. 외세에 의한 식민지지배라는 특수한 상황에서 수용되어 전개된 사회운동의 한 줄기로서 아나키스트들이 제기한 문제들이 다른 혁명세력과 사회운동에 영향을 주었음은 부인하기 어렵다.

---

73) 최갑룡, 앞의 책, 78~80면.
74) 최갑룡, 앞의 책, 80면.

제7장 광복 후의 아나키즘운동: 신사회 건설운동 257

국가권력에 대한 적대적 입장이 광복후 남한의 상황에서 현실과 타협한 형태로 운동을 계속할 수 밖에 없었던 점은 광복후의 운동의 한계이면서 이들의 이상주의적 아나키스트로의 성격을 보여 준다. 광복후의 한국아나키즘운동은 제 정치적 요인으로 말미암아 그 실천면에서 한계를 보일 수 밖에 없었고 安義에서 전국대회를 치른 이후 유림중심의 정치단체와 이을규, 이정규형제 중심의 사회단체로 운동이 나뉘어진 이후 5.18군사혁명을 거치면서 전자는 활동을 중지당하고 후자는 현재까지도 주로 문화운동과 농민운동을 중심으로 계속되고 있다. 결론적으로 광복후 아나키즘사회를 실현하고자 하는 운동은 외면적으로 실패하였지만 이들의 이념은 한국사회에 긍정적으로 투영되어 있다고 말할 수 있다.

제8장 결론

　지금까지 1920년대 초 수용되어 광복후 현재까지도 진행되고 있는 한국아나키즘운동을 크게 세단계로 나누어 일제하 사회주의수용기의 아나키즘적 경향과 이후 국내외에서 전개된 운동, 그리고 일제하의 독립운동의 일환으로서의 투쟁이론과 광복후의 신사회건설이론을 살펴보았다. 이를 간략하게 정리하여 한국아나키즘운동의 특징을 살펴보고 향후의 과제와 전망을 살펴보겠다. 아나키즘사상은 모든 정치적 조직, 규율, 권위를 거부하고 국가권력기관에 의한 강제수단의 철폐를 통하여 자유와 평등, 정의, 형제애를 실현하고자 하는 사상으로, 국가나 정부는 본래가 해롭고 사악한 것이며 인간은 국가나 정부없이도 올바르고 조화로운 삶을 영위할 수 있다는 신념이다. 이 아나키즘사상은 1920년대 초 국내의 지식인, 일본의 유학생과 노동자 그리고 중국의 독립운동자에게 수용되어 민족주의운동, 공산주의운동과 함께 일제하 민족해방투쟁에 중요한 역할을 담당하였으며 광복후 현재까지도 그 생명력을 잃지 않고 진행되고 있다.
　삼일운동 이후 민족주의운동이 점차 쇠퇴하고 사회주의운동이 국내외의 항일운동에서 주도적 역할을 담당하게 되는 1920년대 초의 사회주의사상 수용기에 주로 지식인 사이에 수용된 아나키즘사상은 식민지하의 사상운동에서 간과할 수 없는 영향력을 가졌음은 1920년대 최초의 노동자들의 단체인 조선노동공제회의 『공제』와 대표적인 사회주의적 색채의 시사잡지라 일컬어지는 『신생활』에서 확인할 수 있었다. 초기 아나키즘의 성격은 구시대의 파괴와 신시대의 건설로 요약할 수 있다. 파괴와 건설이라는 이원론적 구호는 러시아의 아나키스트 바쿠닌이 부각시킨 이래 아나키스트들의 대표적인 표어가 되었으며 일제 식민치하에서 외세를 극복하려는 움직임은 급격하게 전파된 서구의 급진사상중 특히 바쿠닌의 아나키즘적 과격사상을 쉽게 수용하게 만들었다. 사회주의의 수용과 확산이 다른 나라의 경우 상당기간의 사회주의적 전통을 갖고 여러 가지 종류의 사회주의가 경쟁했던 것과는 달리, 아직 사회주의의 제 조류를 명확히 구별하지 못한 시기에 파괴론이 지식인에게 일제 구축에 가장 유효한 이론이라 인식되었다. 따라서 이 시기의 파괴론은 아직 그 이론적 체계나 논리가 정연하지 않은 감상적 수준으로, 그 함축한 의미는 물론 일본세력의 파괴를 의미하는 것으로 이 시기의 지식인들의 파괴론과 건설론의 이원법적 논리는 아나키즘적 경향에서 나왔다. 특히 한국아나키즘운동에는 대표적인 아나키즘이론가인 크로포트킨의 「청년에 고함」과 『상호부조론』이 영향을 주었다. 적자생존과 양육강식의 논리인 다아윈의 『종의 기원』을 발전시킨 『상호부조론』은 인간사회에 상호경쟁만큼 상호부조가 역사를 발전시킨 중요한 요소임을 규명한 것으로서, 다아윈의 적자생존과 약육강식의 논리에 따른다면 한국은 강국인 제국주의일본에 식민지화될 수 밖에 없지만 크로포트킨의 이론은 이를 극복할 수 있는 것으로서 식민지 지식인에게 수용되었다.

　이상과 같이 바쿠닌의 급진적 파괴론과 크로포트킨의 상호부조론은 1920년대 초의 식민지 지식인에 수용, 확산되었는데 이들 지식인들이 최초로 수용한 서구사상은 민족주의였다. 민족주의자들이 아나키즘을 수용한 요인은 민족주의에 대한 회의, 공산주의에 대한 거부감 그리고 아나키즘에 대한 공감때문이었다. 아나키즘사상은 자유주의적 사회주의로서 자유주의와 사회주의사상을 접목시킨 것이다. 1920년대 초반의 사상적 주류는 물론 사회주의가 주도하였지만 그 기조는 자유주의였다. 이 시기의 사상변천은 자유주의사상에서 사회주의사상으로의 전이과정이다. 당시 지식인들은 아나키즘사상이 인간의 기본권리를 보장하는 자유주의와 삼일운동이후 점차 퇴조하는 민족주의에 대한 대안으로서의 사회주의를 둘 다 충족할 수 있는 이데올로기로 인식하였다. 중국이나 일본에서의 사회주의수용기에 아나키즘적 경향이 중요한 사조로서 존재하였음은 한국, 중국, 일본의 상황을 동일한 척도로서 이해할 수 있게 한다. 결국 아나키즘사상은 일본제국주의 치하에 있던 당시 지식인에게 간과할 수 없는 중요한 영향을 주었던 것이다. 이러한 아나키즘의 이론적 여명은 이후 전개되는 한국아나키즘운동의 토대가 되었다.

1920년대 초 국내의 진우연맹과 흑기연맹, 일본의 흑도회와 흑우회, 중국의 재중국조선무정부주의자연맹 등은 한인지식인들의 이러한 아나키즘적 경향을 반영한 조직이다. 이후 1920년대의 아나키즘운동은 중국은 민족혁명을 우선하는 경향으로, 국내와 일본은 계급혁명을 우선하는 경향으로 진행되었으나 그 기본적 성격은 일제치하의 성격상 민족주의적이었다. 이후 1930년대로 접어 들어서는 정치적인 조건으로 인하여 중국은 민족주의와 연합하며 급진적 투쟁쪽으로 무게가 실렸고 일본은 노동운동에 무게가 실리게 되었다. 반면 국내운동은 거의 지하화되었다. 광복후의 운동은 극우정권하에서 주로 정치외적인 사회운동에 주안점을 두게 되었다.

일제치하 민족독립운동의 일환으로 수용한 아나키즘은 당면한 최대의 목표인 일제를 구축하기 위한 아나키즘적 급진적 항일논리를 도출해 냈다. 그것은 독립운동은 곧 아나키즘운동으로서 이것은 정상적인 방법이 아닌 급진적 투쟁이라야 한다는 것이다. 그 사상적 기저는 만인의 자유평등을 주장하고 일체의 정치적 지배강권을 부인하고 경제적으로는 사유재산과 강권적 공산정치를 배격하고, 윤리적으로는 상호부조와 만민공영을 실현하려는 것이다. 고로 아나키즘운동은 새로운 권력을 창출하려는 정치운동, 노동운동, 사회운동에 있지 않고 종래의 사회적 해독물인 지배, 착취, 강권 등의 제도를 파괴하고 근절하여 정치적, 경제적, 윤리적인 각 방면에서 압박받고 속박받는 민중을 해방하고 지배와 강권이 없는 자유공산사회를 실현하기 위한 것이었다. 일제하 한국아나키즘운동은 기본적으로는 아나키즘적 관점에서 신한국건설의 장애가 되는 외세, 즉 일본식민통치의 타도를 운동의 제일의 목표로 설정하였다. 이러한 민족해방운동에서의 역할은 급진적인 테러행위로 특징지워졌다. 아나키즘적 '파괴론'은 일제가 패망할 때까지 유지된 아나키스트의 유효적절한 항일논리로서 일본식민통치기관의 파괴를 의미하는 것이었으며 식민지상황의 조선이 일본속박의 굴레를 벗어나는 방법으로서 주장한 '탈환론', '되빼앗기'는 일제의 극단적 수탈에 의한 최악의 조건에서 생활하는 한국민에게 당연한 논리로 인식되었다. 이러한 파괴와 탈환의 구체적인 방법으로서의 '민중직접혁명론'은 민족주의 일각에서 보여준 애걸, 청원, 호소, 시위 등의 온건투쟁이 아닌 급진투쟁을 의미한 것으로서 민중이 민중 자신을 위해 하는 혁명이다. 이러한 항일혁명은 일반 민중의 자유발의에 의한 자유행동의 소산이어야 한다고 규정하였다. 이들 이론은 삼일운동과 같은 온건 투쟁이나 임시정부의 외교론, 준비론 등을 모두 비판하면서 혁명적 투쟁방법을 제시한 것으로서 아나키즘의 급진적 이론을 차용하여 일제구축을 정당화한 이론이다. 또한 식민지하 아나키스트들의 항일운동은 독립을 위한 목적을 위해 수단과 방법을 가리지 않는 음모를 합리화하였으며 이를 담당할 세력을 청년으로 인식하였다. 한국아나키즘운동은 혹독한 식민지지배상황이라는 특수한 환경에서 외세구축이 제일의 과제로 부과되어 바쿠닌유파의 급진적 투쟁으로 민족독립이론을 정당화, 합리화한 것이다.

　일제하 한국아나키즘은 그 운동과정에서 공산주의와의 격렬한 투쟁과정을 거쳤다. 이것은 바쿠닌과 마르크스의 인터내셔날에서의 대립 이래 세계적인 공통된 현상으로 주로 조직의 운영문제에서의 자유연합적, 중앙집권적 운영의 문제와 국가권력의 장악에서 프롤레타리아의 독재문제 등으로서 공산주의에 대한 비판적 인식은 일제시대 전 기간에 걸쳐 대공산주의투쟁을 유지한 기본 논리로서 도처에서 학생, 노동자의 대공산주의투쟁을 전개하였으며 문단에서도 소위 '아나-보르논쟁'이란 공산주의와의 이론투쟁을 통하여 공산주의의 독재를 비난하였다. 그러나 민족주의에 대한 입장은 1920년대에 비판적이었으나 중국에서는 1930년대 이후에는 민족주의와 일정한 협력관계를 유지하며 대한민국 임시정부에도 참여하였다. 이것은 중국운동의 민족주의적 경향을 보여준 것이다. 그러나 국내에서의 운동은 신간회의 창립으로 민족단일전선에 대한 국민의 염원이 고조되고 있을 때 참여하지 않았는데 이는 국내운동이 일본유학생출신에 의해 주도되었고 이들은 중국보다 더 이론적인 경향으로 경도된 것에서 비롯되었다. 유럽에서 생성된 근대아나키즘사상은 본래 보다 나은 사회체제를 실현하고자 하는 미래지향적인 측면이 강조되었지만 일제하의 한국아나키즘운동은 식민지 상황이라는 특수한 상황에서 유럽과 달리 미래사회건설에 대한 이론보다 일제를 구축하기 위한 현실적인 항일투쟁이 강조되었으며 이 투쟁은 일제를 구축하는데 중요한 역할을 하였다.

　일제하의 운동은 결국 일제를 구축한 후 그들이 지향하는 신한국을 건설하려는 것이었다. 그것은 自由와 聯合을 토대로 한 아나키즘적 사회조직이었다. 전술한 파괴론과 뗄 수 없는 이론이 건설론이다. 즉 파괴하는 것은 건설하기 위해 파괴하기 때문이다. 신한국의 건설은 밑으로부터 자발적으로 조직하여야 하는 것이다. 이것은 신채호가 「조선혁명선언」에서 주장한 바와 같이 異族통치를 파괴하여 고유적 조선을, 특권계급을 파괴하여 자유적 조선민중을, 약탈적 경제제도를 파괴하여 민중적제도를, 사회적 불평균을 파괴하여 전민중의 행복을 위한 사회제도를, 노예적 문화와 사상을 파괴하여 민중문화의 건설을 위한 것으로, 이것은 해방후 한국아나키즘운동에서 주장한 '우리는 인간 위에 인간이 없고 인간아래 인간이 없는 평등한 사회를 세우고자 한다. 우리는 각인이 만인의 자유를 존중하고 만인이 각인의 자유를 보장하는 자유로운 사회를 세우고자 한다'는 것에서 요약되고 있다. 또한 경제는 집산주의경제가 아닌 지방분산주의경제를 지향하여 경작자가 토지를 소유하며 노동자가 공장을 소유하는 사회로서, 생산과 자치의 자유평등원리에 기초한 도시와 농촌이 균형있게 발달한 사회를 지향하였다.

광복후의 운동은 극우보수정권하에서 그 존립자체를 위협받을 수 밖에 없는 상황이었음에도 이들의 독립운동자로서의 과거경력과 아나키즘의 극단적인 반공이론때문에 어느 정도의 활동공간을 확보할 수 있었다. 이상과 같은 한국아나키즘운동의 특징을 요약하면 다음과 같다.

첫째, 일제하 한국아나키즘운동의 전체적인 성격은 민족주의적 아나키즘운동이라고 규정할 수 있다. 이들의 운동은 식민지상황이라는 특수한 상황에서 주로 아나키즘적 투쟁이론을 차용하여 일제를 구축하기 위한 급진적 이론과 방법으로 항일민족운동의 성격을 강하게 내포하고 있다. 지역별로는 일본에서는 노동운동이 주가 되었으며 중국에서는 독립운동이 주가 되었다.

둘째, 이들의 활동에도 불구하고 일제하 한국아나키즘운동은 투쟁을 효과적으로 전개하는 데에는 미흡하였다. 이들은 사회변혁세력 내지는 독립운동의 주체로서 민중의 중요성을 인식하였고 공산주의와 민족주의와는 다른 독특한 논리로 투쟁하였지만 전체적으로 소수의 단체와 개인의 테러행위에 머물 수 밖에 없었다. 농민과 노동자를 동원할 구체적 실천방안을 제시하지 못하였고 투쟁을 조직적으로 이끌지 못하였다.

 셋째, 그럼에도 불구하고 일제하에서 민족독립을 위해 헌신하였을 뿐만 아니라 인간의 자유와 경제의 평등을 실현하고자 노력하였던 일제하 한국아나키즘운동은 민족주의와 공산주의가 갖지 못한 인류가 지향해야 할 목표를 제시한 것으로 그 역사적 의의는 중요하다.

 네째, 광복후 운동의 특징은 아나키즘운동의 핵심적 타도 대상이었던 일제세력이 없어진 상황에서 그 뚜렷한 목표가 없어 탄력을 잃어버렸으며 여기에는 남한에서의 정치적 상황이 아나키즘운동의 운신의 폭을 제한한 것도 원인이 되었다. 광복후의 현실에 맞는 구체적 대안의 미흡과 이론의 개발이 미흡하였다고 믿어 진다.

 한국아나키즘운동은 전체적으로 광복전에는 바쿠닌적 투쟁적 아나키즘운동으로 특징지워지며, 광복후는 크로포트킨적 건설적 운동으로 규정할 수 있다. 현재 계속되고 있는 이데올로기논쟁에서 소련과 동구권의 몰락으로 인한 권위주의적 사회주의에 대한 회의와, 자본주의 모순에 직면한 현대사회에서 이미 지나간 과거의 역사라고 방치한 아나키즘운동에서 새로운 사회건설의 희망을 찾고자 하는 시도가 계속되고 있음은 주목할 만하다. 완전한 민주적 결정과정, 공장과 직장의 자주관리, 국가역할의 최소화와 개인영역의 최대확장, 자본의 공적소유, 서구사회의 복지국가론, 민주적인 자주관리, 시장사회주의 등이 아나키즘이 제시한 이론에 기초하고 있음은 아나키즘운동의 가능성을 보여 주고 있다. 이것은 또한 한국에 있어서도 통일과 통일후의 사회구조의 기본원칙으로 적용할 수 있는 많은 가능성을 엿볼 수 있게 해주는 것이다. 아나키즘운동에서 제기한 문제들이 앞으로 현실화될 때 일제하에서 부터 일부 선진지식인들에 의해 시작된 한국아나키즘운동의 가치는 재평가될 것이다.

참 고 문 헌

1. 자료 및 자료집

1) 국내자료

國家報勳處, 『獨立有功者功勳錄』4-8권, 서울, 1987~1990.
國史編纂委員會, 『韓國獨立運動史』1~5권, 서울, 1969.
_____, 『韓國獨立運動史: 資料篇(臨政篇)』, 1970~1996.
金秉祚, 『獨立運動史略』, 아세아문화사, 서울, 1977.
金承學, 『韓國獨立史』상하, 통일문제연구소, 서울, 1972.
大韓民國國會圖書館編, 『大韓民國臨時政府議政院文書』, 서울, 1974.
_____, 『韓國民族運動史料: 中國篇』, 서울, 1974.
독립운동사편찬위원회, 『독립운동사자료집: 의열투쟁사자료집』11권, 서울, 1984.
愛國同志援護會編, 『韓國獨立運動史』, 서울, 1956.
旦洲柳林先生紀念事業會, 『旦洲柳林資料集』1권, 서울, 1991.

2) 일본자료

再審準備會, 『朴烈 金子文子裁判記錄』, 黑色戰線社, 東京, 1977.
慶尙北道警察部, 『高等警察要史』, 京城, 1934.
高等法院檢事局思想部, 『思想月報』, 『思想彙報』.
金正明編, 『朝鮮獨立運動』I~IV, 原書房, 東京, 1967.

姜德相 梶村秀樹편,『現代史資料』25~30권, みすず書房, 東京, 1967.
朴慶植編,『朝鮮問題資料叢書』, 亞世亞問題研究所, 東京, 1982.
朴慶植編,『在日朝鮮人關係資料集成』, 三一書房, 東京,
社會問題資料研究會編,『思想政勢視察報告集』, 東洋文化社, 京都, 1976.
在上海日本總領事館警察部第二課편,『朝鮮民族運動年鑑』, 東文社書店, 서울, 1946.
朝鮮總督府警務局保安課,『高等警察報』, 京城, 1933~1936.
韓國歷史研究會편,『日帝下社會運動史資料叢書』, 高麗書林, 서울, 1992.
外務省警察史支那之部,『朝鮮民族運動史』(未定稿影印本), 高麗書林, 1989, 서울.

3) 중국자료

方航仙, 蔣剛 主編,『巴金與泉州』, 廈門大學出版社, 廈門, 1994.
世界社,『旅歐教育運動』, Tours, France, 1916,
馮自由,『革命逸史』, 商務印書館, 臺北, 1953.

4) 서양어자료

『Congrès anarchiste: Compte-rendu analitique des séances et résumé des rapports sur l'Etat du mouvement dans le monde entier』, La Publication Sociale, Paris, 1908.
Archives des Affaires Etrangers de France(Nouvelles Series; Serie E-Asie)
Archives de l'Armee de Terre de France
Archives Nationales de France
Archives on British Foreign Policy

5) 정기간행물

『東亞日報』, 축쇄판(1920~1928) 및 마이크로필름.
『朝鮮日報』, 마이크로필름.
『新生活』,『공제』,『黑濤』,『ふとい鮮人』,『現社會』,『黑色新聞』,『自由聯合新聞』,『奪還』,『南華通信』,『自我聲』
『日帝下雜誌拔萃植民地時代資料叢書』, 계명문화사, 서울, 1992.

2. 수기, 회고록, 전기

1) 수기, 회고록, 전기

郭尙勳(외),『事實의 全部를 記述한다』, 희망출판사, 서울, 1966.
金 山,『馬山野話』, 태화출판사, 1973.
金 九,『白凡逸志』, 백범김구선생기념사업회, 서울, 1947.
金錫營,『石吾李東寧一代記』, 을유문화사, 서울, 1982.
金午星,『指導者群像』1권, 대성출판사, 서울, 1946.
金俊燁,『長征』1~2권, 나남, 서울, 1991.
김학철,『격정시대』1~3권, 풀빛, 서울, 1988.
金弘壹,『大陸의 憤怒: 老兵의 回想記』, 문조사, 서울, 1972
류자명,『나의 회억』, 료녕인민출판사, 심양, 1984.
朴基成,『나와 祖國』, 시온, 서울, 1984.
朴昌和,『省濟李始營小傳』, 을유문화사, 서울, 1984.
朴泰遠,『若山과 義烈團』, 백양당, 서울, 1947.
申相楚,『脫出』, 녹문각, 서울, 1966.
申 肅,『나의 一生』, 일신사, 서울, 1963.
宋相燾,『騎驢隨筆』, 한국사료총서2, 국사편찬위원회, 1971.
安炳武,『七佛寺의 따오기』, 범우사, 서울, 1988.
嚴恒燮,『屠倭實記』, 경성일보사, 서울, 1946.
呂運弘,『夢陽呂運亨』, 청하각, 서울, 1967.
吳鐵城,『吳鐵城回顧錄』, 삼민서국, 대북, 1981.
李光洙,『島山安昌浩』, 대성문화사, 서울, 1973.
李範奭,『放浪의 情熱』, 정음사, 서울, 1950.
李範奭,『우등불』, 사상사, 서울, 1971.
李相龍,『石洲遺稿』, 고려대학교출판부, 서울, 1973.
李英石,『竹山曺奉岩』, 원음출판사, 서울, 1983.
李恩淑,『民族運動家 아내의 手記』, 정음사, 서울, 1975.
李乙奎,『是也金宗鎭先生傳』, 한흥인쇄소, 서울, 1963.
李丁奎,『又觀文存』, 국민문화연구소, 서울, 1974.

李丁奎 李觀稙,『友堂李會營略傳』, 을유문화사, 서울, 1985.
이정식 한홍구편,『항전별곡』, 거름, 서울, 1986.
이정식면담 김학준편집해설,『혁명가들의 항일회상』, 민음사, 서울, 1988.
李鐘範,『義烈團副將李鐘岩傳』, 광복회, 서울, 1970.
李圭昌,『運命의 여진』, 보련각, 서울, 1992.
梁熙錫,『역사를 무서워하라』, 자유문고, 서울, 1994,
張俊河,『돌베개』, 사상사, 서울, 1971.
鄭華岩,『이 조국 어디로 갈것인가』, 자유문고, 서울, 1982.
趙擎韓,『白岡回顧錄』, 한국종교협의회, 서울, 1979.
池憲模,『靑天將軍의 革命鬪爭史』, 삼성출판사, 서울, 1949.
최갑용,『어느 혁명가의 일생』, 이문출판사, 서울, 1995.
太倫基,『回想의 黃河』, 갑인출판사, 서울, 1975.
韓國精神文化硏究院編,『韓國獨立運動史資料集: 中國人證言』, 박영사, 서울,
        1986.
_____,『韓國獨立運動證言資料集』, 박영사, 서울, 1986.
秦望山,「安那其主義者在福建的一些活動」,『福建文史資料』第24期, 福建,
秦望山,「朝鮮和日本安那其主義者在泉避難觀引起的事件」,『福建文史資料』第
        24期, 福建,
Kim San and Nym Wales, 『Song of Arirang: The life story of a Korean rebel』, The John Day Company, New York, 1941.

2) 증언
이정규, 최갑룡, 하기락, 양희석, 이규창, 이문창, 오극강, 장 강

3. 연구논문

김성국,「아나키스트 신채호의 시론적 재인식」,『아나키즘연구』창간호. 1995.
김윤식,「1920년대 한국아나키즘문학론비판-김화산의 경우-」,『한국학보』28호.
김은석,「아나키즘에 대한 이론적 접근」,『제주대논문집』21집.
김희곤,「단주 유림의 독립운동과 사상」,『안동문화연구』6, 안동문화연구회,

1992.
공기택, 「남화한인청년연맹의 무정부주의운동」, 국민대학교석사학위논문, 1990.
박인기, 「1920년대 한국문학의 아나키즘수용양상」, 『국어국문학』90호, 1983.
박 환, 「조선공산무정부주의자연맹의 결성」, 『국사관논총』41집, 국사편찬위원회,
____, 「1920년대 재중한국인의 무정부주의운동과 '탈환'의 간행」, 『한국학보』52집, 1988.
____, 「이회영과 그의 민족운동」, 『국사관논총』7집.
____, 「중일전쟁이후 중국지역 한인 무정부주의계열의 향배」, 『한국민족운동사연구』16집, 1997.
방영준, 『아나키즘의 정의론에 관한 연구』, 서울대박사학위논문, 1990.
____, 「아나키즘의 이데올로기적 특징에 관한 연구」, 『아나키즘연구』창간호, 1995.
박애림, 「조선노동공제회의 활동과 이념」, 연세대학교석사학위논문, 1992.
신용하, 「조선노동공제회의 창립과 노동운동」, 『한국의 사회신분과 사회계층』, 한국사회사연구회논문집 3집, 1986
이종훈, 「바쿠닌의 아나키즘연구」, 서강대학교박사학위논문, 1993.
이원석, 「유사배의 무정부주의형성과정과 그 성격」, 동국대학교석사학위논문, 1989.
이준식, 『농촌사회변동과 농민운동-일제침략기 함경남도의 경우』, 민영사, 1993.
오장환, 「무정부계열의 항일운동」, 『독립운동사사전:총론편』, 한국독립운동사연구소, 1996.
____, 「1920년대 초기 국내사회주의수용기의 아나키즘적 경향에 관한 일 고찰」, 『아나키즘연구』창간호, 자유사회운동연구회, 1995.
____, 「이정규(1897~1984)의 무정부주의운동」, 『사학연구』49호, 한국사학회, 1995.
____, 「1920년대 재중국한인무정부주의운동-무정부주의이념의 수용과 독립투쟁이론을 중심으로-」, 『국사관논총』25집, 국사편찬위원회, 1991.
____, 「재불중국무정부주의운동(1903~1907)」, 『수촌박영석교수화갑기념논총』, 1992.
____, 「1920년대 국내 아나키즘운동소고」, 『건대사학』9집, 1997.
____, 「1920년대 재일 한인아나키즘운동소고」, 『한국민족운동사연구』17호,

1998.
양희석, 「아나키즘에 대한 사회철학적 접근」, 『서강』17호, 서강대학교.
유영구, 「1930년 전후 만주 아나키즘운동」, 한양대학교석사학위논문, 1986.
유재천, 「일제하 한국신문의 공산주의수용에 관한 연구」1.2.3., 『동아연구』7. 9.18집., 서강대학교동아연구소.
유시현, 「1920년대 전반기 조선의 사회주의 사상수용과 발전」, 『민족사의 전개와 그 문화』하권, 이우성교수정년퇴직기념논총, 창작과 비평사, 1990.
염인호, 「일제하 제주지방의 사회주의운동의 방향전환과 제주야체이카사건」, 『한국사연구』70호.
조남현, 「한국근대문학의 아나키즘체험연구」, 『한국문화』12집, 서울대학교한국문화연구소, 1991.
정홍섭, 「1920년대 문예운동에 있어서의 방향전환론」, 『역사비평』1집.
진덕규, 「1920년대 사회주의민족운동의 성격에 대한 고찰-조선노동총동맹을 중심으로」, 『한국독립운동사연구』5집, 1991.
장을병, 「단재신채호의 민족주의와 무정부주의」, 『단재 신채호와 민족사관』, 단재신채호선생기념사업회, 1980.
장석흥, 「사회주의수용과 신사상연구회의 성립」, 『한국독립운동사연구』5집, 1991.
정진석, 「동아와 조선의 언론으로서의 성격과 방향」, 『한국독립운동사연구』5집, 1991.
하기락, 「아나키즘의 일반적 고찰」, 『서강』17호, 서강대학교.
함용주, 「민족해방운동과정에서 아나키즘의 역할에 대한 비판적 고찰」, 서강대학교석사학위논문, 1994.
홍 의, 「아나키즘문예론연구-한국 현대문학사에 나타난 그 이론과 배경-」, 경희대학교석사학위논문, 1975.

존크럼, 「동아시아에 있어서의 아나키즘과 민족주의」, 『아나키즘연구』창간호.
嶋田恭子, 「巴金과 한국 아나키스트들」, 『한국아나키즘운동의 궤적과 21세기전망』 학술회의발표회요지, 서울, 1995.
將 剛, 「泉州無政府主義運動史實初探」, 『한국아나키즘운동의 궤적과 21세기전망』 학술회의발표회요지, 서울, 1995.
────, 「천주 무정부주의운동에 대한 초보적 연구」, 『한국민족운동사연구』16호,

1997.

굴내념,「일제하 조선북부지방의 아나키즘운동」,『조선민족운동사연구』5집, 동경, 1988.

굴내념,「在日朝鮮人아나키즘노동운동(해방전)-朝鮮勞動東興同盟會」,『在日朝鮮人史研究』16호, 동경, 1986.

Frank Hoffmann,「Korean anarchists, esperantists, and reading in history: the china group」,『Association for Korean studies in Europe』, Prague, 1995.

Pierre Kropotkine,「Aux jeunes gens」,『Temps Nouveaux』No.31, Janvier 1923.

Pierre Kropotkine,「L'Ordre」,『La Brochure Mensuelle』No.177, Septembre 1937.

Pierre Kropotkine,「La loi et l'autorité」,『La Brochure Mensuelle』No.2, Février 1923.

Pierre Kropotkine,「L'Esprit de révolte」, Brochure, 1914.

Souis Louvet,『Ce qu'il faut dire』N. 62, Janvier 1949.

4. 연구서적

1) 한국어

강만길,『分斷時代의 歷史認識』, 창작과 비평사, 서울, 1978.

_____,『韓國民族運動史論』, 한길사, 서울, 1985.

_____,『조선민족혁명당과 통일전선』, 화평사, 서울, 1991.

김삼수,『한국에스페란토운동사』, 숙명여자대학교출판부, 서울, 1976.

김성윤엮음,『코민테른과 세계혁명』1~2, 거름, 서울, 1986.

김삼웅,『박열평전』, 가람, 1996.

김원용,『재미한인50년사』, 서울, 1959.

김준엽 김창순,『『韓國共産主義運動史』1~5권, 청계연구소, 서울, 1986.

김희곤,『上海地域 韓國獨立運動團體硏究』, 경북대학교박사학위논문, 1990.

노경채,『韓國獨立黨硏究』, 고려대학교박사학위논문, 1991.

단재신채호선생기념사업회,『단재 신채호와 민족사관』, 1980.
_____,『신채호의 사상과 민족독립운동』, 1986.
無政府主義運動史編纂委員會,『韓國아나키즘運動史』, 형설출판사, 서울, 1978.
민두기,『中國國民革命指導者의 思想과 行動』, 지식산업사, 서울, 1988.
민정구편,『통일전선론』, 백산서당, 서울, 1987.
박성수,『獨立運動史硏究』, 창작과 비평사, 서울, 1980.
박영석,『萬寶山事件硏究』, 아세아문화사, 서울, 1978.
_____,『韓民族獨立運動史硏究』, 일조각, 서울, 1982.
_____,『日帝下獨立運動史硏究』, 일조각, 서울, 1984.
_____,『在滿韓人獨立運動史硏究』, 일조각, 서울, 1988.
_____,『만주 노령지역의 독립운동』, 한국독립운동사연구소, 1989.
박 환,『滿洲韓人民族運動史硏究』, 일조각, 서울, 1991.
방선주,『在美韓人의 獨立運動』, 아세아문화연구소, 1989.
森川哲郞(김동철역),『테러리즘』, 역민사, 서울, 1984.
서중석,『한국현대민족운동연구』, 역사비평사, 서울, 1991.
서대숙,『한국공산주의운동사연구』, 화다, 서울, 1985.
스칼라피노 이정식,『韓國共産主義運動의 起源』, 한국연구원도서관, 서울, 1961.
스칼라피노(한홍구역),『한국공산주의운동사』1~3권, 돌베개, 서울, 1986.
신용하,『韓國民族獨立運動史硏究』, 을유문화사, 서울, 1985.
_____,『申采浩의 社會思想硏究』, 한길사, 서울, 1986.
_____,『韓國近代民族運動史硏究』, 일조각, 서울, 1988.
_____,『韓國現代史와 民族問題』, 문학과 지성사, 서울, 1990.
신일철,『申采浩의 歷史思想硏究』, 고려대학교출판부, 서울, 1980.
水田洋(한대희역),『사회사상사』, 한울림, 1986.
심지연편,『朝鮮革命論硏究』, 실천문학사, 서울, 1987.
역사문제연구소편,『한국근현대연구입문』, 역사비평사, 서울, 1989.
역사문제연구소 민족해방운동사연구반,『쟁점과 과제 민족해방운동사』, 역사비평사, 서울, 1990.
염인호,『김원봉연구』, 창작과 비평사, 서울, 1993.
유영익,『한국근현대사론』, 일조각, 서울, 1992.
윤병석,『國外韓人社會와 民族運動』, 일조각, 서울, 1990.
이민희편역,『좌우익 기회주의연구』, 아침, 서울, 1988.

이만열,『丹齊申采浩의 歷史學研究』, 문학과 지성사, 서울, 1990.
이석태,『社會科學大辭典』, 문우인서관, 서울, 1948.
이정식,『韓國民族主義의 政治學』, 한밭, 서울, 1982.
이현희,『大韓民國臨時政府史』, 집문당, 서울, 1982.
조동걸,『韓國民族主義의 成立과 獨立運動史研究』, 지식산업사, 1989.
조항래,『1900년대의 愛國啓蒙運動研究』, 아세아문화사, 서울, 1992.
지수걸,『일제하 농민조합운동연구』, 역사비평사, 서울, 1993.
채근식,『武裝獨立運動秘史』, 대한민국공보처, 서울, 1950.
최홍규,『申采浩의 民族主義思想』, 단재신채호선생기념사업회, 서울, 1983.
한국일보사편,『再發掘 한국獨立運動史』1~4권, 서울, 1988.
한시준,『韓國光復軍研究』, 일조각, 서울, 1994.
하기락,『자기를 해방하려는 백성들의 의지』, 신명, 대구, 1993.
胡春惠(신승하역),『中國안의 韓國獨立運動』, 단국대학교출판부, 서울, 1978.
죠지 우두코크(하기락역),『아나키즘:자주인의 사상과 운동의 역사(사상편)』, 형설출판사, 서울, 1981.
方暎俊, 아나키즘의 正義論에 관한 연구, 서울대박사논문, 1990.
李之活(편저),『아나키즘의 생물학, 사회학, 교육학, 경제학』, 형설출판사, 1979.
크로포트킨(백낙철역),『빵의 쟁취』, 우리, 대구, 1988.
크로포트킨(李乙奎역),『현대과학과 아나키즘;아나키즘의 도덕』, 創文閣, 서울, 1973.

2) 일어, 중국어

文國柱編,『朝鮮社會運動史辭典』, 社會評論社, 東京, 1981.
梶村秀樹,『朝鮮史의 構造와 思想』, 研文出版社, 東京, 1982.
森川哲郎,『朝鮮獨立運動暗殺史』, 三一書房, 東京, 1976.
國際關係史研究會編,『朝鮮中國의 民族運動과 國際環境』, 巖南堂書店, 東京, 1967.
平江汕二,『朝鮮民族獨立運動秘史』, 巖南堂書店, 東京,
安奇,『載動章的園藝學家-柳子明傳』, 1994.

3) 서양어

Claude Harmel, 『Histoire de l'anarchie dès origines à 1880』, Editions Champ Libre, Paris, 1984

Daniel Gérin, 『Anarchisme: de la doctrine à l'action』, Gallimard, Paris, 1965.

George Woodcook, 『Anarchism: A history of libertarian ideas and movements』, Penguin Books, London, 1963.

James Joll, 『The anarchists』, Methuen, London, 1979.

Kim Keun, 『Le Mouvement national en Corée de 1920 à 1927』, Thèse de Doctorat de 3ème sycle, Université Paris VII, 1987.

Max Nettlau, 『Histoire de l'anarchie』, Dossiers de l'Histoire, Paris, 1983

Paul Avrich, 『Les anarchistes russes』, Francois Maspero, Paris, 1979.

Pierre Kropotkine, 『La Science moderne at l'anarchie』, P.V.Stock, Paris, 1913

Pierre Kropotkine, 『L'Anarchie, sa philosophie, son idéal』, Publico, Paris, 1981.

찾아보기

(ㄱ)

『Korea Esperantista』 197
개량주의 218
개인주의적 무정부주의 21
建達會 204
경남북아나키스트대회 242
경남아나키스트대회 239
고드윈 18
고순흠 34
苦學生同友會 92
공동생산 233
공동소비 233
공산주의 27
공산주의적 무정부주의 21
『공제』 30, 31, 37
과격주의 24
과격파 25
관서흑우회 69, 71, 76
국가권력 162
國民皆勞制 250
國民代表會議 129
國民文化硏究所 236

국순엽 154
국제주의 214
권구현 82, 86
近代思想硏究所 196
금자문자 119
기로친난 62
김구 221
김명식 42, 45
김원봉 155, 170
金子文子 62, 96
김종진 134, 145, 146, 147, 148, 208
김좌진 147, 148
김창숙 181
김화산 82, 83

(ㄴ)

나월환 223
『남화통신』 217, 220
남화한인청년연맹 206, 208, 209
南興黎明社 108
농업론 150

농촌운동사　71
농촌자치연맹　238
농촌자치운동　184

（ㄷ）

다아원　37, 99
斷頭團　72
端川農民聯盟　197
端川靑年聯盟　197
단천흑우회　74
大杉榮　66, 90, 93, 114, 118, 142
대역사건　123
獨立勞農黨　244, 246, 254
『동방』　142
동방무정부주의연맹　214
東方無政府主義者聯盟　141, 143, 190
東興勞動同盟　199
되빼앗기　158

（ㄹ）

르크류　244

（ㅁ）

마라테스타　55, 244
마을주의　20
마프노운동　208
武力鬪爭論　129
무산계급　50

무정부공단주의　165, 167
無政府主義　23
무정부주의자　243
문화운동　25, 33
민족자결원칙　230
민족주의적 민주혁명의 단계　241
民主社會黨　245
민주사회주의연구회　253
민중　173
민중직접혁명론　179
민중혁명　172

（ㅂ）

바쿠닌　19, 43, 99, 121, 244
박기성　223
박열　101, 110, 118, 120, 250
박영희　85
백정기　154
「법률과 강권」　51
변증법적 유물론　219
「변호사론」　51
복건성농민자위운동　140
本能兒聯盟　68
볼쉐비즘　25, 28
북경대학　182
분권사회　16
非他律政府主義者　243
빈천계급　70
『빵의 탈환』　235

(ㅅ)

사회생리학연구회 71, 76
사회주의 24, 25, 26
사회혁명 251
山川均 110
상해노동대학 140, 186, 189, 190
상호부조론 32, 34, 37
상호주의 20
생디칼리즘 21, 25
생 시몽 17
생존경쟁 36
서울청년회 42
石川三四郎 190
세계어연구회 59
세바스티엥 포르 15
소년회 71
스티르너 52, 53, 99
신간회 107
新居格 81
신민부 147, 150
신사상연구회 29
『신생활』 38, 40, 45
신일용 46, 48
신채호 130, 136, 137, 139, 143, 158, 168, 169, 171, 173, 174, 178, 179, 206
신탁통치 239
실용주의 25

(ㅇ)

아나르코 생디칼리즘 21, 165
아나키즘(無政府主義) 1, 14, 15, 25
아나키즘예술론 81
安義 257
岩佐作太郎 59, 93, 94, 104, 142, 187
애국계몽운동 173
椋本運雄 62
양일동 246
에로셍고 135, 137, 183
에스페란토 60
연합주의자 20
오극강 188
오남기 154
오웬 18
오치섭 69
外交論 129
우드코크 17, 22
유기석 222
유림 148, 239, 240, 246
「유일자와 그 중심사상」 52
유자명 142, 208
육홍근 111
윤우열 63, 65
栗原一男 62
음모론 118, 122
義烈團 1, 156, 170
「의열단선언문」 156
이상사회건설 144

李石曾　127, 135, 183
이성태　44
二十世紀書房　196
이을규　135, 136, 145, 246
이정규　132, 135, 136, 145, 182, 185, 186, 191, 198, 237, 255, 256
伊川自由會　67
이하유　223
이향　82
이회영　130, 132, 134, 135, 138, 139, 146, 147, 169, 206, 208, 216
인본주의　25
一般勞動組合　71, 202

(ㅈ)

자립적 공동체　235
자멘호프　60
『自我聲』　73, 114
自我人社　62
自然兒聯盟　62
自由發意　164
自由社會建設者聯盟　228
자유연합　133
자유주의　25
자유주의적 공산주의　21
자유출판사　197
『자유코뮨』　197
자유합의　211

自律政府主義者　243
自主管理　49
재만조선무정부주의자연맹　149, 150
재중국조선무정부주의자대표자회의　154
재중국조선무정부주의자연맹　138
적자생존　99
전국아나키스트대회　242
전시공작대　223
정래동　154
정백　49, 50
『정의공보』　139, 140
정화암　130, 136, 145, 208, 222, 255
朝鮮共産無政府主義者聯盟　69, 77, 78
조선노동공제회　30, 34
朝鮮農村自治聯盟　234
朝鮮勞動者自治聯盟　234
「조선혁명선언」　168, 170, 175, 177
『종의 기원』　34
직업선택　49
직접혁명　172, 174
眞友聯盟　62, 71
진화론　37
집합주의　20

(ㅊ)

채원배　135, 183
泉永二屬民團編練處　192

찾아보기 281

鐵城團 64
「청년에게 호소함」 45
「청년에 고함」 37, 81, 137
최갑룡 69, 255

(ㅋ)

카프 82
크로포트킨 16, 19, 22, 32, 33, 42,
　　45, 47, 81, 82, 83, 87, 114, 137,
　　150, 159, 168, 172, 173, 181,
　　184, 212, 213, 232, 235, 244,
　　255

(ㅌ)

타협주의 218
『탈환』 141, 160, 165
탈환론 158, 159, 232
『土民』 202
土民社 202
톨스토이 46

(ㅍ)

파괴와 건설 40
坪江汕二 60
포르 20
푸르동 18, 20
프로레타리아독재 20
프로레타리아문예 83
프리덤사 197

피셔 20

(ㅎ)

하기락 230, 240
한국자주인연맹 255
한국청년전지공작대 222
한족총연합회 151, 152, 153, 208
한중연합투쟁 206
한현상 113
幸德秋水 35, 58, 90, 137, 168
虛無黨宣言書 63
허무주의 26
혁명론 120, 122
「혁명의 정신」 55
『현사회』 100
황포군관학교 192
후리에 17
훼비안협회 234
黑旗聯盟 61
黑勞會 60
『黑濤』 94
黑濤會 93, 96, 98, 99
흑색공포단 214
『黑色新聞』 199
흑색운동사 105
흑색청년연맹 104
『黑旋風』 196
『흑우』 105
『黑戰』 73
黑戰社 73

한국 아나키즘운동사 연구

인쇄일 초판 1쇄 1998년 10월 29일
　　　　 2쇄 2015년 05월 20일
발행일 초판 1쇄 1998년 11월 18일
　　　　 2쇄 2015년 05월 23일

지은이 오 장 환
발행인 정 찬 용
발행처 국학자료원
등록일 , 제2-412호

서울시 강동구 성내동 447-11 현영빌딩 2층
Tel : 442-4623~4 Fax : 442-4625
www.kookhak.co.kr
E-mail : kookhak2001@hanmail.net
ISBN 978-89-8206-308-4 [09910]
가 격 13,000원

*저자와의 협의 하에 인지는 생략합니다.